大金融时代
走向金融强国之路

THE TIME OF
GREAT FINANCE

王 文 贾晋京 卞永祖 等 著

人民出版社

目 录
CONTENTS

第 三 篇

从"小金融"到"大金融"：大金融与高质量发展

第 四 篇

从"世界外围"到"世界中心"：大金融与全球治理

绪　论

大金融时代与中国腾飞的"二级火箭"

2019 年，新中国迎来了 70 周年华诞；全面小康社会的景象也初步呈现在眼前。70 年来，中国走过了一条从"站起来"到"富起来"的道路，用 70 年时间在"一穷二白"的基础上建设出当今世界第二大经济体，并且仍有巨大的长期中高速增长潜力，人民生活水平也从世界最低之列提高到中等偏上收入国家行列，并且距离高收入国家的标准并不遥远。

实际上，2019 年也是邓小平提出"小康社会"40 周年①，这是否可以象征"富起来"进程来到了一个新的阶段？当我们站在中国特色社会主义新时代的历史方位回首来时路、展望前进方向，应当如何概括从"站起来"到"富起来"的内生动力，并且用一以贯之的逻辑回答未来动力是否强劲的问题？

呈现在我们面前的小康社会现实景象，恐怕跟 40 年前"小康"概念提出时的想象有很大不同：那时能够想象生活水平的提高，但大

---

①　1979 年 12 月 6 日，邓小平会见时任日本首相大平正芳时，根据我国经济发展的实际情况，第一次提出了"小康"概念以及在 20 世纪末我国达到"小康社会"的构想。相关论述参见邓小平：《中国本世纪的目标是实现小康》，《邓小平文选》第二卷，人民出版社 1994 年版，第 237 页。

概想不到当今的电子商务、送货上门；那时能够想象计算机的普及，但大概想不到当今的 5G 通信、移动支付。现实的发展超出了当初预计，背后的原因是什么？可以说，回答了这个问题，也就回答了"富起来"的内生动力问题。

我们知道"富起来"的进程离不开社会主义市场经济改革。什么是"市场经济"？市场经济的概念是通过市场方式进行资源配置。这个概念意味着对资源进行合理配置可以带来经济繁荣。可见，经济繁荣需要两个条件：一是要先有资源；二是要有合理配置的过程。什么是资源？资源是生产所需要的各种要素，包括土地、劳动、原材料、生产工具、资金等，合理配置则意味着要让大范围、大规模的生产要素合理调配、结合起来，怎么才能做到这一点呢？可以认为，中国能够拥有的"资源"，来自包括前三十多年在内的持续努力，而合理配置的过程，则来自中国金融的变化发展。

什么是金融？金融是对凭证化了的资源在时间和空间上进行配置的过程。资源不凭证化，就不能高效切分、流动、组合，而一旦把资源凭证化并纳入可进行交换的空间中，资源就能进行跨时空的优化组合，这就是金融。70 年来，中国的金融发展，为中国经济带来了一个可以让资源配置空间越来越广、配置规模越来越大、配置效率越来越高的高速流通资源配置空间，从而支撑了中国经济从资源积累到发展腾飞的进程。

2019 年伊始，中共中央政治局就完善金融服务、防范金融风险举行第十三次集体学习，会议指出："金融活，经济活；金融稳，经济稳。经济兴，金融兴；经济强，金融强。经济是肌体，金融是血脉，两者共生共荣。我们要深化对金融本质和规律的认识，立足中国实际，走出中国特色金融发展之路。"①"经济兴，金融兴；经济强，金融强"的概括背后，是中国经济已经来到财富规模积累巨大、资本增长速度飞快的新阶段，金融与经济发展和人民生活的方方面面都形成了密不可分的关系，仅用了三十多年时间就从业务范围从属于"财政"的"小金融"发展为当今与经济之间真正达到血脉之于肌体的关系的"大金融"。

可以说，通过前三十多年的努力形成了资源基础，后三十多年来的金融发展越来越有效地为资源提供了优化配置的空间，这就是中国从"站起来"到"富起来"内生动力何在的答案之一，相当于金融为拥有一定量的资源基础的中国经济提供了腾飞的"二级火箭"。当今，各类资源都越来越多地对接到金融提供的高速流通资源配置空间中，经济形态来到了大金融时代。如何深入理解70年来的金融发展与中国道路的关系、让金融在未来继续为中国经济提供强劲推力，我们进行了本书的研究。

本书分为四篇。

第一篇以中国金融由"小"到"大"、由"弱"到"强"的发展历程为线索，研究大金融基本理论、中国特色金融强国之路、中国特色金融的本质、中国特色金融与实体经济的关系以及世界舞台上中国金融的角色演进。主要思路是以"富起来"的特点更多地体现为中国的整体资产估值比70年前、40年前更高而非简单的产量增加为出发点，从金融与经济关系的发展变化、金融对中国发展的作用变迁、社会主义需要什么样的金融、金融服务于实体经济、全球格局中的中国金融五方面加以探究。

---

① 《习近平在中共中央政治局第十三次集体学习时强调　深化金融供给侧结构性改革　增强金融服务实体经济能力》，《人民日报》2019 年 2 月 24 日。

第二篇以中国如何从需要大量外部投资来进行资源配置的"价值洼地"发展为当今可以参与全球资源配置的"价值源泉"为线索，研究中国的金融结构 70 年来的发展趋势、金融如何助力中国的全球竞争力提升、当今世界形势下的大国间金融博弈与币缘战略以及如何打好防范系统性金融风险攻坚战。主要思路是以中国逐渐形成、强化基于自主经济体系对资源进行估值能力为出发点，从作为估值能力基础自主金融结构的发展变化过程、作为估值能力体现的本国经济竞争力、当今世界的估值竞争形势以及捍卫国家金融安全四方面加以探究。

第三篇以金融在中国发展进程中的参与范围逐渐扩大为线索，研究金融如何服务于人民日益增长的美好生活需要、金融如何助力高质量发展、金融如何参与到新的发展领域中——以绿色金融为例、作为进一步支撑经济高质量发展基础的金融基础设施如何走上国产化道路。主要思路是以中国金融从服务于"财政"的"小金融"到服务于各个经济领域的"大金融"发展特征为出发点，从金融与美好生活、金融与高质量发展、金融与绿色发展、金融科技的自主化发展四方面加以探究。

第四篇以中国在世界经济体系中的地位从"外围"走近"中心"的进程为线索，研究扩大开放时代如何强化中国金融的国际参与能力、"一带一路"及南南合作等全球治理进程中的中国金融贡献，以及如何通过金融智库建设助力金融强国崛起。主要思路是以中国自主金融体系和估值能力的发展为出发点，从中国如何在世界经济体系中从"接入"到"组网"、如何以金融为纽带之一深化国际经济合作（分别从"一带一路"和南南合作角度论述）、如何形成中国自主的金融强国思想三方面加以探究。

第 一 篇

从金融大国到金融强国：
大金融的逻辑

1. 大金融：理论、现实与未来展望

2008 年全球金融危机爆发之前，全球经济进入了一个前所未有的"大缓和"时代，连续多年的经济高增长和低通胀几乎构成了教科书般的完美政策目标组合。在令人眼花缭乱的金融创新"包装"下，风险也似乎魔术般地消失了。经济高增长和低通胀带来了低利率，金融市场上的风险溢价也随之不断走低。资产价格上涨更多地被视为繁荣的象征，而不是一种警示。所有这些，都使潜在的金融风险被系统性地低估。

如果仔细研究 2007 年美国"次贷"危机前的经济环境，可以发现，货币政策影响经济和金融稳定的传导机制确实在"大缓和"时代发生了一些重要变化。一方面，信用衍生产品和"影子银行"体系的迅速发展使得传统的货币流量和存量指标难以有效反映市场的实际融资状况，大量资金游离于政策视野和监管范围之外，包括资产价格、杠杆水平和流动性风险等可能导致金融不稳定的因素并未得到足够重视；另一方面，低利率所导致的流动性过剩主要集中于以房地产和股市为代表的资产领域，这使得局部领域的价格泡沫和一般物价指数的平稳同时存在，而在标准的通胀目标下，后者构成了不干预的理由。由于通胀水平长期保持在美联储的警戒线以下，美联储在相当长一段时间内一直维持着非常宽松的货币政策。过于宽松的货币政策纵容了系统性风险的长期积累，并最终导致危机爆发。

2008 年国际金融危机爆发之后，越来越多的经济学家开始承认，在新的金融条件和经济环境下，价格稳定仅仅只是金融稳定的必要条件，而非充分条件。如果中央银行仅仅针对短期物价走势制定和实施货币政策，可能导致经济和金融的结构性失衡，并妨碍中长期物价稳定目标的实现。实际上，经济失衡并不总是体现在价格水平的变化上，当经济主体抱有过于乐观的倾向或者存在对长期低利率的政策预期时，紧盯通胀目标的货币政策很难及时觉察潜在的风险。这意味着，如果中央银行仅仅将视野局限于传统的物价指标，很有可能不自觉地放任了日益扩大的金融失衡，并最终导致整个经济和金融体系出现过度的风险承担。因此，货币政策仅以短期物价稳定作为目标是不够的，正确的选择是同时关注价格稳定与金融失衡，这就涉及需要全面认识金融与实体经济的关系，从仅关注金融体系的小金融理论转向关注经济整体发展变化的大金融理论。

1.1　面对"百年变局"，需要大金融理论

20 世纪 70 年代以来，随着金融体系的日渐发达和复杂化，金融失衡不仅周期性地发生，而且与宏观经济的失衡彼此强化。这种强化使得经济和金融经常持续、显著地偏离长期标准，而 2008 年国际金融危机的爆发，更是将全球的经济和金融体系置于巨大的压力之下。总体来看，这场百年一遇的金融危机给了我们三个方面的基本启示：一是金融因素在经济运行中的性质和机制远未得到充分认识，系统性

金融风险被长期低估；二是金融发展越来越脱离实体经济，金融和实体经济之间的关系和定位有待进一步厘清；三是传统的经济学框架未能很好地整合宏观层面和微观层面的金融理论，存在一定程度的认知缺陷。

针对上述问题，陈雨露和马勇在《大金融论纲》一书中指出，有必要以一种更加全面、系统和贴近现实的方法论来构建新的金融理论框架。① 大金融理论正是在这样的背景下提出来的。大金融理论在学理上源于黄达教授所倡导的"宏微观金融理论相结合"的基本思路，在实践上源于金融和实体经济作为一个不可分割的有机整体的系统思维。根据这一理论框架，需要从全球视野去总结和梳理金融发展的一般规律，并在一个长期的历史进程中去看待金融发展与实体经济的相互关系和作用。大金融理论包括以下三方面基本内涵：

第一，"大金融"视角下的金融学理论强调宏观理论和微观理论的系统整合。现实世界的经济和金融现象是微观行为和宏观表现的有机统一。人为割裂宏观金融和微观金融之间的内在联系，或者强行在宏观金融和微观金融之间建立对立性的"金融"概念，不仅金融学理论无法取得突破性进展，更难以有效解释和指导真实世界的现象和行为。长期以来，以资产定价、公司理财为代表的微观金融理论和以货币经济学、信用周期理论为代表的宏观金融理论之间似乎存在着无法逾越的"鸿沟"——前者始终将视野局限于单个市场主体的行为与决策，而后者则试图越过分散市场主体之间的交互作用过程，直接在总量关系上建立起关联。作为此次全球金融危机的主要启示之一，金融学的宏观分析并没有真正"向下"思考，探索宏观金融变化对微

① 陈雨露、马勇：《大金融论纲》，中国人民大学出版社 2013 年版，第 1 页。

观市场主体行为模式和倾向的影响；微观分析也没有真正"向上"思考，探索由微观市场主体行为"合成谬误"所造成的宏观经济和金融失衡。① 方法论上的割裂已经成为金融学理论发展的巨大掣肘。要解决这一问题，必须真正从思维的理念和方法上将金融学的内容体系视为一个不可分割的统一整体。只有坚持微观基础和宏观视野相统一，并在微观行为和宏观表现之间建立起逻辑可信的联系，金融学的发展才能迈向一个新的高度。

第二，"大金融"视角下的金融理念强调金融和实体经济的和谐统一。金融发展最初是为适应实体经济需要而产生的。但随着金融创新的复杂化和金融活动越来越脱离实体经济，金融体系的负外部性效应逐渐显现，并最终成为系统性风险的重要来源。相对于产业资本而言，金融资本并不依赖于某个特定的产业或地域，通常具有更强的同质性、波动性以及更短的资本周期，这些特征不仅塑造了金融资本相对于产业资本的独特性和独立性，而且使得金融周期和产业周期经常性地发生背离。在现代金融体系的发展过程中，金融运行的基础和条件在发生着改变，金融体系的价值基础也在发生着变化。脱离实体经济的金融膨胀最终被证明不仅难以持续，而且对经济的长期稳定增长极为有害。这就要求金融发展的功能定位应该重新回归实体经济，将经济的繁荣建立在真实的财富创造之上。从本质上看，金融回归实体经济的过程，同时也是对金融价值基础进行重建的过程，因为正确处理金融与实体经济之间的关系不仅涉及资源的合理配置，更涉及手段与目标的协调、生产功能与分配功能的协调、市场价值与伦理基础的协调等深层次问题。一种健全的金融理念只有在对这些问题进行全面反思和系统总结的基础上才会出现。

---

① 参见黄达主编：《金融学》，中国人民大学出版社 2003 年版，第 156 页。

　　第三，"大金融"视角下的金融发展强调一般规律和"国家禀赋"的有机结合。一种理论的有效性，不仅取决于该理论是否来自于根据它的一般假设条件所作出的符合逻辑的推断，更在于这种理论在何种程度上能够更加科学地解释和指导实践。作为一种解释复杂现象的理论，金融学在形成任何一般性规律的同时，都必须对这些规律的适用和约束条件予以明确界定。由于同一规律在不同的约束条件下可能产生完全不同的结果，因此，任何金融规律在应用于指导国家实践时，都必须首先解决一般规律和国家特质的结合问题，因为后者构成了金融规律适用的约束条件。从全球金融发展的历史经验来看，金融体系的形成从来都不是一个孤立的现象，一个国家的"国家禀赋"对金融体系的发展有着深刻影响。所谓"国家禀赋"，不仅包括通常意义上的资源禀赋，同时也包括与金融体系运行密切相关的社会环境、文化特质和政治制度框架等。这些因素不仅影响着特定历史条件下一国金融体系的实际选择，而且在很大程度上决定了长期经济进程中一国金融体系的基本发展方向。金融发展一般规律和"国家禀赋"的良好结合，是从理论的有效性到实践的有效性的关键连接点。此外，在世界经济和金融一体化趋势下，中国作为一个开放发展的大国，如何在一种全球思维模式之下，兼顾自身的"国家禀赋"，更快地建设出一套适用于全球化进程需要的新型金融管理体系，是中国式全球金融思维模式成功与否的关键。

　　基于上述三个方面的基本认识，我们认为，中国的"大金融"发展观应着力构建以下三大基础：一是理论基础，即中国的金融发展必须遵循经济金融运行的一般规律；二是价值基础，即中国的金融发展必须代表中国式经济增长的核心价值理念；三是实践基础，即中国的金融发展必须立足于自身所特有的"国家禀赋"。三大基础的有机统一，构成了我们称之为"大金融"概念的理论支柱和核心价值体系。

1.2　实体经济与金融发展关系日益密切

"大金融"除了具备坚实的理论和方法论基础外，在实践中也有着明确的现实基础，并且全方位地反映在经济金融发展的方方面面。

首先，从微观视角来看，"大金融"反映在金融产业的经营方式日益综合化，金融服务全面渗透至日常生活领域。金融业综合经营是指同一家金融机构（集团）可以依法同时开展银行、证券、保险等多种金融业务，为企业和个人提供"一站式"的综合化、一体化金融服务。金融业综合经营通过充分发挥金融各领域之间的规模经济、范围经济和协同效应，使金融体系和金融机构更有效率，同时也可以更好地为实体经济提供服务，满足企业和个人多元化、多层次和综合化的金融需求。对金融机构自身而言，综合经营是获取多元化收入从而稳定经营和提升竞争力的重要手段，也是参与国际竞争和提升金融话语权的必由之路。从现实情况来看，近年来我国金融业已形成多样化的金融机构和产品体系、多层次的金融市场和信息化的交易体系，金融产业融合发展和综合经营的趋势越来越明显。目前，平安集团、中信集团与光大集团等金融业综合经营试点机构已形成全牌照架构，银行业也形成了以工银集团、中银集团为代表的银行控股集团，一些地方政府主导的地方国有金融资产公司相继组建，如上海国际集团成为具有代表性的金融控股公司。此外，一些民营企业以实际控制人身份入股金融机构。从政策面来看，《金融业发展和改革"十一五"规划》首次提出稳步推进金融业综合经营试点之后，金融业综合经营步伐明显加快。2012年的全国金融工作会议再次强调，"要总结经验，建章立制，加强监管，防范风险，积极稳妥地推进金融综合经营试点工作"和"推进监管协调工作规范化、常态化"。2013 年，中国人民银行会同证监会、银监会、外汇局、保监会建立了金融监管协调部际联席会议制度，为推动金融业综合经营发展奠定了基础。2018 年，央行在《2017 年第四季度中国货币政策执行报告》中强调，继续推动出台金融控股公司监管规则，而银监会也于同年在工作会议上提出，要"推动加快出台金融控股公司监管办法"。可以预期，加快金融业综合经营已经成为新时期中国金融业全面提升竞争能力的趋势性选择。

其次，从宏观视角来看，"大金融"反映在金融与实体经济的密不可分，金融对实体经济的影响日益增强。根据金融稳定理事会（FSB）的统计报告，全球金融资产规模（包括银行和非银行金融机构）在 2017 年已经达到 340 万亿美元，是同期全球 GDP 总额（81 万亿美元）的 4.2 倍。规模巨大的金融资产既是实体经济发展的重要资源和财富支撑，同时也是影响实体经济波动的重要来源。事实上，早在 20世纪七八十年代，随着世界各国金融体系的不断发展壮大，金融对实体经济的影响就变得越来越明确、直接和重要。一方面，金融发展和金融创新在推动经济增长和促进技术进步方面发挥了重要作用，金融因素已经成为现代经济发展过程中一项必不可少的新兴"要素"；另一方面，随着金融要素日益深度地嵌入投资、生产和消费的全过程，金融要素的波动和金融体系的不稳定也随之成为引发实体经济波动和危机的重要来源。特别是，金融业的大发展促进了社会融资结构的显著变化：一是从家庭部门来看，消费信贷快速扩张，同时基于投机目的的贷款比例明显增加；二是从企业部门来看，内源融资的比率在下降，而外源融资的比率在上升；三是从政府部门来看，政府债务出现快速攀升，国家资产负债表变得越来越脆弱。此外，由于大量的个体、企业和公共部门普遍地参与到了金融资产的创造、交易甚至投机当中，导致信用急速扩张，并推动金融资产比率、金融交易量比率、金融资产系数等指标迅速上升。融资结构的变化既是金融与实体经济分离的结果，同时也是其原因。从中国的情况来看，随着近年来中国金融体系的规模迅速扩大，结构日趋多元，金融和实体经济之间的关系也变得紧密而复杂。在这一背景下，金融和实体经济的稳定犹如一个硬币的两面，偏废或忽视任何一方都将导致全局性的问题出现。作为"大金融"的基本内涵之一，有效的金融发展必须是建立在实体经济基础之上并且服务于实体经济的。因此，在构建高效而稳定的现代金融体系的过程中，如何促进金融向实体经济的理性回归，实现金融和实体经济的有效结合，将是一国金融体系发展的重要承接点。

最后，在政策调控方式上，鉴于金融和实体经济之间密不可分的关系，新的政策框架开始走向促进金融和实体经济的共同稳定。在过去的几十年里，世界范围内各主要国家的宏观调控目标都是围绕实体经济的，常说的四大目标"经济增长、物价稳定、充分就业、国际收支平衡"，也都是立足于实体经济角度。但20世纪七八十年代以来，随着现代金融体系的迅速发展，金融对实体经济的影响日益深化，至20世纪末已全面形成金融和实体经济紧密交织、互相影响的局面。以中国为例，截至2018年底，中国的本外币贷款余额达到142万亿元，广义货币（M2）余额达到183万亿元，社会融资规模存量达到201万亿元，分别为GDP的1.6倍、2倍以及2.2倍。在金融体系规模迅速扩张、影响力日益增强的背景下，宏观调控如果仍然沿用传统的"四大目标"，即仅仅只考虑实体经济的稳定，而忽略金融体系的稳定，势必发生货币信贷资金乃至更为广泛的金融要素体系的失衡，进而影响实体经济的稳定。因此，必须从宏观上明确将金融和实体经济的共同稳定作为相辅相成的两个基本目标，系统重建新的宏观调控体系框架。2008 年国际金融危机爆发之后，传统宏观经济政策忽视金融稳定所造成的危害得到了深刻反思，越来越多的经济学家开始承认，在新的金融条件和经济环境下，价格稳定仅仅只是金融稳定的必要条件，如果政策当局仅仅将视野局限于传统的物价和就业等实体经济指标，很有可能不自觉地放任了日益扩大的金融失衡，并最终导致整个经济和金融体系的系统性风险集聚。因此，政策当局仅以实体经济稳定作为目标是不够的，正确的选择是同时关注金融与实体经济的稳定。在政策实践领域，世界各国也在危机后开始积极探索引入"宏观审慎政策"等工具来实现金融和实体经济的共同稳定和繁荣。可以说，探索和建立能够同时实现金融和实体经济共同稳定和和谐发展的宏观政策框架已经成为当前世界各国宏观调控改革所面临的一个主要任务。

1.3　以金融资源支撑实体产业转型升级

在从金融大国走向金融强国的过程中，开放条件下的中国金融发展应按照"大金融"的基本思路，从内部发展、外部拓展和宏观管理等方面，全面推进金融战略性崛起。根据危机后全球金融改革发展的基本趋势和目前中国所面临的实际情况，"大金融"框架下的发展战略应沿着以下实践路径展开。

1.3.1　以金融控股公司模式稳步推进金融业综合经营，为中国的金融发展奠定坚实的产业基础

在全球金融一体化的背景下，金融机构与金融市场之间的边界日

益模糊，"融合"成为双方共同的需要：银行业务可以向金融市场延伸，而金融市场的产品通过银行这个平台也能获得新的实现方式。面对全球范围内金融业的综合经营大发展，无论从提高自身的稳定和效率而言，还是从应对日趋激烈的国际竞争而言，中国金融业从分业经营模式逐步过渡到综合经营模式都将成为大势所趋。从中国金融业综合经营的模式取向来看，金融控股公司应该成为中国金融业由分业向综合发展的现实选择。金融控股公司作为完全混业经营和分业经营之间的中间模式，在某种程度上兼具混业经营与分业经营的优势，在一定程度上能够保持效率与稳定之间的动态平衡。此外，金融控股公司这一组织形式还可以最大限度地防范金融风险：在"集团混业、子公司分业"形式下，经营不同金融业务的子公司之间具有相对独立性，这就在金融控股公司经营内部形成了一道制度性的"防火墙"，个别子公司的经营失败不至于使整个集团遭受毁灭性打击。

1.3.2　通过金融资源引导实体产业的转型和升级，全面支持中国经济跨越"中等收入陷阱"

随着中国正式迈入中等收入国家行列，中国的经济发展随之进入了跨越所谓"中等收入陷阱"的艰难爬坡阶段。在这一过程中，金融和实体经济之间的互动关系也正在发生一些新的变化，并由此对金融和实体经济的协调发展提出了更高的要求。在跨越"中等收入陷阱"的过程中，中国应在充分吸收国际上经济转型成功国家经验的基础上，结合中国的金融改革和发展实践，进一步深化金融对实体经济的支撑作用，显著提升金融促进实体经济转型发展的效率。根据中国金融资源分布的现状和比较优势，金融支持中国产业结构转型升级的基本路径可沿着以下五个方面展开：一是充分发挥政策性金融的导向作用，为产业结构转型升级过程中那些具有明显社会正外部性效应但商业性金融机构不愿在前期介入的项目提供融资；二是鼓励和引导商业性金融机构按照市场化和商业可持续原则，为产业结构的转型和升级提供全方位、多层次和一体化的信贷支持和金融服务；三是发展多层次的资本市场，盘活社会资本，通过企业上市、私募股权投资、风险投资等多种形式，提高股权性资本的比重，加快资本形成；四是加强金融、财政与保险机制的协调与配合，形成政策合力，降低金融风险；五是通过对庞大的外汇储备资源的战略性运用，在全球范围内配置资源，提升中国在全球经济和产业分工体系中的地位。

1.3.3　"开放保护"与"国家控制"并举，全面深度推进金融开放，为新时期的经济金融发展创造新的外部条件

中国作为一个开放发展的大国，积极参与经济和金融的全球化进程已经成为不可逆转的必然趋势。为确保资本账户开放过程中及开放后的宏观经济和金融稳定，在稳步推进资本账户开放的过程中，中国可以借鉴发达国家关于"开放保护"的核心思想，一方面在名义上和原则上提高本国的金融开放程度，满足参与全球化和国际竞争的"合规"条件；另一方面，通过具体的审慎监管条例和措施，对外资金融机构和国际资本施加必要的限制，确保金融的实际开放度保持在本国可承受和具有调控能力的水平上，将金融开放带来的负面冲击降到最低。此外，在中国金融改革过程中，与开放保护同样重要并紧密联系的另一个问题是国家控制。国家控制主要表现为国家控制权和国家控

制力，前者涉及资源的分配，后者涉及对改革进程和方向的驾驭能力。对于中国而言，通过适度的国家金融控制，在确保金融稳定的前提下促进金融效率并对开放进程进行适当把握和控制，不仅有助于金融效率的实现，还能最大限度地降低这一过程中的不确定性和潜在风险。

1.3.4　全面完善"双支柱"调控框架，逐步建立面向未来的新型金融宏观调控体系框架

近年来，随着国内金融市场的产品创新、技术创新以及金融业综合经营的加速，金融产品、市场和机构之间的关联越来越紧密，金融市场内部的风险形成、集聚方式和传染路径日趋复杂化。面对日新月异的金融市场发展和金融创新，仅仅依靠传统的宏观调控和监管工具，已经很难确保金融体系的长期稳定，必须根据金融体系发展的新形势和新特点构建新的金融宏观调控体系框架。基于上述背景，无论是从国内金融发展环境变化的角度，还是从国际金融政策发展变革的角度，在改革传统货币政策框架的基础上引入宏观审慎政策工具，最终形成"货币政策＋宏观审慎政策"为"双支柱"的新型金融宏观调控政策框架，既有助于宏观调控更好地发挥作用，同时也有助于更好地防范和化解系统性金融风险。此外，中国目前正处在经济和社会大转型、大变革的时代，深刻理解金融宏观调控的当前改革和未来发展，还必须将其置于经济和社会转型发展的大背景下展开。基于此远大背景，可以预期，"双支柱"调控框架只是更为恢宏的金融宏观调控体系改革的一个开端。尽管现在描述中国金融宏观调控的远景框架似乎还为时尚早，但可以确定的是，中国正在试图构建一个基于"大金融"理念的金融宏观调控体系框架，这一框架的基本特征是：目标

上金融和实体经济共同稳定、协调发展，结构上国务院金融稳定委员会统筹、中国人民银行和监管部门发挥重要作用，工具上以目前的"双支柱"为基础、继续丰富完善政策工具箱，最终形成一个理念领先、制度完善、实践有效的整体调控框架。

2. 走出中国特色的金融强国之路

世界历史上，一个国家从一穷二白到走向富裕，需要产业兴国，而保持富裕并进入富国行列，则离不开"金融强国"——这里的"强"字是动词，表示金融对国家强大有着像产业一样的支撑作用。

20 世纪中叶，金融业步入现代化，金融在世界各国都被视为资源配置、资产定价和风险管理的重要工具。改革开放初期，邓小平同志指出，金融是现代经济的核心。2007 年美国爆发次贷危机后，美国金融实力受到较大冲击，金融在大国兴衰中的作用凸显，日益成为国际政治经济博弈的重心。[1] 从资产工具到经济核心再到国际博弈，金融的重要性不断上升。对正处在民族复兴关键期的中国而言，是时候全面研究金融如何推动国家崛起的议题了。

2019 年 2 月 22 日，习近平总书记在中共中央政治局关于"金融"主题的集体学习时首次提出"中国特色金融发展之路"[2]。随着中共十八届三中全会以来中国金融治理理念和实践的演进，中国版"金

---

[1]　参见王文：《巨变中的世界呼唤政治金融学》，《中国社会科学报》2017 年 7 月 11 日。

[2]　《习近平在中共中央政治局第十三次集体学习时强调　深化金融供给侧结构性改革　增强金融服务实体经济能力》，《人民日报》2019 年 2 月 24 日。

融强国"战略已初具雏形，金融助推家崛起之势正在形成。

2.1　从金融大国到金融强国

改革开放 40 年来，推动中国金融业从小到大、从国内走向国际，取得了历史性的重大成就。尤其是党的十八大以来，银行、证券、保险、债券、信托、期货等多层次资本市场建设日趋健全。尽管目前中国金融市场结构、服务水平还不能完全适应高质量发展的需求，各类矛盾与问题也较多，但不能否认，中国已成为全球最大的银行业市场、全球前三大证券与保险业市场，是名副其实的全球金融大国。对于各项具有新时代特征的金融产品与工具如绿色债券、移动支付、普惠金融等方面的发展，中国均居世界领先地位。

取得这样的成就，并非易事。过去五六年，中国金融政策立足国情，从实际出发，准确把握了中国经济金融发展的特点与规律，逐渐走出一条中国特色社会主义的金融发展之路。

2013 年 11 月，中共十八届三中全会首次将"完善金融市场体系"放在"加快完善现代市场体系"框架下，提出 382 字的金融发展措施、金融监管改革与协调机制建设等内容，还提出让"资本的活力竞相迸发"，最终服务于"完善和发展中国特色社会主义制度，推动国家治理体系和治理能力现代化"的全面深化改革总目标。金融在改革进程中的地位凸显。

2015 年 11 月，"十三五"规划建议明确提出"提高金融服务实体经济效率"，针对多年以来金融"过热"趋势以及实体经济融资成本和难度上升等现实弊端，为金融"脱虚向实"提供了战略部署与规划指引。金融服务的功能、金融与实体经济的关系得以进一步明确。

2017 年 4 月，中共中央政治局首次就维护国家金融安全进行集体学习，指出"金融活，经济活；金融稳，经济稳"的金融重要基础作用，将金融安全提升到"国家安全"与"治国理政"的战略高度。这次集体学习后，"全国一盘棋的金融风险防范格局"加速形成，此后历年经济工作会议，"防风险"均被视为决胜全面建成小康社会进程的三大攻坚战之一。

2017 年 7 月，五年一度的全国金融工作会议明确了金融工作的三项任务，即"服务实体经济、防控金融风险、深化金融改革"，强调要加强党对金融工作的领导，金融被定位为"国家重要的核心竞争力"。①

2017 年 10 月，党的十九大报告在"贯彻新发展理念，建设现代化经济体系"框架下有 104 字关于"金融"的论述，将金融与实现"两个一百年"奋斗目标、实现中华民族伟大复兴的中国梦紧密相连。

2018 年 4 月，习近平在博鳌亚洲论坛年会开幕式上发表主旨演讲时，宣布"放宽银行、证券、保险行业外资股比限制""拓宽中外金融市场合作领域"② 等重大举措。金融开放成为金融业竞争力提升的必由之路，也成为中国全方位开放的重中之重。

2019 年 2 月 22 日，中共中央政治局就"金融"主题再次举行集体学习，不仅首次强调"中国特色金融发展之路""正确把握金融本

---

① 习近平：《深化金融改革　促进经济和金融良性循环健康发展》，《人民日报》2017 年 7 月 16 日。

② 《习近平出席博鳌亚洲论坛 2018 年年会开幕式并发表主旨演讲》，《人民日报》2018 年 4 月 11 日。

质""深化金融供给侧结构性改革""经济是肌体，金融是血脉"等多
个新提法，还首次提出"财政政策、货币政策的逆周期调节作用""稳
步推进金融业关键信息基础设施国产化"① 等具体的金融服务要求，
更数次强调要根据国际形势推动金融业的高质量发展，提高参与国际
金融治理能力。

至此，在海洋强国、文化强国、科技强国、质量强国、航天强
国、网络强国、交通强国多个重要战略部署之后，中国版"金融强国"
战略日益清晰。

2.2　什么是中国特色的金融发展道路?

应该说，从金融改革、金融服务、金融安全再到金融开放的理念
演进，既是对中国现实复杂国情的针对性措施，也是对国际形势变化
的经验性总结；既借鉴了欧美发达国家金融发展的诸多成功之处，也
汲取了其在金融领域暴露出的诸多风险与弊端。归纳起来，大体有以
下几点：

金融的关键是加强党的领导。这是中国金融发展有别于欧美国家
的根本特征。在中国，金融安全是关系经济社会发展全局的战略性、
根本性问题，也是关系治国理政的一件大事。套用欧美战略史上的那
句名言，"战争太重要了，不能交给将军们"；在中国，金融太重要，
不能交给银行家们。坚持党对金融工作的领导，是中国发展完善金融

① 《习近平在中共中央政治局第十三次集体学习时强调　深化金融供给侧结构
性改革　增强金融服务实体经济能力》，《人民日报》2019 年 2 月 24 日。

体系的制度优势。党领导金融工作，金融改革发展才能确保正确方向，才能真正促进经济健康发展，保障国家的金融安全与金融法治。在这个过程中，提高领导干部金融工作能力非常重要。习近平总书记反复强调，要培养、选拔、打造一支政治过硬、作风优良、精通金融工作的干部队伍，特别是要努力建设一支宏大的德才兼备的高素质金融高端人才。

金融的本质是服务实体经济。金融回归服务实体经济，是新时代下中国金融工作的特殊要求，也是区别于发达国家对金融本质理解的显著特征。在西方金融学教科书中，金融被理解为跨时空的价值交换，与经济发展相独立。然而，中国使金融本质回归本源。习近平总书记强调，服务实体经济是金融的天职。金融与实体经济共生共荣。金融活了、稳了，经济就活、就稳；经济兴了、强了，金融就兴、就强。"经济是肌体，金融是血脉"①，这是对金融本质与规律认识的重大进步。基于这种理念，增强金融服务能力，优化融资结构，强化财政政策与货币政策双逆周期调节，丰富金融产品，构建多层次、广覆盖、有差异的银行体系，精准支持民企等将资金导向实体经济的政策导向，成为党的十八大以来金融政策的主线。

守住金融的底线是不发生金融危机。中国充分认识到，在网络化与全球化双重加速运行的时代，防范金融风险是永恒的主题，绝不允许每十年一次金融危机的美国式周期律在中国上演。一旦系统性金融危机的底线守不住，所有金融工作将功亏一篑，甚至改革开放的成果也将付之东流。基于这个理念，中国将主动防范金融危机、化解金融

①　《习近平在中共中央政治局第十三次集体学习时强调　深化金融供给侧结构性改革　增强金融服务实体经济能力》，《人民日报》2019年2月24日。

风险放在更重要的位置，早识别、早预警、早发现、早处置，着力防范金融风险。2017 年成立金融稳定发展委员会，坚决整治严重干扰金融市场秩序的行为，强化对金融机构的主体责任，加强金融市场基础设施建设，动用各种科技手段与协调机制，将所有资金流动置于金融监督视野之内。这正是中国与西方金融发展周期律不同的原因。在过去四十多年中，中国是全球唯一没有发生过系统性金融风险的大国，也是唯一将金融监管的重要性置于国家发展战略顶层设计的发展中大国。

金融的方向是深化供给侧结构性改革。改革永远在路上。为贯彻新发展理念，中国金融更要注重在存量重组、增量优化、动能转换上的供给侧结构性改革。欧美国家的金融监管机制演变了上百年，是基于市场自由逻辑下的监管后置理念，往往只在金融危机后才有逼迫监管改革的动力。中国金融发展的时代背景更复杂与多元，监管改革的任务兼具防风险与稳增长的双重使命，唯有拥有永不停歇的改革自觉意识，直面现实，才能找到改革的突破口与立足点。基于这样的理念，近年来中国在普惠金融、小微金融、农村金融、基建金融、金融扶贫、绿色金融等重点领域，集中发力，有效弥补了高质量发展进程中金融服务不足的短板。更重要的是，通过金融开放，倒逼金融业的改革，促进金融服务质量的加速提升。在 G20、金砖机制、"一带一路"倡议上推动资金融通，创建亚投行、金砖国家新开发银行等国际多边金融机构，推动参与国际金融治理，极大提升了中国金融国际话语权。①

综上所述，中国金融应强调普惠性，服务于实体经济发展，服务

---

① 参见张红力、程实、万喆等：《中国金融与全球治理》，中信出版社 2016 年版，第 38 页。

于人民的美好生活；中国金融不能周期性地发生危机，而应在尊重市场规律的前提下守住不发生金融风险的底线；中国金融一方面应对接全球金融体系现存的固有框架与国际规则，另一方面也应推动金融监管、金融机制、金融治理、金融机构、金融产品、金融服务、金融基础设施等方面的改革与创新，为此向世界提出中国方案；中国金融不只是少数人的工具，而是坚持党的领导，回归于全国、全民与全社会。

有别于近现代化进程中欧美国家的演变，中国金融业的发展一直在学习发达国家经验，同时立足于中国现实，借鉴发达国家金融业中的经验教训，并肩负起助推民族复兴、国家崛起与社会发展的多重任务，而这正是中国特色的金融发展之路。

2.3　没有金融崛起，富强将难以持续

现代大国的竞争，已跨越了军事战争的方式。核武器制衡了大国战争的爆发冲动，战争的巨大破坏力使其成为一项不合算的高成本决策考量。21 世纪，金融却越来越成为大国博弈的政策优先项。2019年 2 月 22 日，习近平在中共中央政治局第十三次集体学习中多次警示，"要深化对国际国内金融形势的认识""适时动态监管线上线下、国际国内的资金流向流量""要提高金融业全球竞争能力""提高开放条件下经济金融管理能力和防控风险能力，提高参与国际金融治理能力"[①] 等，都是基于对金融已上升为大国博弈重要工具的战略认识。

---

① 《习近平在中共中央政治局第十三次集体学习时强调　深化金融供给侧结构性改革　增强金融服务实体经济能力》，《人民日报》2019 年 2 月 24 日。

纵观近代化以来的 500 年大国兴衰史，大国发展的进程一定程度上能浓缩为"金融强国史"。货币兴，则国兴；金融强，则国强。从荷兰到英国再到现在的美国，金融一直扮演着现代世界强国发展进程中的实力助推机、冲突缓冲垫、资源整合器等角色。①

当前，中国已是全球金融大国，但仍不算是全球金融强国。中国金融业的各项总量指标都居世界领先或前列的位置，但金融服务与发展质量与美国、英国、日本、德国、瑞士等仍有相当大的差距。中国各大城市如上海、深圳等地金融中心建设卓有成效，但重要性离纽约、伦敦甚至新加坡、东京等还有不少距离。中国的对外投资、人民币国际化近年来突飞猛进，但中国金融国际话语权仍跟不上中国作为全球第二大经济体的形势。

当今世界正处在前所未有之大变局中，金融业也是如此。党的十八大以来，中国金融业的发展正坚定地走在中国特色社会主义道路上，金融推动国家崛起的战略日益明晰，但真正有效的"金融强国"战略② 应源于推动国内发展的实效与提升全球治理的成果。

从国内来看，"金融强国"应实现让人民生活越来越富庶、贫富差距越来越缩小、实体经济越来越强大的战略目标。在这一方面，积极开发个性化、差异化、定制化的金融产品，增强中小金融服务机构，提升对小微企业、民营企业与"三农"的金融服务，让风险投资、银行信贷、债券市场、股票市场等全方位与多层次的金融体系，真正发挥服务社会、建设诚信体系、保护生态环境的作用，更重要的是坚

---

① 参见王文、卞永祖、陈治衡：《金融视角下的中国崛起：概念、条件和战略》，《当代金融研究》2018 年第 3 期。

② 参见王文、卞永祖、陈治衡：《金融视角下的中国崛起：概念、条件和战略》，《当代金融研究》2018 年第 3 期。

持在推动高质量发展进程中，防范化解金融风险，应是"金融强国"战略的国内目标。

从国际来看，"金融强国"应实现加速人民币国际化、提升中国配置国际资源的能力、加强中国金融国际话语权的战略目标。在这一方面，培养国际化金融人才、加大金融双向开放、加强金融服务的效率尤其是比肩国际一流标准的服务效率，通过政策性金融手段帮助发展中国家经济增长，创新构建国际金融安全网，推动国际金融体系的改革，实现全球金融治理的民主化、公平化，应是"金融强国"战略的国际目标。

当前，在单边主义、民粹主义与逆全球化思潮盛行的今天，"金融强国"战略牵一发而动全身。要真正构建并有效实施，还需要付出艰辛的努力。但相信假以时日，金融终将助推中华民族伟大复兴的中国梦的实现。

3. 社会主义建设需要什么样的金融体系？

当代世界，每个国家、每个企业甚至每个个人，都无时无刻不生活在国际经济金融发展形势变化之中。因此，站在新中国成立 70 周年之际的历史方位，回首来时路，展望中国金融的下一步，不能不把金融放在"全球视野下的国家发展战略需要"大背景下加以考量。

3.1 能够自主创造货币的金融体系

从金融视角看待世界史，国家发展战略将在宏阔的世界历史中表现出怎样的图景？我们不妨回顾一下世界历史中几个重要的金融史进程及其带来对国家发展战略的启示。

概括而言，有四个金融史进程极大影响了世界历史进程。

第一个进程是 15 世纪末到 16 世纪初，欧洲人开辟横渡大西洋到达美洲、绕道非洲南端到达印度的新航线，并且成功完成第一次环球航行，这一时期被后人称为"大航海时代"。大航海带来两个比较明显的影响：商业革命和欧洲的价格革命。

地理大发现改变了当时欧洲人的世界观，他们开始以全球眼光看待本国财富的增长，他们认为一个国家占有的全球金银份额决定了这个国家的强弱，推动了以积累本国金银贵金属为目标的重商主义发展。各国增加商品出口，争取金银回流，进而促进世界市场的形成和扩大。因此，国际商品流通的数量和种类也不断增加。可以说，商业革命不仅影响了欧洲在思想、政治和经济上的变革，也直接促进了国际贸易的发展。

美洲金银的发现，极大地增加了欧洲的货币供应量，引发了这一地区的价格革命。大量贵金属的流入，使市场上的货币流通大大增加，超过了商品交换所需要的货币流通量，引发了金银贬值和通货膨胀，促使收入在欧洲不同阶级之间进行再分配：商品生产者日益富裕；封建主日渐入不敷出；工薪阶层的劳动者越来越贫穷。

第二个进程是"金山"的发现。1848 年，加利福尼亚地区发现巨大金矿，消息很快在全世界传开，引来世界各地大约 30 万的淘金者。这一时期，很多欧洲人直接移民到北美。金矿加上移民，人口大量流动的事实促进了北美铁路的修建，为日后美国的强大奠定了扎实的基础。

美国加州有一座城市叫旧金山，这么名字怎么来的？因为 1851 年又在澳大利亚墨尔本附近发现了新的金矿，墨尔本也因此被称为新金山。两次金矿的发现，为世界提供了新的资金来源，资本主义得以蓬勃发展，自然科学取得重大进步，新技术和新发明层出不穷，第二次工业革命（19 世纪 60 年代后期）兴起，人类进入了电气时代。发电机、电动机和内燃机的广泛应用，促进了生产力的提高，使产业分工更加精细，为基础设施、轻工业和采矿业带来进步的空间。国际贸易迅速发展，贸易量显著上升，贸易中的商品结构发生改变，工业品占比明显增长；国际贸易的方式和支付方式也有了进步，凭样品交易、期货交易以及信贷、汇票和票据等新的贸易支付手段开始出现；专业化的国际贸易组织逐步建立起来。

第三个进程是南非金矿的发现。1881 年，南非的德兰瓦士发现了超级金矿。随后几十年，南非黄金的巨大供给量极大地改变了世界。直到 20 世纪 60 年代，美国和欧洲国家之间发生了 11 次贸易争端，被称为"黄金战争"；争端的核心在于，双方的黄金应该储存在哪里。1973 年，美国甚至关闭了黄金和美元之间的兑换窗口，直接导致了布雷顿森林体系的瓦解。可见当时贸易摩擦程度之深。

第四个进程是货币的信用化。金本位制结束后，进入了信用货币时代。信用货币（Credit Money）由国家法律强制规定，强制流通且不以任何贵金属为基础，独立发挥货币职能。信用货币是由银行提供的信用流通工具，当今世界各国几乎全部采用这一货币形态。

信用货币时代，货币与经济活动的互动方式发生变化。货币创造从依赖金银等矿产品开掘转为从经济活动当中产生，可以粗略概括成经济活动中的货币需求者向银行体系借贷，银行体系以放贷凭据向央行借款，从而完成货币创造过程，最后通过借款人还贷完成货币循环过程。

这里引出的一个问题是：借款人的需求从哪里来？来源不同，对国家发展来说意义就会不同。假如借款人的借款需求来自满足国外订单带来的组织生产需要，则银行体系反映给央行的货币创造需求从根本上说其实源自国外市场，那么由此带来的生产与销售活动，实际上是围绕国外市场进行的，而本国的经济活动到底需要多少货币量，就会比较模糊。假如借款人的借款需求来自满足国内订单带来的组织生产需要，则银行体系反映给央行的货币创造需求就是国内经济需求，从而可以比较清楚地知道本国经济活动所需的货币量。

由此可以得出一个推论：金本位制时代，资本创造主要取决于金银供应量；而信用货币时代，资本创造能否满足国内发展所需，取决于金融体系能否有效表达国家发展所需。中华人民共和国的国家性质决定了中国需要的是能够自主创造货币的金融体系。

3.2 能够服务于人民的金融体系

中国怎样确立能够自主创造货币的金融体系？这是个政治经济学问题。

"政治经济学"这个词的形成比"经济学"早得多，讨论的问题也更根本。1615年，法国有个钢铁厂主安·德·蒙克莱田出版了一本小册子，叫作《献给国王和王后的政治经济学》，第一次使用了"政治经济学"一词，那还是在法国的路易十三时代。这本书里第一次把对"经济"这个事物的研究超出家庭和庄园范围，放在国家和社会的视角里。此后，"政治经济学"研究的是国家和社会的经济活动，或者更根本地说，是研究人类活动中的物质生产和交换。而"经济学"一词得到广泛使用，则要到19世纪后期，它指的是对"价值"的生产、流通、分配和交换的研究，比"政治经济学"要局部得多。

实际上，当代一切经济行为，都是在政治框架下进行的。政治框架是什么呢？例如，国家、法律、国际协定等。经济运行于政治框架下，犹如水流运行于江河以及管道。而政治经济学要回答的就是为谁，以及如何搭建经济运行的框架。

了解了这一层之后，让我们通过现实中的例子看看政治是如何为经济书写"底层代码"的。

现代经济要运行，首先必须要有货币。在西方国家，货币发行方式一般是：中央银行向财政部购买国债，由此印刷等额的钞票，通过商业银行等渠道投向市场，而国债的偿还，则来自税收。对于民间来说，各类市场主体的经济活动，总是要跟银行（金融部门）联系在一起，而银行则把中央银行作为"银行的银行"。于是，在这样的框架下，政府、银行、市场主体就通过货币流通联系在了一起，形成了西方的国家框架。

你注意到这个框架有什么问题了吗？在这个框架中，无论政府、市场主体还是社会，都需要通过银行（金融部门）来进行经济行为，而当银行与作为市场主体的企业大部分都是私有时，整个社会也只能围绕着资本运行。而当这个体系的运行发生危机的时候，政策所采取的行动也只能是先救银行（例如搞"量化宽松"），无怪乎当前美、欧、日最大的政治议题都是围绕着"货币"与"债务"在打转儿，根本没有"民生""发展"什么事儿。从这里，我们也可以真切地看到政治经济学所揭示的资本主义国家运行方式。

而中国是个社会主义国家，国家的结构和运行方式绝不能搞成为资本服务的框架。因此，中国的国家运行就必然首先强调"以人民为中心"。怎样保证以人民为中心呢？这就要首先确保"基本经济制度"不动摇。因此，公有制主体地位就不能动摇，国有经济主导作用就不能动摇，这是保证我国各族人民共享发展成果的制度性保证，也是巩固党的执政地位、坚持我国社会主义制度的重要保证。实际上，定义了"以人民为中心"的国家性质，拥有公有制为主体的基本经济制度体系，中国就不愁"国家信用"的来源，由此，中国就不会陷入西方社会那样首先得有私人资本的运行体系，否则社会就无法运转的国家建设思路中去。

　　由此可见，政治经济学其实是关于国家如何运行的根本指导思想。

　　假如金融体系并非以人民为中心，将带来一个什么样的社会？《21世纪资本论》一书指出，当代西方，贫富差距正在严重恶化，而且将会继续恶化下去。当前在美国，前10%的人掌握了50%的财富，而前1%的人更是掌握了20%的财富——这还只是根据富人的公开报税资料测算，未考虑美国顶尖富人通过离岸金融体系平均藏匿了87%应税收入的现实。而现行资本主义制度只会让富人更富，穷人更穷。

　　至于造成这一现象的原因，本书认为是"资本投资回报高于劳动报酬的提高速度"：在有据可查的三百来年的数据中，投资回报平均每年增长4%—5%，而劳动收入平均每年仅增长1%—2%。这就意味着，老实巴交干活儿挣工资的人财富翻倍需要35年，而拥有资本进行投资的人每14年财富就能翻一番。

　　实际上，2008年国际金融危机爆发之后，全球财富分配状况的变化，远比本书里说的更"吓人"。瑞士信贷（Credit Suisse）发布的《2018年全球财富报告》显示，全球前1%富人拥有的财富，占全球比重超过47%！并且，自2008年国际金融危机以来，福布斯富豪榜上的巨富们财富总量增长了六成以上，而全球普通人的个人财富中位数却降低了14%！

　　这是什么情况呢？这是因为国际金融危机之后，西方国家的政策都是"印钞，救银行"，然而银行拿到了这些钞票之后，却没有办法放出去：因为企业找不到多少好项目，不想贷款。于是银行就只好拿着大量资金在金融市场上炒作，或者干脆存进中央银行里吃利息。连中央银行都被逼急了，于是宣布实行"负利率"：你存钱，我不但不给你利息，还倒扣！显然，这种情况下吃亏的只能是缺少投资途径的老百姓，而富人却不再给那么多员工发工资，而是把钱用在全球范围的现代化投资方式上。

21世纪，西方资本主义已经发展到了经济彻底金融化的地步，"钱"不再是"用来换实用商品"的"特殊商品"，而是"用来跟其他种类的'钱'玩数字游戏，以总量越变越多为目的"的"特殊符号"。归根到底，"国家为资本服务"的政治经济学已经走向坟墓了，21世纪需要适应当今时代的政治经济学。

什么是立足中国实际？就是要立足中国经济社会发展和人民群众实际需要。在我国经济已由高速增长阶段转向高质量发展阶段，而创新是引领发展的第一动力的大前提下，支持创新引领型发展，就需要建设一套与创新过程的关系犹如血脉之于肌体的金融服务体系。因此，我们有必要思考当代的创新过程及与之相适应的金融体系。

进入信用货币时代之后，信用从根本上说，其实是被使用者创造出来的，而金融体系则是这个创造过程的中介。从创新过程来说，无论是要引入新产品、新技术、新市场，还是缔造新供应链、新组织形式，都需要解决"从小到大"的成长过程或"从点到面"的推广过程问题，过程中的每一个环节，都离不开金融支持，而金融支持可以抽象描述为"通过描绘创新带来的预期成果，获得信用（资金）注入"。

在现实经济中，现代研发越来越需要众多研究者的合作，一个项目所需要的人员、资金、设备越来越多，一个研发成果往往是几百项甚至成千上万项技术、专利的集成。曾经是研发主流的一个人或几个人的小组就能得到重要成果的模式，变得越来越少。当代创新的推广过程，往往需要大规模资金运作，在短时间内迅速获得全国乃至全球大量用户，而后在此基础上再打开新的市场空间。信息和物流的高速发展，使得地球越来越像一个"村"，从而使经济活动能够以更加系统化、协同化的方式进行，创新的合作范围和影响范畴也就变得更大，历史的车轮也因此升级为"高铁"。当前，价值链全球化已然全面改变了产业生态体系，世界经济已进入"大创新"时代，引领大创新才能实现创新驱动型增长。

中国的改革开放过程，实际上伴随着全球化的发展进程。这就导致中国的创新过程——尤其是新产品和新技术的成长，很多都是基于发达国家的资金输入起步的。于是，其背后就是发达国家的金融体系。然而，发达国家的金融体系当中的资金是如何创造出来的呢？从根本上来说，来自发达国家的货币使用者的需求。

从企业的生命周期来讲，不同阶段需要不同的金融服务形式，从创业到成长、上市乃至并购，都需要不同形态的金融机构及资本市场体系的支持。因此，要适应高质量发展需要，就要更多依靠自主创新、创业、创意，推动金融服务结构和质量来一个转变。也可以说，要增强基于中国创新的信用创造能力。

2018 年，中国已成为全球最大商品市场，这说明中国有着全球最多的新增市场需求量。把这种需求转化为对创新的要求，再把创新对资金的需求转化为中国自己的资本创造能力，方可谓走出了一条中国特色的金融发展之路。

因此，上述过程其实意味着当今世界的资金输入输出关系变革。过去是伴随着全球化进程中国需要输入来自西方的资本，同时形成外向型的创新过程，而现在则是随着中国自身进入高质量发展阶段，需要以自身的资本创造能力支持创新引领型发展。同时，随着中国进入金融改革开放的新阶段，世界经济也将获得新的发展机遇。

3.3　能够支持国家发展方向的金融体系

当今世界面临百年未有之大变局，短期看，外部环境的复杂性与不确定性可能会增大中国经济下行压力；但放在长期大势中看，中国经济的攀升势头没有减弱，有利于中国经济长期向好发展的因素没有减少，中国发展仍处于并将长期处于重要战略机遇期的形势没有改变。

2008 年爆发的国际金融危机，影响世界经济至今已超过 10 年。10 年来，世界经济总的来说尚没有走出低增长、低需求、低通胀同高失业、高债务、高泡沫并存的状况，这与发达经济体总体上已不再作为全球增长主要动力源有关。发达国家总人口约 10 亿人，占世界人口总数不到 1/7，却曾经长期占世界经济总量的七成以上。因此，在既有的国际经济秩序中，规则与制度、货币与商业渠道等"上层建筑"都是围绕"发达经济体是全球核心市场"形成的。然而，2008年国际金融危机爆发以来，发达经济体由于自身市场早已饱和，低需求状况无法改变，已难以为世界经济带来大量的新增需求。10 年来，发达经济体持续依赖货币与财政刺激政策，结果却只得到注入了大量货币、推高了金融泡沫的效果，2018 年更是出现债务加速膨胀、金融市场暴涨暴跌等危险状况，说明其"经济稳定依赖债务膨胀、债务膨胀压低增长潜力、低增长减弱经济稳定"的恶性循环仍在重复，并且正在成为长期态势。目前，发达经济体出现了一种经济"新常态"，即以央行资产负债扩张和主权债务攀升为代价，通过持续扩张性财政政策和宽松的货币政策维系数字上的增长，这种"新常态"既不可持续，同时也蕴藏着巨大风险。

如今，全球增长主要动力源已转移到新兴市场与发展中国家，尤其是中国。从世界维度看，全球经济重心东移、全球价值链位置"东升西降"的格局变化仍将深入发展，以智能化、网络化、大数据化为技术创新与扩散主线的新产业革命，在中国最具备率先展开条件。随着"一带一路"建设的推进以及中国对外开放的大门越开越大，中国从"接入"国际市场之网到开始"组网"的趋势将日趋显著，中国将在未来长期作为全球最大市场，为世界经济作出越来越大的贡献。

中国有着世界最大的中等收入群体，人均收入还在以快于GDP的速度不断增长，由此带来的消费增长潜力十分巨大。从长期大势来看，扩大消费的意义与潜力会更加清晰。"微笑曲线"理论把价值链划分为上中下游，研发与设计为上游、制造与组装为中游、销售与品牌为下游，越靠近上下游，则附加值越高，于是就形成了一条"两端高、中间低"的微笑形曲线。作为世界第一制造大国，中国在相当长时期内居于低附加值区域，因此出现资金来源与产品市场"两头在外"的格局。如今中国逐渐走出这一格局，对外贸顺差的依赖越来越低，国内消费带来的动力日益强劲。中国居民收入水平持续提高和消费升级，直接扩大了中国市场，改变了全球价值链下游格局。消费又是研发与设计的动力来源，于是在国内消费的带动下，"中国智造""中国创造"日渐崛起，中国向全球价值链中高端攀升。

中国市场在全球市场地图中正在呈现出"板块崛起"态势。过去，仅占全球人口不到1/7的发达经济体市场，曾是各国企业的主要目标市场。如今，2018年，中国社会商品零售总额超过38万亿元人民币，按汇率折算约5.6万亿美元，成为全球规模最大的国内商品市场。不但中国企业可以把国内作为最大目标市场，全球很多企业也将把中国市场作为最大目标市场，甚至通过中国市场来对接全球市场。中国消费者将享受到市场崛起带来的红利。①

把握长期大势，研判当前形势，我们可以看到，越来越多的中国产业正在迈向全球价值链中高端，若干世界级的先进制造业集群正在形成。中国增长动能正在从投资拉动型转向消费驱动型、从工业主导型转向服务业主导型、从数量扩张型转向创新驱动型、从资源消耗型转向绿色低碳型。在国际形势严峻复杂、国内改革处在攻坚克难阶段的当前条件下，中国经济在较短期间内较好地实现了转变增长动力、走上新的发展轨道，为下一步长期向好发展奠定了坚实基础。

中国曾经在世界经济格局中扮演过"国际产业转移主要承接地"角色，并因此出现过资金来源与产品市场"两头在外"的格局，因此，2008 年国际金融危机也曾给中国造成巨大的经济下行压力。但在此之后，中国转向通过提振内需激发内生动力，以人口城镇化带动消费需求升级为主要动力的增长道路，2013 年服务业首次超过工业成为经济增长最大来源之后，服务业对经济的拉动作用日益凸显，2018 年已达 59%。在需求侧动能的长期可持续性充分显现之后，供给侧结构性矛盾已成为中国经济运行的主要矛盾。在此局面下，中国从 2016 年起有序推进供给侧结构性改革，通过去产能、去库存、去杠杆、降成本、补短板，来提升市场环境、促进正向激励和优胜劣汰，提升产业链水平，促进新动能加快发展壮大。

当今的中国，国家面貌已发生新的变化，背后是经济结构已走向创新驱动带来长期高质量发展的新结构。

从人的因素来看。曾经，从以农村为中心向以城市为中心、从中低端行业向中高端行业、从落后产品使用者向先进产品使用者的转型

---

① 参见国家统计局：《2018 年国民经济和社会发展统计公报》。

过程，是中国人生命轨迹的典型写照。但如今，59.58%的人口城镇化率说明，[1] 大部分中国人已完成了身份转型，大规模"进城"带来的高速增长可能不再有，但"城里人"的消费升级需求会带来强大的高质量发展动力。其中，高端行业贡献新增就业岗位数增速比传统行业普遍快10个百分点以上，与移动互联网、电子商务相关的大部分新产品首先在中国普及成为趋势的时候，我们可以认识到，"质"的发展正在取代"量"的扩展，成为当前中国经济的关键特征，中国人的生命轨迹也因此跟以往不同。

从"地"的因素来看。无论城市群之间的关系，还是城市内部"点与点"的关系，都在因交通、物流和信息的发展变得不同。当前，中国的经济地理格局正在发生快速变化。京津冀、粤港澳大湾区、长三角等地区发展呈现出许多新特点，规模经济效应开始显现，基础设施密度和网络化程度全面提升，创新要素快速集聚，新的主导产业快速发展。与此同时，中国的区域发展格局、农村面貌都在快速优化升级。以往城市快速扩展带来的高速增长特征正在淡化，城市空间精细化管理带来的高质量发展特征日益凸显。

从动能因素来看。科技进步对中国经济增长的贡献率由2010年的50.9%增加到2018年的58.5%，并在持续上升[2]。在"市场需求—设计—制造—市场营销"的价值链中，谁拥有最大规模的市场需求，谁就拥有创新的源头。当前中国市场规模位居世界前列并在不断壮大，设计与制造能力也已超越模仿阶段实现自主创新为主，中国创新走向引领世界是大势所趋。目前，中国产业发展已不再依赖数量型扩

---

① 参见国家统计局：《2018年国民经济和社会发展统计公报》。
② 参见国家统计局：《2018年国民经济和社会发展统计公报》。

张，而是利用技术创新和规模效应形成新的竞争优势。拥有巨大的国内市场，使得中国可以做到通过先进制造业和现代服务业深度融合，不断提升产业链水平，并培育和发展新的产业集群，走向制造强国。

世界经济史上，不少国家讲述过人口城镇化带来经济结构转型升级的故事，但较少国家讲述过新动能带来经济结构优化升级的故事。而 2018 年中国经济数据所讲述的，是占人类 1/5 人口的经济体，同时处在人口高速城镇化带来经济结构转型和新动能带来经济结构优化两个过程中，整个国家的面貌快速发展变化的大故事。处在新旧动能转换过程中的中国经济，仍然交出了难能可贵的答卷。

4.什么是金融与实体经济关系的中国经验？

中国是世界上最大的工业生产国和产品市场国，能够来到这一历史方位，与"金融服务于实体经济"的理念以及具有中国特色的金融与实体经济关系模式密不可分。当前，全球新一轮科技革命和产业变革蓄势待发，科技创新正以前所未有的规模加速产业融合，推动经济增长动能转换。要想真正抓住机遇、应对挑战，实现产业创新，从并跑向领跑转变，切实推动产业转型升级和经济增长动力转换，其决定因素在于金融支撑。这就内在要求走出一条中国特色金融发展道路。我们可以通过熊彼特的创新理论和宏观经济的内生增长理论来阐释新一轮科技革命和产业变革的基本发展态势，探讨经济增长的理论机理，分析中国产业金融促进经济增长的内在联系。

70 年来，在不同经济发展阶段，中国的金融事业通过体制改革不断调整、变革以适应阶段性目标。罗斯托经济成长阶段论中提到了工业发展与产业结构变革的时段性。同样地，金融与实体经济关系模式也从投融资决策、战略政策引导等方面推动当时的产业发展与变革。以银行为主导的产业金融体系支持中国现代工业化进程，新中国成立后从无到有、从小到大地实现了制造大国的蓝图，中国的金融与实体经济关系也来到了新时代。

4.1　70 年来的中国金融—实体经济关系演进

中国的金融支持工业化进程发展之路，从新中国成立之初建立社会主义计划经济开始的财税全力支持，到改革开放之后的金融体系建立和完善，最突出的是以银行为主导的金融体系对包括国有企业在内的中国产业发展的支持。以间接融资为主导的银行体系强有力地支持包括钢铁在内的制造业快速增长。在中国制造大国建立的过程中，银行业也发展为全球最大的银行体系，其中工、农、中、建排在全球十大银行前列。中国的银行与产业之间的密切协作配合，强有力地支撑了现代产业发展，走出了有中国特色的金融发展之路。随着中国经济结构转型升级，服务业替代制造业成为经济发展的火车头，金融与实体经济关系模式也随之调整，金融创新，包括能源金融、绿色金融、供应链金融、互联网金融、科技金融等在内的产业金融需要加大对新产业、新模式、新业态的支持力度，以推进金融的供给侧结构性改革，实现经济高质量发展。

4.1.1　中国金融—实体经济关系发展的四个阶段

第一阶段，从 1949 年至 1978 年。1948 年中国人民银行在原有三所银行基础之上成立，这意味着中国"大一统"金融模式的形成。中国人民银行既是中央银行，又是商业银行，同时承担着行政管理与业务经营职能。当时银行的信贷制度完全受政策和计划的限制，完全以国家计划分配来代替市场经济，且企业资金受银行监督。"大一统"的金融机构体系是适应当时的计划经济体制之举。

第二阶段，从 1978 年至 1994 年。改革开放后，邓小平提出了渐进式改革和"以经济建设为中心"，中国金融也随之发生了翻天覆地的变化。金融的"大一统"模式逐渐瓦解，包括银行、证券、保险、财务公司等各种金融形态等在内的日趋完善、日益复杂的现代金融体系逐步成型。20 世纪 90 年代初期，上海证券交易所、深圳证券交易所成立，中国证券市场正式走上舞台，有力地优化了经济结构、促进了产业发展。

第三阶段，从 1994 年至 2013 年。1994 年国务院陆续推出一系列金融改革措施，针对中央银行体系、金融宏观调控体系、外汇管理体系、金融市场体系进行全面改革。1999 年，为剥离银行的不良资产，四大国有资产管理公司陆续成立。2001 年，中国加入世界贸易组织（WTO），则进一步加快了中国产业金融体系的对外开放。金融监管格局也在 2003 年形成"一行三会"。金融法制建设日趋完善，《商业银行法》《保险法》《担保法》《证券法》等相继出台并修改。

第四阶段，2013 年至今。这是建设多层次资本市场，加强金融供给侧结构性改革，支持实体经济发展的新时期。

2013 年以后中国经济运行呈现增速趋稳、结构趋优、动力转换的"经济新常态"特征。从结构看，产业的高级化趋势明显，第三产业在 GDP 中的占比迅速提升，并超过第二产业，成为拉动经济增长的火车头。我国劳动力逐渐由第一产业向第二、第三产业转移，第三产业成为吸纳就业的绝对主力。产业结构呈现从劳动密集型向技术密集型转型升级，从制造业大国向智造大国转型升级，供给侧结构性改革取得积极进展。钢铁、煤炭等传统产业的过剩产能大幅压缩，市场逐渐出清。装备制造业和高新技术制造业发展更迅速，经济增长动力出现转换，科技革命带来的新兴产业和新技术改造后的传统产业蓬勃发展。

　　在积极的财政政策加力提效的同时，我国也加快构建现代化财政制度，全面提高国家综合治理能力，开展"市场化、国际化、多元化"的金融供给侧结构性改革。金融创新方面，金融科技提升金融服务的质量和效率，传统金融机构开展了融资融券、通道业务、引流业务、表外业务、买入返售、场外配资等创新业务。[①] 金融监管方面，从最初的"一行三会"发展到如今的"一委一行两会"。利率市场化方面，2015 年 10 月，中国人民银行宣布放开存款利率浮动上限，标志着中国利率市场化的基本完成。外汇体制改革方面，2016 年 10 月，国际货币基金组织将人民币正式纳入特别提款权（SDR）货币篮子，人民币国际化取得里程碑式进步。此外，在这一阶段，供应链金融、互联网金融、绿色金融、科技金融、普惠金融竞相勃发，中小板、新三板、转板制度、科创板试点注册制相继推出和完善。

　　从银行主导逐渐转向市场主导的金融体系、国际化的资本市场与货币市场对于产业结构转型升级有着不可替代的作用。传统制造业或形态较为简单和稳定的产业较多有效依靠银行的支持得到发展，但创新经济或高科技产业等由于其较大的不确定性或产业形态的快速变迁，对投融资双方"风险共担、利益共享"提出了更高的要求，因此资本市场的发展往往与高科技或战略性新兴产业的发展紧密相连。[②] 直接金融的发展有力地推动了"大众创业、万众创新"，填补了银行贷款等间接融资的不足，降低了融资成本，拓宽了融资渠道。

---

① 参见柴青山：《中国到底需要什么样的金融创新》，2017 年 9 月 28 日，https://finance.qq.com/original/caijingzhiku/cqs.html，2019 年 4 月 25 日访问。

② 参见祁斌、查向阳等：《直接融资和间接融资的国际比较》，2015 年 5 月 14 日，http://www.csrc.gov.cn/pub/newsite/yjzx/sjdjt/zbsczdjcyj/201505/t20150514_276935.html，2019 年 4 月 25 日访问。

伴随直接融资发展，科技金融在改造传统金融机构的同时，也发起了支付、理财、信贷等各领域的全面变革，提升了金融供给的质量和效率，让普惠金融、绿色金融、产业金融、供应链金融得以快速发展。与此同时，大数据征信等新形式的社会信用体系加速构建，数字货币在加速推进中。金融科技也推动了智能制造发展，金融不仅促进制造业的发展，更为重要的是，快捷安全的第三方支付等科技金融的成长，直接催生了创新性企业的萌芽，直接促进了服务业的发展，金融促进实体经济的发展普惠到每一个人和每一个企业。

以科技产业为例，2018 年中国股权投资市场投资额超过万亿元的规模，据统计，截至 2018 年底，中国股权投资市场投资额达 10365 亿元。而该数据 2010 年只有 1522 亿元。[①] 近五年来，中国股权投资

（单位：亿元）

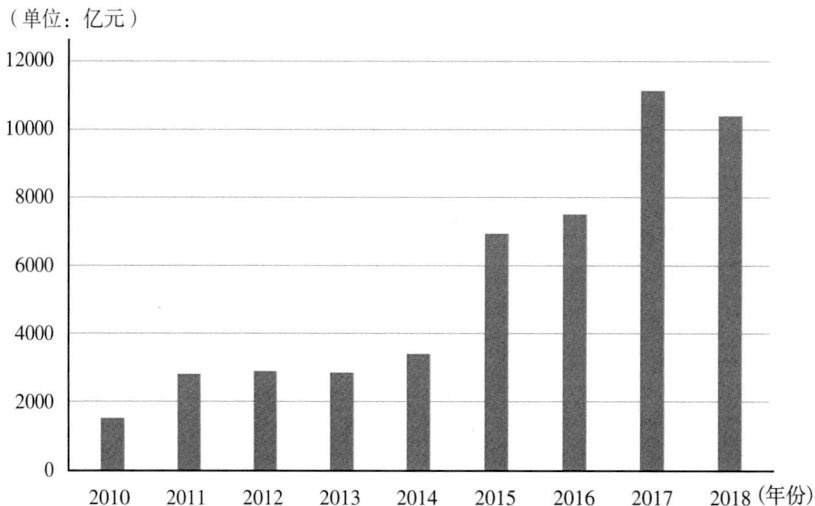

图 4-1　2010—2018 年中国股权投资市场投资额发展情况

数据来源：前瞻产业研究院。

———————

① 前瞻产业研究院：《中国创业投资与私募股权投资市场前瞻与战略规划分析报告》。

快速增长，2017 年首次突破万亿元规模。但是我国科技的发展仍处于起步阶段，受发达国家限制的芯片产业等仍主要依靠进口，高科技产业的国产化率低，这与我国风险投资发展不充分、分布不均衡的金融市场有很大关系，应加大对风险投资、银行信贷、债券市场、股票市场等直接融资与间接融资的支持力度，推动我国先进制造业、现代服务业的融合发展，实现经济的高质量发展。

4.1.2　中国金融—实体经济关系模式的探索之路

金融服务于实体经济的理念要求中国金融业以推动产业发展和转型为主要任务，充分发挥金融业务对中国产业在融资、投资、增值等各方面的金融支持作用，体现为产业与金融融合发展的形态。

从宏观层面来看，政策性金融、商业性金融、合作性金融、开发性金融是国有金融机构的四种主要形式。这其中包括了国家开发银行、中国进出口银行、中国农业发展银行，分别支持基础设施建设、出口产业和农业发展等。

从微观层面来看，银行、证券、保险、投行、财务公司等各种金融形态支撑了产业发展和转型升级。具体到产业金融领域，不仅包括能源金融、物流金融、绿色金融和科技金融等多种形式，还包括企业的供应链金融，支持了汽车业、物流业、服务业等产业的发展。

以银行业为代表的间接融资为主的金融结构支持工业发展，尤其是中国特色的财政金融体制对以制造业为主的产业发展的支撑体现为六点。

一是集中力量发展重点产业和关键领域。"大一统"的财政金融体制整合国家资源投入重点产业，产业发展方向服务于国家战略需要。"一五"时期集中力量发展以冶金、能源、国防为代表的重工业，为工业化奠定基础。随着计划经济体制不断深入，财政金融体制在尖端技术如"两弹一星"等关键领域发挥着集中力量办大事的优势。

二是大银行制提供大融资渠道，推动工业化快速发展。从财政金融一体到改革开放的大银行制逐渐发展到银行、证券、保险全面发展，实现直接融资与间接融资一道，通过银行贷款、股票债券、金融租赁、私募股权融资等多种方式为工业化提供资金，以货币资本、固定资本等多种形式助力产业供给增加。当前，随着金融创新不断深化，融资途径增加、融资成本降低，社会融资规模总量扩大，财政金融体制成为推动工业化和产业发展的融资保障。

三是强化政策调控，引导产业结构调整、转型和升级。目前，中国形成了以国有商业银行为中心，包括全国众多中小商业银行在内的银行系统，奠定了中国银行主导型金融体系的稳定格局。国有商业银行内部体系健全，资金雄厚，安全性和可靠性高，在政策支持和经济调控上更加有力。① 中国政策性金融、开发性金融的发展，提供了包括交通基础设施、重要产业、扶贫开发等长期、低成本、可持续性的金融功能支持。与政策调控紧密相连的商业性金融、政策性金融、开发性金融、合作性金融一道，从投融资领域引导产业结构调整。

四是创建规范化法制化的投融资环境，有效防范化解金融风险。中国金融监管格局的不断完善与金融法制化不断推进促使中国的金融市场走向规范统一。适度的宏观调控、财政政策与货币政策的协调配

---

① 王春凤：《我国银行主导型金融体系研究》，《当代经济》2017年第16期。

合共同创建了良好的投融资环境，为产业发展提供了更稳定可靠的资金来源，也平稳了经济震荡对产业供需带来的冲击。财政对宏观调控能力的强化以及金融监管、金融法制化的进步使得中国在亚洲金融危机和国际金融危机中平稳度过。

五是风险共担、利益共享的直接金融发展，激发产业创新活力。直接金融市场的规范化与多元化使得资本市场上需求者门槛降低，更多初创型企业能够通过资本市场进行融资。传统上以银行为主导的金融体系在支持制造业、支持国有企业的工业时代有效，但是当中国产业结构转向以服务业为主导，尤其是创新在经济发展中起重要作用时，风险共担、利益共享的资本市场融资方式更加契合发展需要。2019年科创板试点注册制便简化了上市程序，提高了科创型企业的融资效率，激发了"大众创业、万众创新"的活力。

六是加强金融业对外开放，提升产业对外开放水平，促进产业资本在国际间自由流动。外汇体制改革推动了中国外汇储备管理的规范化，促使金融市场双向开放，服务国家全面开放新格局。同时，其在防范跨境资本流动风险，保障外汇储备安全、流动、保值增值，维护国家经济金融安全的基础上促进国际资本自由流动。中国的产业随着开放度的提高而更大范围地面对国际市场，更多地参与国际市场竞争，这对于促进中国产业技术水平、管理素质和效率的提高，产业结构的转换将发挥积极的作用。[1]人民币国际化也会通过降低贸易成本来促进海外投资、发展服务贸易和第三产业，推动经济结构转型升级。

---

[1] 参见权衡：《开放的中国与世界经济——迈向一体化互动发展》，《国际展望》2014年第5期。

4.2　中国金融—实体经济关系模式的理论阐释

以银行为主导的金融体系能够支持和促进包括制造业在内的产业体系发展，促进中国发展成为制造业大国和货物贸易大国，中国发展成为 130 多个国家中的最大货物贸易大国。但是由于包括资本市场在内的直接融资发展并不强大完善，也影响了创新型企业的发展。国家、地区和地方政府在指导银行和其他金融中介机构的活动方面发挥较大的作用，也存在透明度不高等问题。中国等发展中国家普遍存在的金融抑制问题影响产业发展。通过熊彼特创新理论和罗斯托经济成长阶段论，我们可以探讨出中国金融—实体经济关系的发展机理。

4.2.1　用熊彼特创新理论解释中国金融—产业关系变迁

早在 20 世纪 60 年代，著名政治经济学家熊彼特就发表了《经济发展理论》专著，他提出创新之于经济增长的关键作用。他指出所谓创新就是要"建立一种新的生产函数"，即"生产要素的重新组合"，就是要把一种从来没有的关于生产要素和生产条件的"新组合"引进生产体系中去，以实现生产力的大幅提高。其主要观点有六：

第一，创新是生产过程中内生的。将创新视为内生变量，在生产过程与经济增长中自我发展。

第二，创新是一种"革命性"变化。充分强调创新的突发性和间断性的特点，主张对经济发展进行"动态"性分析研究。

第三，创新同时意味着毁灭。完全竞争状态下的创新和毁灭往往发生在两个不同的经济实体之间；而随着经济的发展、经济实体的扩大，创新更多地转化为一种经济实体内部的自我更新。

第四，创新必须能够创造出新的价值。熊彼特认为，先有发明，后有创新；发明是新工具或新方法的发现，而创新是新工具或新方法的应用。因为新工具或新方法的应用在经济发展中起了作用，最重要的含义就是能够创造出新的价值。

第五，创新是经济发展的本质规定。熊彼特力图引入创新概念以便从机制上解释经济发展，把经济区分为"增长"与"发展"两种情况。增长是量变，数字上的变化；发展是经济循环流转过程的中断，也就是实现了创新，创新是发展的本质规定。

第六，创新的主体是"企业家"。"执行新组合"这个核心职能又把真正的企业家活动与其他活动区别开来。每个企业家只有当其实际上实现了某种"新组合"时才是一个名副其实的企业家。

就中国实际而言，该理论主要解释了金融体系对产业升级的重要作用。

产业升级是使产品附加值提高的生产要素改进、结构改变、生产效率与产品质量提高、产业链升级。产业升级的概念符合熊彼特对创新的定义（新要素组合＋价值提高），所以要实现产业升级这个"创新"离不开"企业家"的作用。"企业家"进行研发或生产离不开投融资决策，微观企业的公司财务决策与整个金融体系的特点息息相关。比如：

（1）金融体系结构影响产业升级的方向。以商业银行为主导的间接金融市场占主导，所以融资时会主要采用银行贷款的方式，其流动性受到贷款评级和审核的限制。而国有商业银行在选择贷款对象时会考虑到产业政策，对重点产业予以倾斜，如基础设施建设、科技创新产业等。

直接金融市场如股票市场发展还处于不成熟阶段，投机活动多而价值投资少、不成熟的制度决策如刚推出便暂止的熔断机制、高门槛的 IPO 规定（与西方资本市场发达的注册制相比）难以给中小企业、初创企业足够的资金。所以，对于中小企业的"企业家"来说，进行新要素组合尚有困难。因此，以商业银行为主导的金融体系会将资源相对倾斜于发展较为成熟的行业，刺激这类产业升级。

（2）金融体系的创新推动产业升级。长期以来，中国以银行业为主导的间接融资体系推动和支撑了中国工业化发展，推动了中国完备的工业体系的发展，推动了中国包括高铁技术和建设在内的基础设施建设和发展。但是从计划经济发展过来的中国特色社会主义市场经济体系，也存在直接融资占比较低的问题，直接融资发展空间和潜力巨大，直接融资的发展将推动中国服务业的快速发展和技术创新。

2019 年，中国推出科创板试点注册制以扶持科技创新创业的融资，为初创科技企业的孵化培育提供了良好的环境，从而带动计算机、互联网产业的升级。

4.2.2　从罗斯托经济成长阶段论看中国产业金融

中国经济发展阶段可以用罗斯托经济成长阶段理论来解释。① 经济成长阶段论称作"罗斯托模型"或"罗斯托起飞模型"，是经济发展的历史模型。在罗斯托的经济成长阶段论中，第三阶段即起飞阶段与生产方式的急剧变革联系在一起，意味着工业化和经济发展的开始，在所有阶段中是最关键的阶段，是经济摆脱不发达状态的分水

---

① ［美］罗斯托：《经济成长的阶段》，国际关系研究所编译室译，商务印书馆 1962 年版，第 7 页。

岭,罗斯托对这一阶段的分析最透彻,因此罗斯托的理论也被称为罗斯托起飞理论(Rostovian take-off model)。该理论将人类社会的经济成长阶段分为六个阶段。

一是传统社会。其特征是,不存在现代科学技术,生产主要依靠手工劳动,农业居于首要地位,消费水平很低,存在等级制,家庭和氏族起着重要作用。

二是准备起飞阶段。即从传统社会向起飞阶段过渡的时期,在这一时期,世界市场的扩大成为经济成长的推动力。

三是起飞阶段。实现起飞需要三大条件:具备较高的积累率,即积累占国民收入的10%以上;具备起飞的主导部门;建立能保证起飞的制度,例如建立使私有财产有保障的制度。

四是成熟阶段。这是起飞阶段之后的一个相当长的、虽有波动但仍持续增长的时期。其特点是,现代技术已被推广到各个经济领域;工业将朝着多样化发展,新的主导部门逐渐代替起飞阶段的旧的主导部门。

五是大众消费阶段。主要的经济部门从制造业转向服务业,奢侈品消费向上攀升,生产者和消费者都开始大量利用高科技的成果。人们在休闲、教育、保健、国家安全、社会保障项目上的花费增加,而且开始欢迎外国产品的进入。

六是超越大众消费阶段。该阶段的主要目标是提高生活质量。随着这个阶段的到来,一些长期困扰社会的老大难问题有望逐步得到解决。

传统研究认为,产业结构调整内容要从主要依靠第二产业带动向依靠第一、第二、第三产业协同带动转变,特别是要提高第三产业在整个国民经济中的比重,提高现代服务行业对经济增长的贡献。这个对应罗斯托模型的第四、五阶段。在中国已经实现工业化,并迈向现代化的过程中，问题聚焦于金融体系与第三产业升级。

（1）金融与消费产业升级。消费金融如房产、车贷在当代不可或缺，信用卡的普及以及中国移动支付的发展为中国消费者提供了方便的信用消费。需求端的提升反馈到供给端就表现为产业的升级，包括耐用品产业的发展和升级，如自动驾驶汽车、家电产业的智能化（无人驾驶、智能家居、机器人）。总之，中国信用体系的建设和完善，以及消费金融的发展，将推动中国消费产业的升级和换代。

（2）以直接融资为主的金融推动服务业发展。中国正在由以银行业为主导的间接融资向以资本市场为主导的间接融资模式发展。而伴随老龄化的社会发展，伴随中国金融业对外开放加大，以保险业资金的长期使用和推动中国服务业发展为主导，中国社保基金与养老基金的使用从保守保管到合理利用，但现阶段仍然没有发挥更大价值。基金作为收拢资金、统一管理的机构，通过投资组合实现价值增长。而目前养老和社保更多考虑其稳定性与安全性，常以存款方式收取利息，流动性和增值性都很弱。因而需要推动养老基金和社保基金反哺产业，如教育产业等服务产业。

4.3 中国金融—实体经济关系的优势与改进空间

研究中国金融支持产业发展的优势与不足，首先要从我国产业结构与产业体系入手，新中国成立 70 年来，我国经济从积贫积弱、百业待兴的农业经济，经历了整个工业化发展阶段，发展成为一个制造业大国，成长为世界第二大经济体、货物贸易第一大国，构建起联合国工业门类体系最完备的国家，这与我国产业金融自身优势密切相关。

4.3.1　中国金融支持实体经济发展的优势

目前，中国形成了包括中国人民银行、国有商业银行、中小商业银行等在内的银行体系，这奠定了我国银行主导金融体系的格局。我国银行内部体系较为健全、资金雄厚，安全性与可靠性高，再加上中央银行直接管辖国有商业银行，在政策支持和经济调控上也更为有力。通过政府有为的调控，将高储蓄转化为高投资，不仅推动中国经济自改革开放以来实现了近两位数高速增长，而且还保持了金融稳定，这是在所有发展中国家绝无仅有的，逐步形成了支持产业发展的三大金融优势。

中国金融规模目前在全球处于领先地位，中国股市和债市规模在全球分别排在第二位和第三位，中国四大国有银行近年来在全球前十名都是榜上有名。中国金融结构以银行业为主体，以间接融资为主导，在推进制造业成长、交通基础设施建设等经济发展中起到重要作用。

中国金融的规模在全球仅次于美国，中国信贷总量、债券市场、股票市场的规模在全球处于领先地位。2018年中国广义货币（M2）为182.7万亿元，同比增长8.1%。2018年新增社会融资总额超过19.3万亿元。①② 这就形成了中国产业金融发展的优势之二，也就是世界上资金规模最大银行体系。

中国科技金融目前离世界领先水平还有距离，但是在移动支付领域发展领先，以百度、京东、阿里巴巴、腾讯为首的金融科技领军型

---

①　中国人民银行：《2018年社会融资规模存量统计数据报告》。

②　数据来源于国家统计局、Wind。

企业，深谙消费者需求，先于传统金融机构发掘市场机会，为消费者提供了移动支付、投资管理、网络借贷、线上众筹等一系列科技金融服务。依托中国人口基数优势，我国科技金融积累了领跑全球的用户规模与市场渗透率。以移动支付为例，《2018年第四季度第三方移动支付用户研究报告》指出，我国移动支付在手机网民中的渗透率为94.7%，推算用户规模为9.9亿元。

科技金融的风潮也席卷了传统金融行业。截至目前，中国建设银行、中国民生银行、中国光大银行、兴业银行与招商银行均成立了自己的金融科技子公司。同时，一些银行与互联网企业陆续开办联合金融科技实验室、签署全面战略合作协议，凭借双方优势，促进线上与线下的深度融合。这就形成了中国产业金融发展的优势之三，也就是发展迅速的科技金融。

4.3.2　中国金融支持实体经济发展的改进空间

中国对金融发展的政策定位在过去的第十二个五年发展规划当中，从农业主导发展到以工业为主体，再到服务业占半壁江山，包括政策性金融、开发性金融、合作性金融、商业性金融在内的产业金融，对于推进我国实现工业化，推动交通基础设施建设，推动包括钢铁、汽车等在内的产业发展，起到了举足轻重的作用，但是在中国经济实现高质量发展，尤其是服务业占主体，中国从要素驱动增长转向创新驱动增长阶段，金融对产业的支持在结构上、在供给上存在不足，尤其是在资本市场建设上存在不足。

一是金融供给侧结构性改革需要优化金融结构。以银行为主导的间接融资，通过有为的政府的宏观调控，将金融资源配置到制造业等工业部门，推动工业化发展，成为全球货物贸易第一大国，迅速成长为世界第二大经济体。

随着近年来中国产业结构从以工业为主转向了以服务业为主，服务业在国内生产总值（GDP）中占比超过51.6%，发展中国家普遍存在的金融抑制问题在中国逐渐凸显。金融抑制降低了金融效率，遏制了金融发展，进而阻碍了经济增长，具体体现在中国金融开始不适应产业结构转型的需要，不能够满足实体经济增长的需要，并且金融风险更易出现。中国金融的"麦金农效应"问题，不仅需要银行业的支持，更加需要规范、透明、有序、有韧性的资本市场的支持。

传统上以银行为主导的金融体系在支持制造业、支持国有企业的工业时代有效，但是当中国产业结构转向以服务业为主导，创新、创业、创造在中国经济增长中日益重要，企业逐渐变得轻资产化、网络化、品牌化时，传统上以抵押贷款为主导的银行业金融体系不能适应新经济发展的需要，而资本市场的供给不足，首次公开募股（IPO）上市企业堰塞湖现象严重，为创新创业创造企业提供从天使投资到私募股权投资（PE）到上市到发债等一系列多层次资本市场的金融供给没有跟上，直接融资不能满足以服务业为主导的产业体系需要，众多创新型企业的发展金融供给不足，原来以银行业为主导的金融体系显得心有余而力不足。

为此，中国金融需要金融供给侧结构性改革，以适应正处于结构升级、产业转型阶段的中国经济需要，中国直接融资的占比不足20%，而这与欧美日等发达经济体80%的直接融资占比存在巨大鸿沟。

二是金融供给侧结构性改革需要加强直接融资发展。为支持经济高质量增长，尤其是支持创新企业发展，支持服务业快速发展，中国亟待加强多层次资本市场建设，正在进行的科创板试点注册制将为现代资本市场的建设奠定制度基础。中国需要加强包括注册制在内的股票上市发行制度改革，加强以信息披露为核心的股票交易制度改革，加强包括退市制度在内的一系列资本市场的基础制度的完善，为中国产业结构转型升级、为服务业的发展壮大提供高效的金融供给。

改革开放以来，中国正在加强金融业的对外开放力度，与此同时，中国与150多个国家和国际组织签署了共建"一带一路"的协议，中国正在推进包括基础设施建设、国际产能合作、境外经贸园区建设等在内的国际合作，而"一带一路"沿线国家目前多数还是发展中国家、对资金需求量大，中国不仅需要进行深化金融供给侧结构性改革，加大多层次资本市场的建设力度；而且需要加强与国际金融机构的合作，与沿线国家加强资本市场的建设与互联互通，加强政府与社会资本合作，增加对沿线国家的金融供给，促使金融业对外开放，推动包括人民币在内的本币国际化，完善国际货币体系。与此同时，还需要与沿线国家一起构筑金融安全网，加强系统性金融风险的防控。在推动"一带一路"沿线国家提升在全球产业链、价值链、供应链地位的过程中，建设现代金融体系，包括推动普惠金融、科技金融、绿色金融发展，支持中国产业发展和现代化经济体系的构建。

4.4 新时代的中国金融—实体经济关系前进道路

4.4.1 经济高质量发展带来的金融新要求

中国经济高质量发展对金融提出了新的要求，伴随中国现代化经济体系的要求，需要构建现代金融体系，需要金融回归到支持实体经济本源上，需要坚定防控系统性风险，需要支持现代服务业和先进制造业发达的资本市场和现代银行体系，需要现代科技金融的支持，需要人民币国际化。

一是构建现代金融体系需要贯彻新发展理念，坚持金融对产业结构调整的导向作用。在支持发展的战略性新兴产业方面，需要加大金融支持力度；在影响环境的"两高一剩"行业，须调整金融支持产业发展的力度。深化金融供给侧结构性改革，特别要强化金融服务功能，找准金融服务重点，以服务实体经济、服务人民生活为本。

二是构建现代金融体系需要优化金融结构。伴随我国产业结构转向现代服务业、突出先进制造业，鼓励创新创业，金融需求发生了根本变化。这就需要金融体系结构以调整优化为重点，优化融资结构和金融机构体系、市场体系、产品体系，为现代化经济体系的产业发展提供更高质量、更有效率的金融服务。

三是构建现代金融体系需要发挥金融优势补金融短板。要构建多层次、广覆盖、有差异的银行体系，尤其是加强商业银行的中间业务，端正发展理念，坚持以市场需求为导向，积极开发个性化、差异化、定制化金融产品，增加中小金融机构数量和业务比重，改进小微企业和"三农"金融服务。

四是现代金融体系突出建设强大的资本市场。中国直接融资占比不足 20%，远低于发达国家 80% 左右的水平，这样严重制约了金融供给水平和效率，中国亟待加快科创板试点注册制，需要大力建设一个规范、透明、开放、有活力、有韧性的资本市场，完善资本市场基础性制度，把好市场入口和市场出口两道关，加强对交易的全程监管。

五是构建支持产业发展的多层次资本市场和金融体系。要围绕建设现代化经济的产业体系提供精准的金融服务，不仅要建设产业成长的风险投资，还要提供银行信贷，建设债券市场以及股票市场等全方位、多层次金融支持服务体系。特别是要适应创新、创造、创意的大趋势，推动金融服务结构和质量的优化升级。充分发挥市场在资源配置中的决定性作用，要让利率起到调节作用。要更加注意尊重市场规律、坚持精准支持，选择那些符合国家产业发展方向、主业相对集中于实体经济、技术先进、产品有市场、暂时遇到困难的民营企业进行重点支持。

六是经济高质量发展需要严控风险，需要低风险的增长。防范化解金融风险特别是防止发生系统性金融风险，是金融工作的根本性任务。在支持产业发展的同时要严控风险，尤其是在支持实体经济发展时要严控系统性风险的发生。新中国成立 70 年来，特别是改革开放以来，中国金融的优势突出体现在既促进了中国经济高速增长，又防控好重大系统性风险。随着中国改革开放的深入，金融对外开放加大力度，金融市场化改革加速推进，更要特别强调防范金融风险，稳定实体经济。要正确处理好金融与经济之间的关系，金融活，经济活；经济强，金融强。要做好金融业综合统计，健全及时反映风险波动的信息系统，完善信息发布管理规则，健全信用惩戒机制。要解决金融领域特别是资本市场违法违规成本过低问题。要做到"管住人、看住钱、扎牢制度防火墙"。要在支持产业发展的同时，在稳定经济增长的基础上防范风险，坚持在推动高质量发展中防范化解风险。

七是经济高质量发展对现代金融提出发展金融科技要求。这不仅是现代产业发展的需求，还是人民对美好生活向往的要求。要通过大数据、云计算、人工智能等技术在金融领域广泛应用，发展中国的金融评估机构，发展中国的金融信息服务机构，发展中国的现代金融体系。要加快金融市场基础设施建设，稳步推进金融业关键信息基础设施国产化。要运用现代科技手段和支付结算机制，适时动态监管线上线下、国际国内的资金流向流量，使所有资金流动都置于金融监管机构的监督视野之内。要完善金融从业人员、金融机构、金融市场、金融运行、金融治理、金融监管、金融调控的制度体系，规范金融运行。

八是经济高质量发展对金融开放提出新的要求，要求人民币国际化进一步推进。中国要从金融大国转向金融强国，支持中国产业经济高水平发展，需要中国金融改革开放，需要加快人民币国际化。需要在共建"一带一路"的过程中，加强与各国的产能合作，加强在全球产业链、价值链、供应链上的地位。建设绿色现代制造业价值链。改革开放 40 年来，高水平对外开放要求金融深化改革扩大开放，根据国际经济金融发展形势变化和我国发展战略需要推进金融业对外改革开放新举措。不仅要深化准入制度、交易监管等改革，加强监管协调，而且要坚持宏观审慎管理和微观行为监管两手抓、两手都硬、两手协调配合。要提高金融业全球竞争能力，扩大金融高水平双向开放，提高开放条件下经济金融管理能力和防控风险能力，提高参与国际金融治理能力。

4.4.2　金融对于民企的支持要从锦上添花到雪中送炭①

中国金融对产业的支持更多体现在对国有企业的支持，而民企和小微企业目前存在融资难、融资贵等问题。民营企业是实体经济的重

---

① 《中共中央办公厅　国务院办公厅印发 〈关于加强金融服务民营企业的若干意见〉》，http://www.gov.cn/gongbao/content/2019/content_5368516.htm，2019 年 2 月 25 日访问。

要组成部分，国家税收的 50% 来自民企，民企还贡献了 60% 的 GDP
和 70% 的技术创新，而且城镇就业有 80% 是民企提供，90% 以上的
企业数量是民企。这些企业解决了我国 80% 以上的城镇劳动力就业，
民企的兴衰直接影响我国就业和市场主体活力。截至 2017 年底，我
国民营企业 2700 多万家，个体工商户超过 6500 万户，注册资本超
过 165 万亿元，规模庞大，涉及面广，民企直接决定民生、就业和增
长。支持民企是发展现代化经济应有之义。鉴于民企对我国经济、民
生与就业的巨大影响，金融体系尤其是产业金融能够大力支持民企发
展至关重要。

在国际形势多变、经济下行的背景下，民企融资渠道有限，面临
更大经营压力。占全国企业总数 90% 以上的民营企业虽然对 GDP 的
贡献超过 60%，但贷款余额占比只有 25%，2018 年民企在债券市场
的融资占比降到不足 10%。① 一些民营企业迫不得已只能以较高的利
率通过其他途径借款，有的利率甚至超过 30%。切实加强金融对民
企的支持，有利于我国稳增长、稳就业和惠民生。

2019 年《政府工作报告》提出针对民营企业发展遇到的困难和
问题国家将千方百计解忧纾困。在经济下行期宏观调控要逆周期调
节，积极财政政策要加力提效。2019 年为企业减税降费 2 万亿元，
作为经济活力生力军的民企将成为主要的受益者。稳健货币政策要对
民企采取差别化的支持政策，千方百计地加大金融支持力度，解决困
扰民企的融资难、融资贵问题。

金融支持民企政策出台，要强化制度建设。第十三次中央政治局
集体学习提出要推动金融供给侧结构性改革，增强金融服务实体经济

① 数据来源于鹏元评级。

的能力，针对符合国家产业政策、科技水平高、产品有需求、市场前景好、暂时遇到困难的民营企业进行重点金融支持。央行针对支持民营企业提出创设各种金融工具，加大对普惠金融的支持。银保监会针对金融支持民企提出"一二五"目标，在新增公司类贷款中，大型、中小型银行对民企贷款不低于1/3和2/3，争取三年后银行业对民企贷款占新增公司类贷款比例不低于50%，出台落实金融支持民企具体举措。

在工业化的进程中，以银行业为主的间接融资起到重要的支撑作用，而随着产业结构转型升级，尤其是服务业的发展，众多中小企业和创新型企业的发展，需要的是包括风险投资在内的直接融资的支持，需要构建强有力的多层次资本市场，促进金融市场的互联互通，加强金融业对外开放，推动金融供给侧结构性改革。

要支持中国产业结构转型和升级，需要推动中国产业金融的发展完善，关键是加强直接金融的发展，加强资本市场建设，推动金融结构的转型、完善和发展。加大对服务业的支持，尤其是支持民营企业发展是必由之路。不仅要建设广覆盖、差异化的银行体系，而且要支持和发展多层次资本市场。推动中国产业结构转型升级，推动智能制造发展，推动服务业发展，推动中国现代化经济体系建设。

5.全球金融体系变革：中国角色的演进

第二次世界大战后世界经济格局的发展起步于布雷顿森林体系的建立，这就意味着货币与金融成为全球治理的初始议题与核心议题。而中国在全球治理体系中逐渐走近舞台中央的过程，也与大金融的理念和发展密不可分。

当前，世界上积聚了越来越多需要各国共同应对的议题，有效的全球治理变得更加迫切。第二次世界大战结束后沿袭下来的全球经济治理体系与发展中国家和发达国家经济力量对比发生深刻变化越来越不相适应，世界向互联互通发展的内在需求与制约互联互通瓶颈之间的矛盾越来越明显，全球治理需要的共商、共建、共享理念与仍然存在的独占、排他行为之间的分歧日益激烈，这些都是影响当今全球治理体系变革的主要矛盾。推进全球治理体系变革，为有效的全球治理建章立制，成为当前国际关系中的一个迫切问题。中国作为全球第二大经济体，在关键时刻为世界经济和全球治理把准航向，是全球治理机制可持续的健康发展方向的正能量。

近年来，中国通过"一带一路"倡议等全球合作新平台努力推动全球治理体系变革，致力于全球经济强劲、可持续、平衡和包容性增长的目标。中国主动承担大国责任和履行大国义务，进行"增量"改革，发起新型合作倡议，积极倡导全球治理。中国并不是寻求现行国际金融体系和格局的"推倒重来"或革命性、颠覆性诉求，而是循序渐进地做好传统全球金融体系的维护者和修复者。

5.1　战后全球治理与国际金融体系演变

第二次世界大战结束后，欧美人设计出了以联合国为中心的全球治理体系，这其中相当关键的，就是以世界银行和国际货币基金组织（IMF）、国际清算银行、金融稳定论坛以及在各地区建立的区域开发银行（如欧洲复兴开发银行、亚洲开发银行、泛美开发银行等）为基本组织架构的全球金融体系。

全球金融体系的初衷，是旨在建立宏观稳定的金融秩序，推动多边开发与投资，推行金融监管与标准制定，在相当长一段时间里，的确发挥了推动全球化进程、促进经济增长的重要作用。然而，随着冷战爆发和美苏对峙的加剧，全球金融治理体系日益衍化成欧美国家遏制苏联的工具。

1975 年 11 月，美国、日本、英国、法国、德国、意大利六大工业国成立六国集团，次年，加拿大加入，七国集团（G7）就此诞生，以首脑峰会的方式定期会晤与磋商成员国对重大国际问题的立场和看法，通过公报表明一致的政策态度与协调意愿。G7 国家在冷战时是除苏联以外经济实力最强的七个国家，也是上述全球金融组织架构的核心成员，几乎控制着这些架构的全球经济金融政策协调与国际引导功能，垄断着全球金融治理的走向，且一致对付苏联。在冷战时期，以美国为核心的 G7 集团成为协调全球绝大多数国家政治、安全、经济、社会，尤其是金融治理的核心。

冷战结束后，俄罗斯一度曾加入 G7，但在经济与金融治理议题上，G7 一直都作为平行的机制而继续存在，仍然按照西方标准构建与维系着世界秩序。

1997 年，亚洲金融危机爆发，波及世界，G7 对发展中国家金融与贸易的干预和影响广受诟病。1999 年 12 月，G7 发表《柏林宣言》，由 G7 加上中国、俄罗斯、澳大利亚、印度等 11 个新兴国家加欧盟的财政与金融高官聚首，对工业化的发达国家与新兴市场国家进行平等与建设性的讨论，进而通过寻找合作促进国际金融稳定和经济持续增长。这就是 G20 机制的雏形。

21 世纪初，以中国为代表的广大发展中国家实现了持续的快速增长，对世界经济增长的贡献率长期保持在 40% 以上，甚至在有些年份超过了西方国家的总和。G7 中的不少国家的经济发展则出现颓势，在全球经济实力排名中跌出前十。此时，由传统 G7 国家来引领全球金融治理的合法性便难以维持下去了。

2007 年，美国爆发次贷危机，逐渐演变成全球整体性的经济危机。11 月，由世界上 19 个最大经济体和欧盟的央行行长与财政部长参加的国际金融论坛，即原来的 G7 再加上中国、俄罗斯、印度、巴西、南非(这五个国家后来成为"金砖五国")以及韩国、印度尼西亚、沙特、墨西哥、阿根廷等在内的年度金融碰头机制，升级为国家元首的峰会。

此时的经济实力已经跃居全球第三、在 2010 年后上升为第二的中国，渐渐地成为 G20 机制中最耀眼的角色，开始为全球金融体系的变革贡献中国式的智慧和方案探索。

事实上，这个进程背后体现的是 21 世纪初全球格局的深刻变化。

2008 年国际金融危机是这种深刻变化的"总爆发"，重创了欧美国家，也使一大批发展中国家尤其是以中国为首要代表的新兴市场国家有史以来第一次被推到了全球治理的前台。

在这个进程中，中国从逐步参与到开始引领，尤其是 2016 年中国在杭州举办了新中国成立以来层级最高、影响最为深远的多边峰会——G20 领导人峰会，以"构建创新、活力、联动、包容的世界经济"为主题，核准了包括《创新增长蓝图》等 28 份含金量十足的成果文件，重启了国际金融架构工作组，完善了全球经济金融治理，成为 G20 历史上成果最为丰富的一届峰会，为摆脱世界经济困局提供了新思路，为深化国际经济合作与金融变革指明了新方向，展现了中国领导人的广阔战略视野与博大气度胸怀，折射了中国人对世界和平发展的伟大抱负与深厚智慧。

与此同时，一大批新国际治理机制如上海合作组织、中非合作论坛、金砖国家领导人会晤、"一带一路"倡议等都在 21 世纪初应运而生，尤其是自 2013 年秋季习近平主席在访问哈萨克斯坦、印尼时先后提出共同建设"丝绸之路经济带"与"21 世纪海上丝绸之路"（简称"一带一路"倡议），以政策沟通、设施联通、贸易畅通、资金融通、民心相通为核心内容，有力促进全球发展合作，得到世界的积极响应。

这批新的国际治理机制中最值得一提的金融机构变革措施就是，在中国的引领下，共同建立"金砖国家新开发银行"（又名"金砖银行"）和亚洲基础设施投资银行，还发起建立了规模为 1000 亿美元的"应急储备安排"。这三项措施与行动意义重大，不仅代表着在中国引领下新兴市场和发展中国家积极主动、实质性地参与全球金融治理变革，更标志着新兴市场和发展中国家在未来全球金融治理中正在崛起的话语权。

2008 年以来的实践证明，中国从全球金融体系中的边缘位置步入中心舞台，从全球金融体系运行的"搭顺风车"者到体系变革进程的积极参与者，从全球金融体系规则的遵守者到变革方案的贡献者，中国正在顺应时代潮流，契合各国合作共赢、共同发展的愿望，为构建公平公正、包容有序、共建共享、互利共赢的国际金融新秩序提供新兴大国的启迪，体现新兴大国的担当。

5.2　国际金融危机暴露全球治理困境

在以中国为主要代表的新兴国家的参与下，传统全球金融体系变革的进展显著，有效地抑制了 2008 年国际金融危机的加深与蔓延，但是目前来看，仍然需要厘清全球金融体系的诸多治理困境，以及可能引起下一轮危机的可能性。

5.2.1　以霸权为核心的中心—外围结构导致了传统全球金融组织的失衡困境

根植于第二次世界大战的全球金融体系，建立在美国一家独大的基础之上，随着日本、欧洲经济的恢复，其治理结构逐渐成了以美国为中心点，以西欧、日本为重心带，以亚非拉广大发展中国家为外围的"轮轴—辐条"结构。

21 世纪以来，以中国、印度等新兴国家为代表的发展中国家成为世界经济增长的新引擎，在全球经济和金融体系中扮演的角色越来越重要，地位持续攀升。然而，传统全球金融组织的结构并没有发生实质性的变化。

在这个结构中，由 IMF 负责促进国际货币合作，维护全球宏观经济和金融稳定，由世界银行和区域开发银行负责全球减贫和可持续发展，由国际清算银行和金融稳定论坛负责金融监管和标准制定，直到21 世纪初，新兴市场和发展中经济体的投票权和话语权都严重不足。无论 IMF 还是世界银行，非发达国家经济体的投票权均不到45%，而发达国家经济体在这两个组织中的投票权均高达近60%。尤其是美国，投票权总数分别为 16.53% 和 16.45%，拥有一票否决权。可见，新兴市场和发展中经济体在这两个最重要的全球金融组织中的投票权、话语权与其在全球经济中的实际地位远远不符，处于严重失衡的状态，亟须改革。

5.2.2　以利益为考量的大国优先原则导致了传统全球金融治理的失信困境

"轮轴—辐条"结构的传统全球金融组织体系注定了会以发达国家的利益为优先考虑原则，其开展的国际经济、金融与贸易行为本质上都是为了维护发达国家的利益，尤其是为了维护美国的霸权国家地位，而发展中国家常常处在被动地位。对于广大发展中国家而言，全球金融治理的公信力已严重不足。

以推进可持续发展为例，世界银行的贷款方向及条件受美国的价值观影响极大，常常成为美国推行国际民主化的政治平台，也容易成为美国推行价值观外交与遏制对手的工具。研究表明，一国政治和外交立场与美国的立场越一致，其在世界银行中得到贷款的概率就越高，贷款所附加的条款与国内改革条件就越少。

再以国际收支赤字监测为例，IMF 对发达国家尤其是主要国际储备货币美元发行国的美国的量化宽松政策保持着长期的纵容与漠视，甚至还有默许的成分，却对一些新兴国家的收支赤字标准施加政治压力。除此以外，在金融监管规则方面，国际清算银行也优先执行与发达国家利益攸关的规则及标准，以维护发达国家金融稳定为基本的出发点。

5.2.3　以自由为导向的市场主义竞争逻辑导致了传统全球金融协调的失效困境

IMF 与世界银行长期倡导市场化与自由化，并以此为基础在全球经济层面推行自由市场主义。在这个理念的影响下，发展中国家并没有得到经济与金融治理的良方，反而因严重的教条主义倾向而常常使发展中国家的经济和金融发展陷入失序与混乱。

IMF 长期将资本项目开放与金融自由化视为发展中国家经济和金融政策的"药方"。这很容易导致经济体量相对较小的发展中国家受一些国际金融大鳄的控制与主导，常常陷入难以自拔的货币、股市和债务的动荡与危机，甚至更深的长期衰退。半个世纪以来，拉美货币危机、亚洲金融危机等诸多紧急状况下，IMF 国际协调功能的失效常常被暴露出来。

世界银行同样受到"华盛顿共识"影响，很少考虑发展中国家在政治、经济、社会上的特殊国情与基础差异，反而在推行贷款和技术援助时附加许多严苛的，以推行市场化、自由化为长期战略目标的政治或经济条件，有的甚至还干预所在国的政治选举，这非但没有促进受援国的市场化转型，反而因为"拔苗助长"而起到反作用。

第二次世界大战后，世界各地的金融危机仍频繁发生，如 1957 年资本主义危机、1973 年第一次石油危机、1980 年世界滞胀危机、1990 年日本经济危机、1997 年亚洲金融危机、2000 年互联网泡沫危机，直至 2008 年席卷全球的国际金融危机。人们越来越发现，传统全球金融体系变革并没有完全起到遏制危机的作用，有时连发达国家自身也受到危机的重创，更糟糕的是，传统全球金融体系并没有帮助发展中国家改变命运。

第二次世界大战结束以来，亚非拉许多原殖民地、半殖民地都在寻求政治独立与民族解放，追求国家的现代化。然而，70 多年过去了，根据林毅夫教授的研究，第二次世界大战后将近 200 个发展中经济体，只有两个从"低收入"阶段最终发展成"高收入"阶段，一个是韩国，另一个是中国台湾。① 到 1960 年，世界上的发展中国家中大约有 100 个中等收入经济体；到 2008 年，只有 13 个进入"高收入"阶段，其中 8 个是西欧周边的欧洲国家，或是石油生产国，另外 5 个是日本和亚洲"四小龙"。

可见，第二次世界大战后至今，仍然还有多数发展中经济体长期难以摆脱处在"中等收入陷阱"或"低收入陷阱"。这一方面要反思发展中经济体过于迷信西方的政策经验，片面与教条地复制与执行发达国家指导的经济与金融政策；另一方面，全球也开始反思目前的全球金融与经济治理体系的有效性。毕竟，每一次金融危机来临时，最先摆脱危机的一般都是发达国家，最后受伤的基本上都是发展中国家。类似的反思在 2008 年国际金融危机爆发后达到了顶点。

---

① 林毅夫：《中国"一带一路"倡议对世界的影响》，《探索与争鸣》2018 年第 1 期。

5.3　全球金融体系变革的中国探索：G20 案例

2009 年春季，伦敦 G20 峰会召开前夕，时任中国人民银行行长周小川公开撰文《关于改革国际货币体系的思考》，提出应充分发挥特别提款权（SDR）的作用，加强国际金融监管，重建国际秩序，引发了国际社会对全球金融体系变革的广泛讨论。此后，中国在历次 G20 峰会上多次提出类似变革的倡议。

以 2015 年 11 月在土耳其安塔利亚举行的 G20 峰会为例，来自二十国集团领导人通过的 G20 公报，对全球经济增长战略的各项共识堪称中国"十三五"规划的国际版，不仅在全球发展理念上（如绿色、开放、包容等）与中国具有高度一致性，在实施措施上也与中国所提倡的方法相当吻合（如要有长期规划、讲求创新等）。

从土耳其 G20 峰会公报看，中国"十三五"规划的不少内容正在与国际社会进行对接。其中的核心内容有：

一是加强国际协调与沟通。目前中国领导人出访和参与全球多边机制的频次，大大高于以往。中国希望参与越来越多的全球治理机制，比如，中国积极参与 G20、"金砖国家"、APEC 等机制建设，通过建立联通全球的自贸区网络，参与对美国金融危机、欧元区的反危机救援，还建立了亚洲基础设施投资银行，弥补亚太地区基础设施投资缺口。这些中国的作用，都让人看到了一个负责任大国的活力，也应该看到世界的未来和希望。

二是构建全球创新体系。联通各国的国家创新体系，形成"全球创新体系"，世界发展才可持续。中国正在鼓励所有企业和个人投资，明确知识产权保护；鼓励在新技术推广中创新商业模式，促进技术的商业转化过程。这些创新行为使全球经济可持续增长产生新的动力。

三是塑造开放型经济。中国推进"一带一路"倡议，就是为了国力提升以后分享国际公共产品，建立和加强沿线各国互联互通伙伴关系，并促进经济要素有序自由流动、资源高效配置和市场深度融合，推动沿线各国产能合作，实现经济政策协调，开展更大范围、更高水平、更深层次的区域合作，共同打造开放、包容、均衡、普惠的区域经济合作架构，既是大势所趋，也是中国经济增长的动力所在。

四是强调规划的落实性。再好的计划，也要靠执行。计划的执行力，应该成为 G20 治理模式的根本方法论。中国在气候变化、经济增长、减贫、社会稳定等发展议题上为全世界各大经济体树立了表率与榜样作用。目前，各类全球非传统安全问题层出不穷，对国际秩序和人类生存都构成了严峻挑战。不论人们身处何国、信仰什么、是否愿意，实际上已经处在一个"命运共同体"中。

从思想的角度看，这是自 2008 年国际金融危机以来中国对全球经济治理贡献最大的一次。不过，如果说土耳其 G20 峰会仅仅是中国作为"三驾马车"之一，对长期全球治理贡献思想的小试牛刀，那么，2016 年，轮到中国主办 G20 峰会，真正开始探索全球经济与金融治理的"顶层设计"时，中国思想的贡献度则变得越大。

2016 年 9 月，在中国杭州举办的二十国集团领导人第十一次峰会，被普遍认为是 G20 峰会历史上成果最为丰富的一届峰会。峰会结束后，外交部部长王毅总结道："会议主题议题和成果有雄心、有视野、有创新，具有开创性、方向性、标志性意义，为摆脱当前世界经济困局提供了新思路，为深化国际经济合作指明了新方向，体现了中国的广阔战略视野，展现了中国领导人的博大气度胸怀。"①

从全球层面看，当时正值 2008 年国际金融危机爆发的后期，世界经济正处在重回正轨的关键时间点上，国际金融市场时常波动，大宗商品价格震荡频繁，贸易投资长期低迷，增长模式、动力来源、治理结构等下一步的变革方向尚不明朗，地缘冲突、气候变化、难民危机、恐怖主义等全球性挑战正在加剧全球经济的不确定性。此时，中国在杭州 G20 峰会上的主张，事关能否为解决增长乏力的世界性难题提供思路，事关能否在纷繁复杂的国际形势下重新凝聚同舟共济的伙伴精神，事关能否推动二十国集团在后危机时期成功转型，事关所有成员切身利益，牵动世界经济整体发展。

对于中国而言，主办杭州 G20 峰会事关能否对中国与世界的进一步交流互鉴、合作共赢打开新的窗口与提供重要平台，事关能否有利于将对外经济合作同深化国内改革发展紧密融合、为中国经济转型和扩大开放营造更加良好的外部环境。从更长远的意义上看，主办杭州 G20 峰会对增强中国的全球治理话语权和制度性权力，实现"两个一百年"奋斗目标和中华民族伟大复兴的中国梦，都具有深远战略影响。

在这种国内外高度期待与关注的背景下，杭州 G20 峰会不负众望，载入了全球治理的史册，得到了各方广泛一致的高度评价。杭州 G20 峰会在相当大程度上推动中国改革开放在更高层次、更广范围、更深程度上参与全球经济与金融治理，体现了全球最大发展中国家的担当与责任。

---

① 王毅：《二十国集团领导人杭州峰会——中国理念和中国方案的世界意义》，《人民日报》2016 年 9 月 20 日。

尤其值得一提的是，中国高举发展中国家的旗帜，对发展问题的高度关注，并贯穿办会始终，不仅使杭州 G20 峰会成为 G20 历史上发展中国家参与最广泛、发展特色最鲜明、发展成果最突出的一次，更实现了 G20 历史上的多个"第一次"：第一次将"发展"置于全球宏观政策框架的核心位置；第一次制定《落实 2030 年可持续发展议程行动计划》（SDG-2030），推动 G20 机制与联合国 2030 目标的战略对接；第一次倡议集体支持非洲工业化，发起《二十国集团支持非洲和最不发达国家工业化倡议》。可以说，发展中国家无论从参会数量，还是从参会重要性，都在杭州 G20 峰会上达到了一个高潮。

在由中方起草、主导的《二十国集团领导人杭州峰会公报》中，也充分体现了中国关于创新、协调、绿色、开放、共享发展的理念，融汇了中国构建人类命运共同体以及完善全球经济治理的主张，并将这些理念、方案、主张上升为国际共识。

杭州 G20 峰会开创性地制定了《创新增长蓝图》以及《2016 年二十国集团创新行动计划》《二十国集团新工业革命行动计划》《二十国集团数字经济发展与合作倡议》等数个创新增长倡议，首次将结构性改革同财政、货币政策并列为三大国际经济宏观政策工具，最终写入领导人公报。在经济金融治理方面，中国推动加强各国宏观经济政策协调，促成人民币加入特别提款权货币篮子，推动国际货币基金组织落实了延迟多年的改革方案，沉寂多年的国际金融架构工作组得以重启，以充分发挥 G20 在完善全球经济金融治理中的旗帜作用。

在杭州 G20 峰会上，中国还推动各方一致密切监测和应对金融体系潜在风险和脆弱性，深化普惠金融、绿色金融领域合作，深化国际税收合作，有效打击逃避税，推动制定《二十国集团全球贸易增长战略》、推动世界首份多边投资政策纲领文件《二十国集团全球投资指导原则》。就能源可及性、可再生能源、能效等领域制定行动计划，进一步提升全球能源治理有效性。大力倡导国际反腐合作，推动各方制定《二十国集团反腐败追逃追赃高级原则》和《二十国集团2017—2018年反腐败行动计划》，在华设立反腐败追逃追赃研究中心，成功构建原则、机制、行动"三位一体"的反腐败合作格局，在多项领域填补了全球金融、投资与贸易治理领域的空白，实现了历史性的突破。

对传统全球金融体系领域实现创新突破的，还有在中国的推动下，完善以 IMF 为核心的全球金融安全网。诚如上文所说，全球金融安全网包括全球、区域、双边及各国自身储备等多个层次，长期以来总体资源不足，各层次缺少协调，资源难以整合。中国推动 G20机制与各个区域金融安排之间的协调合作。利用 2016 年中国担任东盟与中日韩合作机制（10+3）主席国和 G20 主席国的双重身份，成功促成 IMF 与清迈倡议多边化（CMIM）于 2016 年 9 月开展联合救助演练，提高全球金融安全网的有效性。

在中国的着力推动下，主权债重组机制得以完善。目前，中国已成为全球主要债权国，新兴市场国家债权人地位在 21 世纪初也得到显著增强。作为全球官方债权人的主要协调机制，巴黎俱乐部已于 2016 年公开表态，持续吸纳更多新兴债权国，并"欢迎中国定期参加巴黎俱乐部会议，以及中方发挥更具建设性作用的意愿"，这样将极大地避免如阿根廷主权债券危机那样的事件发生的概率。

中国还努力改善资本流动监测和风险防范。在新兴市场和发展中经济体普遍面临资本外流、汇率大幅波动等问题下，如何对危机预防角度、风险早期识别和预警至关重要。在中国的推动下，IMF 将总结各国经验并整合资本流动管理和宏观审慎政策研究，为各国化解宏观经济金融风险提供参考。G20 峰会也承诺不断完善对资本流动及其风险的应对，并已共同采取措施改善对资本流动的监测。

在 2016 年，中国积极筹谋、务实推进，与 G20 各方携手，为绘制迈向更稳定、更有韧性的国际金融架构新蓝图留下中国人浓墨重彩的一笔。

5.4　促进全球金融体系的"增量"变革

如果说中国通过 G20 机制进行传统全球金融治理体系变革，是一种"存量"变革的话，即中国未寻求现行国际金融体系和格局的"推倒重来"或革命性、颠覆性诉求，而是循序渐进地做好传统全球金融体系的维护者和修复者，那么，这些年来，中国通过"一带一路"倡议、金砖机制也在努力地推动全球金融体系实现全球经济强劲、可持续、平衡和包容性增长的目标，就应算是"增量"变革，即试图主动承担大国责任和履行大国义务，以传统全球金融治理的不足和困境为立足点，建立新型金融机构，发起新型金融合作倡议，积极倡导以发展为导向的全球金融治理观。

这里最为典型的措施就是建立亚洲基础设施投资银行（AIIB）和与其他金砖国家共同建立的金砖国家新开发银行（NDB），还共同建立了规模为 1000 亿美元的"应急储备安排"，为成员国在短期国际收支危机时提供流动性的支持，加之"一带一路"建设各类资金融通总额已突破 3000 亿美元的诸多项目，中国正在与新兴市场、发展中国家推动全球金融治理变革迈出了实质步伐，也开辟了南南合作的新阶段新模式。

亚洲基础设施投资银行、金砖国家新开发银行、应急储备安排与"一带一路"资金融通等四项变革举措，顺应了广大发展中国家的改革全球金融治理机制的务实诉求，完善了传统全球金融治理规则、机构与供给的不足，更重要的是，建立于合作平等基础上的理念与倡议，举着和平发展的旗帜，真诚主动地发展与各国的金融及经济合作关系，打造政治互信、经济合作与文化包容的利益共同体、责任共同体和命运共同体。简要地说，能概括为三点，即"非表面性""非革命性""非强迫性"。

所谓"非表面性"，是指中国推进的"增量"变革重于实质的内容，符合发展中国家必要的需求。对发展中国家而言，经济增长与社会发展是当务之急，基础设施建设是促进发展的有效抓手。中国引领体系变革，提供必要的投融资供给，致力于发展中国家的减贫、教育与地区发展，真真切切是为全球金融体系变革提供"良治"的经验。

所谓"非革命性"，是指中国并非要完全替代传统全球金融体系，而是与之形成互补又竞争的关系。亚洲基础设施投资银行、金砖国家新开发银行、"一带一路"资金融通为国际开发融资缺口提供新的资金来源，为应急储备安排提供新的安全保障，是传统多边开发类金融机构融资瓶颈尤其是基建缺口的有益补充，同时也与传统体系形成有益与良性竞争，促进治理的改革步伐。

所谓"非强迫性"，是指中国所秉持的平等合作、互利共赢、包容互补的新型治理原则。中国一向反对附加政治与条件的援助方式和治理原则，也反对"中心—外围"的治理结构，而是采取相互自愿，以需求为先，以发展为目标的治理方式，灵活多元，为未来全球金融治理方向提供新的借鉴。

可见，从金融治理层面看，中国的确是为变革贡献着实质性的力量和实践性的经验。然而，在未来，中国仍然需要认真地研究分析，科学地应对许多客观的挑战与实际的困难。

一是全球金融合作的对象众多而繁杂，协调金融合作的难度相当大。发展中国家受到历史传统的诸多影响，发展差异不均，国情特点不同、开放程度不一、风险程度不测，中国要与新的合作对象进行资金、信贷、保险、债券等诸多金融合作，面临着巨大的合作磨合，也存在着因陌生、复杂与文化差异造成的不确定风险。

二是高层次金融人才队伍的严重不足，导致中国面临主导、协调与改革传统全球金融体系的"人才赤字"和"经验赤字"。国际金融人才需要拥有语言、文化、政治、专业等各方面综合素质，还需要在情商、智商方面有超高指标，更需要在人脉、知识、经验等方面进行长时间的积累，目前中国在亚洲基础设施投资银行、金砖国家新开发银行等各领域都存在巨大的人才缺口。

三是全球形势的高度不确定性，使中国参与体系变革频繁遭遇外界尤其是传统势力的疑惑、猜忌甚至舆论攻击、变革阻扰。目前全球货币体系矛盾重重，国际投融资体系重组不断，国际信用体系极度脆弱，区域风险爆点频频，中国要参与并贡献变革方面面临着金融市场失序、失稳的挑战，同时，各个版本的"中国威胁论""中国崩溃论"此起彼伏，也在干扰着中国国内的正常发展。

由此看出，世界面临着前所未有之大变局，在全球体系变革尤其是金融变革的步伐加快背景下，中国运筹各方力量，展现大国智慧与担当，敢于为世界经济与金融发展开出"中国药方"，但与此同时，中国也须加快人才培养与输送、经验积累，保持战略定力与毅力，调整预期，了解全球体系变革中的不确定性，扎实稳妥，稳中求进。只有这样，全球金融体系变革才能实现平衡的过渡，才能为中国实现"两个一百年"奋斗目标和中华民族伟大复兴的中国梦提供坚实的外部支撑。

第 二 篇

从"价值洼地"到"价值源泉"：
大金融与强国之道

6. 中国的金融结构：70年演进与发展趋势

中国金融体系经过70年的发展，已经初步具备了现代金融必备的多层次资本市场，形成了相对合理的金融结构，促进中国经济的快速发展。

伴随着经济高速增长，中国金融业也经历了快速发展的阶段，已经从单一的银行体系发展到多层次资本市场。70年来，我国资本市场已经形成了股票、债券、保险、外汇、期货等多层次的结构，满足了社会经济参与主体的多元化需求。同时，多元化投融资风险管理工具有利于经济主体进行风险管理，优化其资产配置。我国地缘辽阔，不同地区的经济状况差异很大，不同类型的企业也存在差异性的融资需求，当前我国的资本市场建设已经能够满足这些多层次的需求。

当然，在金融体系规模持续扩张的背景下，金融体系的结构呈现出了不同程度的倾斜。金融供给侧方面的改革是近年来中国金融改革的重点领域，具体问题表现为：金融服务对象以房地产、国有企业和政府性投融资为主，对民营企业、小微企业等薄弱环节及弱势群体的服务不足；金融机构以大银行为主，中小金融机构特别是民营银行、社区银行发展滞后；金融市场以间接融资为主，多层次金融市场特别是股权融资发展不充分；金融服务方式以规模扩张、"垒大户"为主，精细化、差异化服务不够。

这些问题有一定的必然性，解决这些问题也应遵循经济发展的客观规律。

6.1　金融结构完整是实现金融强国的前提

改革开放以来，中国社会发生了翻天覆地的变化，取得了人类发展历史上的一个个伟大的成就。金融改革作为改革开放的重要部分，这40年来中国金融无论在规模、结构、业态，还是功能、竞争力、国际影响力方面都发生了深刻的变革。

改革开放前，中国的计划经济是一种高度集中的经济体制[①]。在该体制下，中央政府直接控制了全社会的经济发展，绝大部分投资来自中央政府的预算拨付，银行系统只负责提供少量的短期贷款[②]。随着党的十一届三中全会的召开，这种货币、财政、金融不分家的金融体系才开始进行了深层次的变革。如今，中国的金融体制从单一银行体系到多层次资本市场，已经是初具现代金融特征的市场化的金融，而具备完整的金融结构是实现金融强国的前提。

第一，我国具备完善的金融基础设施。加强金融的基础设施建

---

①　颜宏赫：《从过年方式转变看转型期社会生活需要的基本特征》，东北师范大学硕士学位论文，2017年。

②　马颖、陈波：《改革开放以来中国经济体制改革、金融发展与经济增长》，《经济评论》2009年第1期。

设，完善金融运行机制①。自 2009 年 9 月二十国集团（G20）美国匹兹堡峰会以来，历届 G20 峰会都强调加强金融市场基础设施建设。金融基础设施是指各金融市场主体对股票、债券、衍生品等金融产品进行清算、结算或记录支付的多边系统，包括重要支付系统（PS）、中央证券存管机构（CSD）、证券结算系统（SSS）、中央对手方（CCP）和交易数据库（TR）②。这些都是保证市场正常运行的基础条件，应当积极推进这些领域的改革。同时，金融基础设施的发展取决于技术创新。金融基础设施行业应着力提高人工智能、大数据、监管科技、合规科技的应用能力，支持实时监管与预防性监管，促进金融基础设施、市场机构和监管当局之间的互动协作，降低监管成本。

　　第二，我国具备完善的顶层金融系统。随着《国务院关于中国人民银行专门行使中央银行职能的决定》的发布，中国人民银行作为中央银行的性质和地位才真正确立下来。次年，设立中国工商银行承接其商业银行的功能。至此，即 1984 年，中国人民银行成为中国严格意义上的中央银行，是我国金融体制改革的标志性成果。在国家政策的积极推动下，银行、保险、信托、证券、融资租赁等各类金融机构如雨后春笋般纷纷建立，中国金融体系呈现"百家争鸣""百花齐放"的蓬勃发展之势。在这个时期，先后成立了中国农业银行、中国银行、中国工商银行等。同时，随着中国第一家全国性股份制商业银行交通银行的建立，股份制商业银行的建立也呈现迅猛发展的状态，如广东发展银行等。非金融机构也逐步恢复建

---

① 王元龙：《新常态下金融风险防范与控制》，《经济研究参考》2015 年第 13 期。

② 董屹：《抵御系统性风险需加强金融基础设施建设》，《中国经济时报》2018 年 11 月 23 日。

立，1979 年，随着中国人民银行《关于恢复国内保险业务和加强保险机构的通知》的发布，中国保险业正式开始经营。同年，中国国际信托投资公司成立，这是中国改革开放以来的第一家信托公司。1990 年上海和深圳证券交易所先后成立，标志着我国股票市场初步形成。

第三，我国具备稳健的货币发行体系。在对外开放方面，我国的汇率制度在这个时期形成了以市场供需为核心的外汇管理制度。在这个时期后才算是真正形成了市场化的外汇管理机制。2005 年 7 月 21 日，中国人民银行发布《关于完善人民币汇率形成机制改革的公告》，人民币不再盯住单一美元，形成更富有弹性的人民币汇率机制，同时以当日银行间外汇市场的收盘价作为下一日的人民币中间价，即收盘价指导模式。2015 年 8 月 11 日，中国人民银行再次启动汇率制度改革，对中间价报价机制进行了调整，更多参考上一日收盘价和市场供求关系，迈出了人民币汇率市场化至关重要的一步，被称为"8·11 汇改"。汇率改革有效推动了中国经济的对外开放，有力促进了经济增长和宏观经济的内外平衡，抵御了外部金融危机的冲击，同时加快推动了人民币国际化的进程[①]。完善市场化的人民币汇率、利率形成机制以及健全国债收益率曲线。在市场经济的发展中，要更多依靠市场的力量引导资源配置，因此，市场化的人民币汇率机制将有效统合国内国外两个市场的资金流动，同时，利率形成的市场化也可将资源有效地配置在地区、行业、企业之中，"金融如血脉"正是将营养输送如"细胞"的通路。当然，至于资产的合理定价，则要以国债的收益率曲线

---

① 田国强、尹航：《人民币汇率弹性变动与货币政策目标》，《金融论坛》2018 年第 9 期。

为基础①。将汇率、利率和国债收益率三者作为重要的引导，形成更具竞争力、活力和潜力的中国市场。

第四，我国多层次资本市场进一步完善。2004 年颁布的《国务院关于推进资本市场改革开放和稳定发展的若干意见》部署了建立多层次资本市场体系的相关工作。同年，中小板在深交所设立。2009年，深交所设立创业板。2013 年，新三板正式投入实质性运营。这个时期，我国的多层次资本市场逐步完善，为满足不同公司、企业、机构投融资的需求提供了更多选择的空间，更有利于我国资本市场的良性发展。这里值得一提的是，2006 年修订后的《证券法》和《公司法》出台并实施，这为我国中小股东权益保护、规范上市规则、完善法人治理提供了法律层面的支持，这也是我国多层次资本市场继续建设的法律基础。

秉持"竞争中性"原则，消除金融体系中的隐性偏好和壁垒。在2019 年的《政府工作报告》中，以及中国发展高层论坛 2019 年年会上，"竞争中性"一词被多次提及，按照"竞争中性"原则，在要素获取、准入许可、经营运行、政府采购和招投标等方面，对各类所有制企业平等对待。"竞争中性"涉及市场主体在市场准入前和市场准入后方方面面的公平性问题，比如说在市场准入之前，各类企业的登记注册程序是否公平；也包括在市场准入之后，当政府需要采购，各类企业都有资格参与其中，进行公平竞争。秉持"竞争中性"原则，平等为经济活动的参与主体提供高效率服务，将有效促使金融结构更加平衡。实现竞争中性，中小微企业和民企的困境等问题，都将迎刃

---

① 谢伏瞻、余永定、李扬、张宇燕、高培勇：《改革开放 40 年汇率改革理论与实践探索》，《经济学动态》2018 年第 9 期。

而解。

第五，我国金融监管体系日趋完善。在金融体系监管方面，随着新阶段更深度的金融混业经营、科技创新的发展、金融科技的应用都对监管者提出了更高的要求。"守住不发生系统性金融风险的底线"① 作为这个时期首要的监管任务。2017 年，国务院金融稳定发展委员会成立，标志着更高层次、统一协调的金融监管模式形成。次年，银监会和保监会合并为银保监会。我国金融监管体系进入新的阶段，强调了协调的重要性，形成了"一委一行两会"的新格局。党的十九大报告中就宏观监管给出明确的指示"健全货币政策和宏观审慎政策双支柱调控框架"。在双支柱调控框架下，货币政策调控依旧是中国人民银行把控货币"总阀门"的常用方式，如公开市场业务、控制法定准备金率和贴现政策。一般来说，宏观审慎的目的是保证金融体系的稳定，降低在经济上升期系统性风险的积累，同时增加经济下行期金融机构抵御风险的能力，以保证金融系统的可持续性发展以及对实体经济的支持②。这个阶段的金融监管是强调统一协调的新模式，为未来的金融、经济发展保驾护航。

在经济高质量发展阶段，经济增长由主要靠要素投入增加推动转变为主要靠效率提升推动，由总量的扩张转变为质量的提升和技术、组织方式的创新③。这些变化都需要金融体系作出深刻调整，优化结

---

① 习近平：《决胜全面建成小康社会　夺取新时代中国特色社会主义伟大胜利——在中国共产党第十九次全国代表大会上的报告》，人民出版社 2017 年版，第 34 页。

② 王文、卞永祖、陈治衡：《金融视角下的中国崛起：概念、条件和战略》，《当代金融研究》2018 年第 3 期。

③ 曹扬：《转变经济发展方式背景下高校创新创业教育问题研究》，东北师范大学博士学位论文，2014 年。

构，更好地发挥金融体系优化资金配置、管理风险、鼓励优胜劣汰的作用。优化金融体系结构，关键在于在加强监管的前提下，按照竞争性服务业的定位，提升金融业的竞争性、开放性，增强金融服务高质量发展和供给侧结构性改革的能力。我国实体经济已进入新的发展阶段，正在从过去重规模、重速度的粗放发展向更高质量、更高效率的发展模式转变，金融业的发展也要积极适应发展要求，进一步调整优化金融体系结构，在合理的情况下将金融资源配置到经济社会发展的重点领域和薄弱环节，守住风险底线，为经济社会持续健康稳定发展助力，实现"中国梦"。

6.2　中国金融资产体系的结构特点

中国目前是世界第二大经济体，金融资产和资本市场的规模发展迅速，在货币和资产都具有明显的中国特点。

6.2.1　我国货币结构特点

改革开放以来，中国的 GDP 呈现高速增长态势。1978 年，中国的 GDP 仅为 3679 亿元人民币，到了 2018 年增长到 90.03 万亿元人民币，增长了约 244 倍。同时，中国货币发行量呈现爆发式增长态势。1978 年中国广义货币 M2 1159.1 亿元人民币，到 2018 年增加到 182.67 万亿元人民币，40 年间增长了约 1575 倍。[①] 中国的经济货币

---

① 数据来源于中国人民银行、国家统计局公布的信息。

化率①由 1978 年的 0.318 大幅上升到 2018 年的 2.029。40 年来的发展离不开中国人民银行及其实施的货币政策带来的积极作用。

根据图 6-1 所示，我国的货币发行量具有明显的特点，流通中的现金 M0 规模较小，货币 M1 的供给量呈现上涨的趋势，但是整体规模不大。M1 主要包含企事业单位的活期存款，因此能直观反映出中国企事业单位的营运活力，如 2008 年受到全球金融危机的影响，M1 增速呈断崖式下降，当时的企事业单位受到的冲击很大。20 年来，我国 M2 的增量规模巨大，但同比增速较为稳定，波动区间并不大，只有 2009 年时具有明显的下降。从图中我们可以直观地看到，近些年来，由于经济增速下行，我国 M2 增速开始低于 M1 的增速，这也是为什么近期国内 CPI 处于"1"时代的体现。随着移动支付、互联网金融的普及，越来越多的人使用非现金支付的手段，因此 M1 的增速也处于下降的趋势。中国有可能是最早进入"无现金社会"的国家。

（单位：亿元）

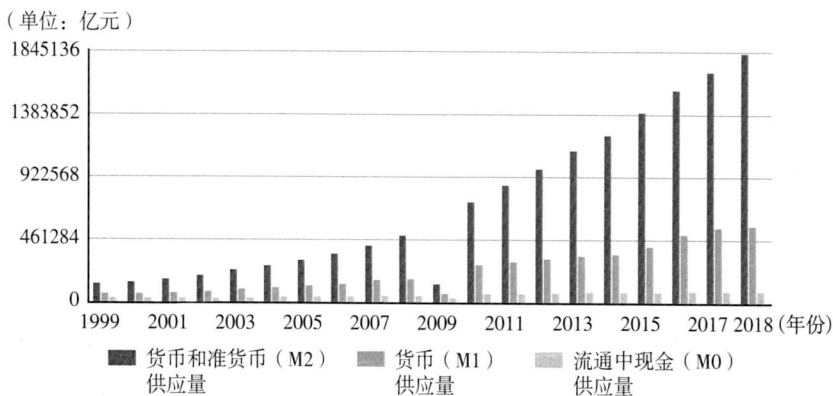

图 6-1　中国货币供应量（1999—2018 年）

数据来源：国家统计局。

---

①　经济货币化率是一项衡量国家发行货币规模与国家经济发展水平之间关系的指标，指标与国家经济发达程度呈正相关关系，为广义货币 M2 与 GDP 的比值。

6.2.2　我国融资结构特点

从金融资产来看，我国金融资产结构存在失衡的现状。在金融资产中货币性资产占比过高，达到约 62％ 的比例，而债券与股票资产分别只占 18％和 20％。货币性金融资产主要集中于银行机构中，货币性资产占比过高是我国银行主导型金融体系的反映。

从融资比例来看，我国间接融资比例要远高于直接融资比例。"直接融资"定义为资金盈余者与短缺者相互之间直接进行协商，或者在金融市场上由前者购买后者发行的有价证券的资金融通活动[1]。"间接融资"定义为资金盈余者通过存款等形式，将闲置的资金提供给银行，再由银行贷款给短缺者的资金融通活动[2]。

根据世界银行数据对 G20 成员 1990 年至 2012 年直接融资比例按照存量法进行估算，我国的直接融资比例呈明显的上升趋势，在 2007 年至 2008 年因股市繁荣首次超过 60％，2011 年至 2012 年保持在 40％—50％区间。与其他国家相比，在 20 世纪 90 年代，发达国家的直接融资水平就已经达到了 60％以上，随着金融体系的发展进入相对成熟阶段，直接融资比例持续上升，最终多稳定在 70％左右。

直接融资相对间接融资来说，成本更加低廉，对企业、公司、机构的现金流补充更为直接，效率也更高。因此，我国金融资产结构以及融资比例仍要朝着更高效的方向改革。

---

[1]　张伟如：《中国商业银行对小微企业信贷融资问题研究》，对外经济贸易大学博士学位论文，2014 年。

[2]　谢仍明：《中国利率市场化研究》，中国社会科学院研究生院博士学位论文，2014 年。

6.2.3　我国财政收支特点

经过 70 年的金融发展，中国已经形成了成熟的现代财政体系。一个国家的财政结构与国家治理水平的高低休戚相关。财政结构通过影响一国财政收入的方式、国家与社会的变迁、政府与市场的关系等机制来作用于国家的制度发展、法治建立和国家治理。中国的财政在中国的金融体系中发挥着举足轻重的作用，财政结构也具有明显的中国特色。

如图 6-2 至图 6-6 所示，从我国的中央和地方财政收支来看，呈现高速增长的态势。从财政收入看，全球金融危机以来，地方财政收入快速增长，超越中央财政收入，这与"四万亿"计划不无关系。但总体上，中央与地方的财政收入差距不大，形成了两条经济发展的稳固支点。从财政支出看，我国的中央财政支出增长幅度与地方财政支

（单位：亿元）

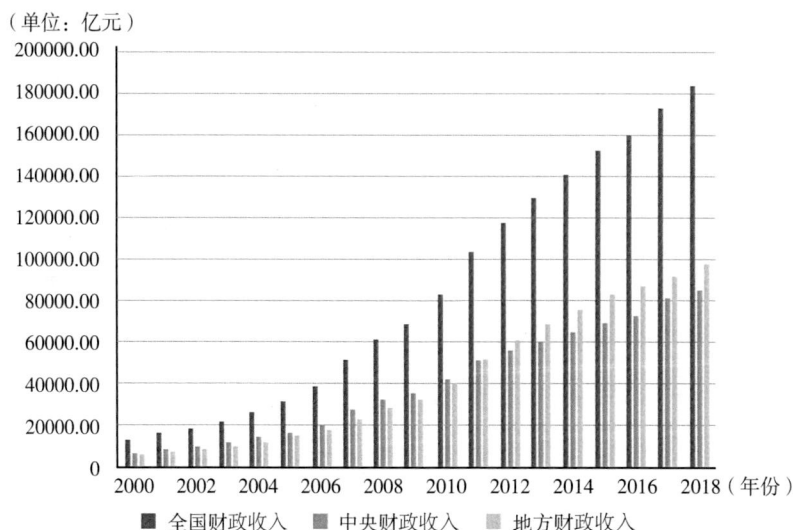

图 6-2　2000—2018 年全国、中央和地方财政收入

数据来源：Wind。

（单位：亿元）

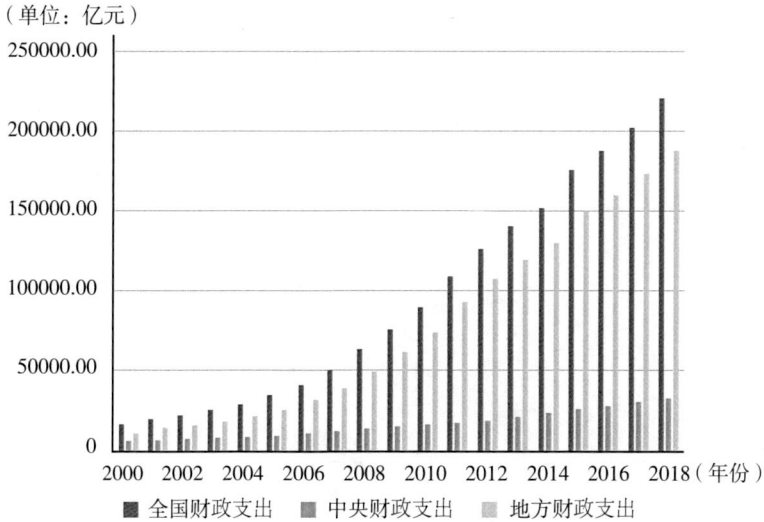

图 6-3　2000—2018 年全国、中央和地方财政支出

数据来源：Wind。

（单位：亿元）

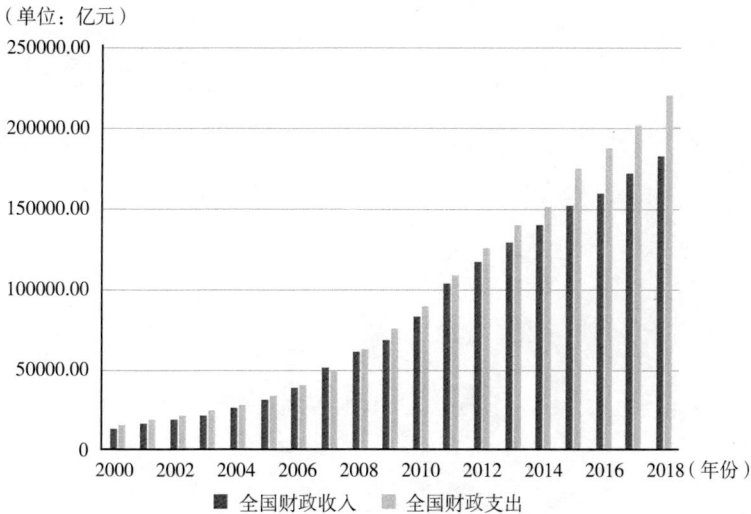

图 6-4　2000—2018 年全国财政收支

数据来源：Wind。

（单位：亿元）

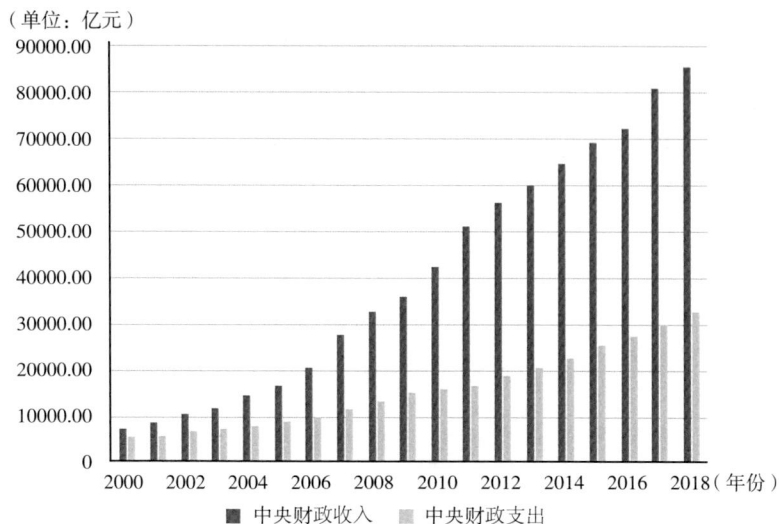

图 6-5　2000—2018 年中央财政收支

数据来源：Wind。

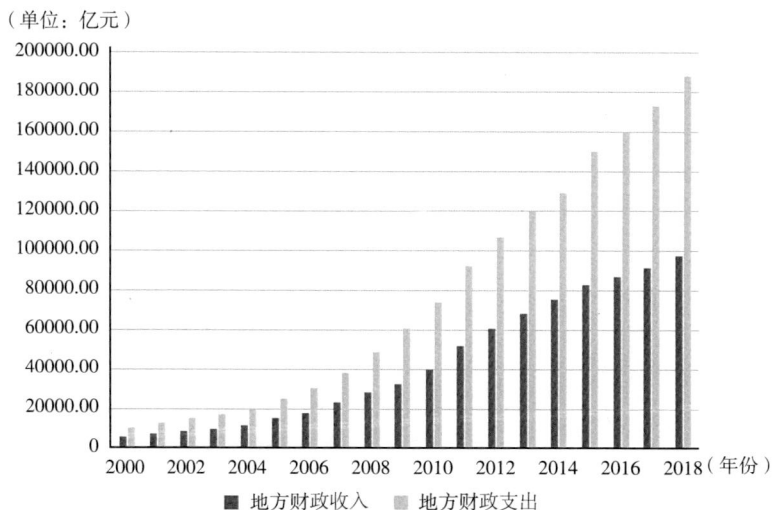

（单位：亿元）

图 6-6　2000—2018 年地方财政收支

数据来源：Wind。

出相比低很多。这也是由于中央财政与地方财政的职能范围不同。

　　由于职能的不同，中央和地方财政的收支情况也呈现明显的特点。虽然，全国的财政呈现赤字情况，但是中央是盈余的情况，而地方的财政赤字缺口较大。"减税降费"已经成为政府公文、报告里的高频词汇，更是被评为 2018 年的十大经济流行语。"减税降费"对于企业降低成本、增加现金流动性等指标都具有积极的意义。不仅要要减轻中小企业税费负担，更是在财税支持方面给予了更大支持，如融资担保降费奖补政策等方面的措施。当前，随着国家支持实体经济发展的"简政减税降费"政策逐步落地，已经初显成效。

6.2.4　我国信贷规模特点

　　我国信贷增量随着经济的发展而呈现较大的波动。我国是典型的银行主导型市场，因此，货币政策对于经济的发展影响较大。中国人民银行公布的数据，如图 6-7 显示，2019 年 3 月人民币贷款增加 1.69万亿元，同比多增 5777 亿元。在贷款和地方政府专项债券的带动下，

（单位：万亿元）

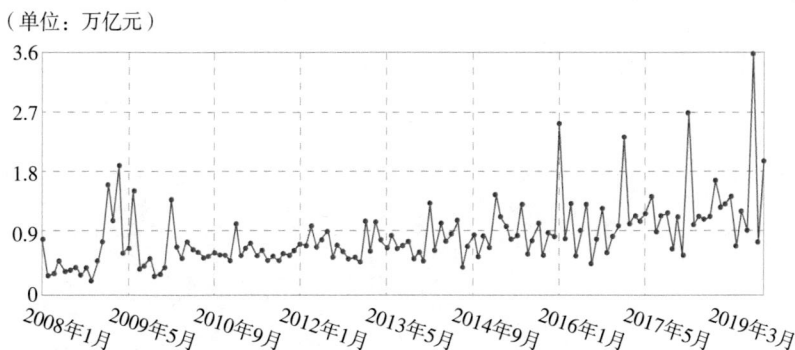

图 6-7　2008 年 1 月—2019 年 3 月我国新增信贷数据

数据来源：东方财富网。

3月社会融资增量达2.84万亿元，远超市场预期。其实不仅仅是3月当月，纵观整个一季度，金融对实体经济的支持可谓不遗余力。一季度社会融资规模增量累计为8.18万亿元，比2018年同期多2.34万亿元。

首先，从短期技术性角度来看，社会融资增量骤然放大，主要是因为贷款同比多增较多，而贷款同比多增较多，又主要由季节性因素驱动所致。其中在供给端，商业银行普遍有争取"开门红"的经营传统，一季度通常是全年贷款投放最多的季度；在需求端，春节前通常资金缺口较大，需要释放更多流动性进行对冲。

其次，从政策性意图角度来看，2018年四季度以来，我国货币当局积极采取一系列措施，缓解银行信贷供给存在的约束，疏通货币政策传导机制，其主要目的，就是引导金融机构加大对实体经济的支持，扩大对小微、民营企业的信贷投放，因此，一季度的社会融资"天量"在很大程度上，是前期政策传导的结果。

第三，从货币政策适度熨平经济周期性波动的基本使命角度来看，货币政策本就应根据形势发展变化进行相应动态优化和逆周期调节，中国在自身"稳增长"需求下，同样有必要保持流动性合理充裕，为高质量发展和供给侧结构性改革营造适宜的货币金融环境。

同样，地方政府债券的规模在2019年也呈现快速发展的态势，如图6-8所示。2019年《政府工作报告》提出，2019年拟安排地方政府专项债券2.15万亿元，比2018年增加8000亿元，为重点项目建设提供资金支持，也为更好防范化解地方政府债务风险创造条件。2019年3月15日，财政部发布了《关于开展通过商业银行柜台市场发行地方政府债券工作的通知》，明确提出通过商业银行柜台市场发

（单位：亿元）

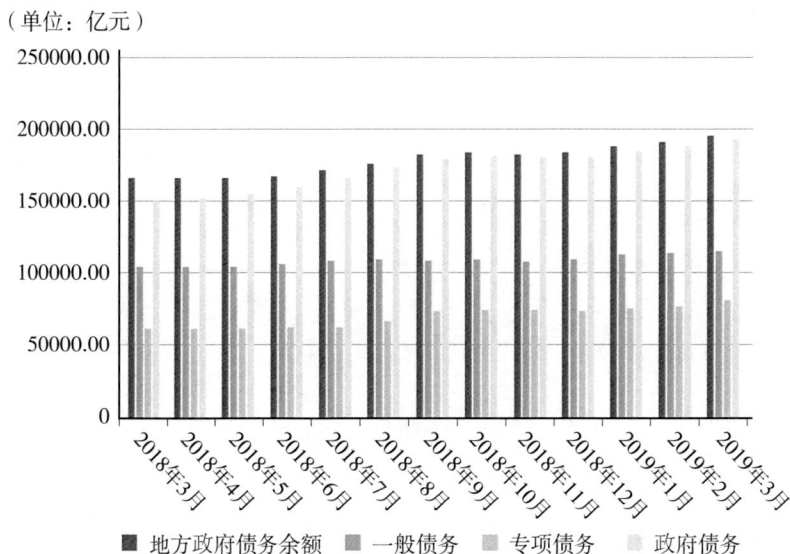

图 6-8   2018 年 3 月—2019 年 3 月地方政府债务规模

数据来源：Wind。

行地方债的相关要求，促进了地方债柜台业务落地。

同样需要完善、改进相关的服务体系建设①。首先，在使用地方债资金的过程中要兼顾效益和风险。政府在地方债资金使用上，应有效管理资金。同时，投资者在购买债券的时候要清楚债券的具体用途，不能仅仅因为门槛低、收益好而盲目跟风。因此，在整个销售过程中，公正透明的信息披露显得非常重要。对于政府而言，应加强项目的管理和运营，降低暴露的和潜在的风险。同时，及时披露相关信息，有利于投资者理性投资的形成，有利于市场化发展。

其次，支撑债券发行的金融服务要跟上。信用评级对于债券来说

① 陈治衡：《地方债发行仍需注重风险防范》，《经济参考报》2019 年 4 月 11 日。

非常重要，由于债券的期限为三年到五年不等，对于评级机构来说要持续对债券的信息进行披露，使市场更加透明，有利于投资者对该债券的评估。同时，由于债券流动性较强，对于交易清算、结算的服务要做到及时有效，这不仅包括再融资、质押、抵押、置换，甚至是企业破产清算，都需要有匹配的金融服务做支撑。否则，一旦出现问题纠纷，那么最终不仅仅是投资者金钱上的损失，更是政府信用的损失。

最后，要遵守"穿透原则"，防范违规融资、变相举债。2019年是地方政府债继续发力之年，更需要重点防控地方政府债存在的违法违规风险。风险主要集中在地方融资平台通过虚假政府和社会资本合作（PPP）项目违规融资、地方投资基金的违规操作等。因此，严格遵守"穿透原则"，做到资金审查、专款专用，严防交叉金融风险，切实做到"谁用谁借、谁借谁还、审慎决策、风险自担"。由于2019年地方政府债门槛低、流动性强的特点，同样需要对中小企业投资者进行"穿透"管理，加强对投资者的风险教育。同时，也要防止在再融资、抵押、质押等环节出现违规行为。

6.3　中国金融结构不平衡问题的根源

新中国成立特别是改革开放以来，我国金融业获得了长足发展，总体规模和服务能力快速提升。但是，金融供给仍然存在结构性缺陷，金融资源配置的质量和效率与经济高质量发展要求不完全适应，主要表现在：金融业以间接融资为主，直接融资尤其是股权融资比例较低；在间接融资体系中，以大中型银行为主体，中小银行虽然数量较多，但发展能力和服务能力不强。随着我国经济步入新的发展阶段，金融规模和数量的扩张已经难以满足实体经济多层次、多元化的金融需求，难以适应经济可持续发展和高质量发展的要求。而且，金融业过度扩张还可能导致经济结构不平衡加剧、催生经济金融泡沫甚至引发系统性金融风险①。

供给侧结构性改革旨在调整经济结构，使要素实现最优配置，提升经济增长的质量和数量，其核心内涵是优化供给结构、满足和引领需求结构②。深入推进供给侧结构性改革和高质量发展，是我国实现"两个一百年"奋斗目标的根本之策。金融是现代经济的核心，是实体经济发展的血脉，是促进实体经济发展的关键环节。推进金融供给侧结构性改革、提高金融服务实体经济效率已成为我国金融业的核心任务之一。作为供给侧结构性改革的核心内容和重要支撑，金融供给侧结构性改革应聚焦国民经济和社会发展需求，直面金融供给环节存在的不足和问题，创新和加大金融供给，提升金融供给的能力、效率和质量，更好地服务实体经济和金融消费者。

金融是实体经济发展的血脉。当前，我国经济运行稳中有变、变中有忧，外部环境复杂严峻，经济面临下行压力。受这些因素影响，不少民企、小微企业融资难、融资贵问题加剧，实体经济发展迫切需要金融业更多支持。只有进一步深化金融体制改革，调整优化金融体系结构，推动金融机构转型升级，才能打破当前企业的融资困境，促进金融部门和实体经济实现良性循环。当前，有三方面的工作需着力

---

① 张杰：《中国金融体系偏向性发展的典型特征、错配效应与重构路径》，《探索与争鸣》2018 年第 1 期。

② 董少鹏：《金融供给侧结构性改革的四个问题》，《证券日报》2016 年 11 月 26 日。

推进。

　　一是国有大型商业银行和保险公司要着力完善公司治理①。一些金融机构自身存在治理乱象，是服务实体经济不到位的重要根源。原保监会曾归纳总结保险行业存在"八大乱象"：虚假出资，资本不实；公司治理乱象；资金运用乱象，违规投资、激进投资；产品创新不规范，炒作概念和制造噱头，产品设计偏离保险本源，保障功能弱化；销售误导，销售管理行为违规；理赔难；违规套取费用；数据造假。金融行业乱象扰乱了市场正常秩序，相关风险逐渐暴露，并可能出现跨市场跨区域传染，值得各方警醒和反思。对此，监管机构一方面要加大对违法违规行为的惩治力度；另一方面要通过推动银行和保险业公司治理的完善，持续健全法人治理结构，将其作为打好防控金融风险攻坚战的重要抓手，加快探索具有中国特色的现代金融企业制度，不断提高公司治理的有效性。

　　二是发展民营银行和社区银行，推动城商行、农商行、农信社业务逐步回归本源②。当前，一些中小金融机构在发展中没有为本地民企、小微企业和"三农"服务，而是将眼光盯着大企业"傍大户"，将业务放在经济发达地区，把主要精力放在做跨区业务，特别是一些农商行存在"离农脱小"、盲目扩张倾向。有的农商行将大量信贷资金投向政府融资平台，有的投向大企业、大项目及房地产等高利润、高风险行业，还有的通过信托、同业理财等渠道将资金投向外地。对此，银保监会专门出台了管理文件，十分明确地要求各类中小金融机

---

① 李万超：《中国农村金融供给与需求结构研究》，辽宁大学博士学位论文，2014年。

② 沈伟：《"竞争中性"原则下的国有企业竞争中性偏离和竞争中性化之困》，《上海经济研究》2019年第5期。

构紧紧围绕服务实体经济主线，积极开发适合本地企业和本土需求的金融产品，推动业务和产品不断创新，通过提高运营水平和服务能力来实现自身发展。

三是完善金融基础设施，加快建设大数据平台①。随着互联网技术发展日新月异，传统的金融基础设施已不能满足金融机构发展和行业监管的实际需要。金融运行效率低下，会推高金融系统自身的融资成本，导致民营企业融资贵和实体经济产出下降。监管机构和相关部门要携手共同构建高效安全的金融基础设施体系，包括交易系统、信息系统、支付清算系统、登记托管系统、征信评级系统、会计审计等。同时，要借助金融科技的力量，充分利用大数据、云计算、人工智能技术，加快大数据平台建设，提升资源配置效率和金融风险防控能力。

我国实体经济已进入新的发展阶段，正在从过去重规模、重速度的粗放发展向更高质量、更高效率的发展模式转变，金融业要积极适应发展要求，进一步调整优化相关体系结构，把更多金融资源配置到经济社会发展的重点领域和薄弱环节，守住风险底线，为经济社会持续健康稳定发展助力。处理好行业发展和风险防范的关系，着力防范金融风险。

总之，在全面建成小康社会的重要阶段，要继续建设多层次资本市场，提高直接融资比例，优化融资结构，坚持结构性去杠杆，防控输入性风险，有助于中国经济的持续稳定发展。

---

① 徐书杰、夏云天、杨晴晴：《我国影子银行的界定与统计体系构建》，《金融理论与实践》2018 年第 2 期。

6.4　中国金融结构未来转型的趋势

目前，我国正处于全面建成小康社会的决胜阶段，是"两个一百年"发展的当口，同时，我们又面临着风起云涌的国际社会，继续深化金融改革、引导金融助力经济发展是重要的任务之一。面对未来，中国金融结构将更具科技化、普惠化和绿色化，同样，多层次资本市场将更符合社会的多元化需求。

金融科技发展助推中国金融结构优化，金融结构的优化将使多层次资本市场功能升级。

发展科学技术，是供给侧结构性改革的主要内容。推动科学技术发展，特别是推动科技产业化，从来就是供给侧结构性改革的主要着力点，是落实新发展理念、实现创新发展的基础。在金融领域，供给侧结构性改革就是大力发展金融科技，发展金融科技的要义，就是使创新成为推动金融服务供给侧结构性改革和金融服务效率提升的根本支撑。

金融科技发展对金融发展的影响是巨大的[①]，一是有助于破解信息不对称这一始终困扰金融发展的难题；二是提供更可靠的信用基础，助力金融体系正常运行；三是准确地提供各种要素的流转轨迹，便利金融服务实体经济；四是让各个部门、各个主体都能够显示自己的偏好，为资源配置提供有效的参数；五是降低金融服务成本，有效接入普通大众和小微企业。应当指出的是，金融科技不是科技，其本

---

① 李扬：《金融供给侧结构性改革的六大方向》，《中国保险报》2019 年 4 月 15 日。

质是金融，金融科技企业必须做好上述五类事情。

应当清醒地认识到：只有在金融科技大发展的基础上，才有可能让普惠金融和绿色金融真正发展起来并落在实处，从而做到真正为广大人民群众服务。

未来的金融一定是普惠化的金融，人人可以平等享受金融服务带来的权益。在多层次资本市场的发展，同时加持金融科技的算力，普惠金融将会为更广大的企业、人群提供更适当的金融服务。针对"弱势"人群，做到风险可控，消除"错配"等问题，为其提供具有针对性的融资渠道。普惠金融另一项尤为重要的作用是对民众实施金融普及教育，让社会各个阶层的人群清晰地认识金融的基本知识、金融监管的框架、金融运作的模式、金融系统的风险，从整体上提升社会对金融的认知水平，提高国民的金融意识，人人都懂金融，从而消除不法者对普通大众实施的金融骗局。

我国绿色金融行业的发展处于起步阶段，基础设施产业很不成熟。2016 年我国私有企业与国有企业联合发布了具有较大规模的中国绿色债券指数，融盖了 700 只左右债券。与此同时，我国多项有关绿色发展政策的出台为绿色金融行业成长提供了切实有效的帮助，保障了我国经济持续稳步增长，积极推进了我国产业结构调整与转型升级。绿色金融的合理配置具有实质性作用，对可持续发展战略具有积极的推动作用。目前我国绿色经济发展的现状主要表现在绿色金融体系的建设、产业结构的合理配置、环境信息的实时预测以及社会公众的绿色消费意识等方面。

认清金融改革的逻辑维度，以现实的方位为坐标，未来我国金融改革的方向才能得以明确，不断增强我国的金融实力，并为实体经济服务，才能更持续长久地繁荣。

7. 金融崛起与中国的全球竞争力提升

经济是肌体，金融是血脉，两者共生共荣，金融是国家重要的核心竞争力。因此，金融对国家的全球竞争力来说，有着与经济同等重要的意义。

回望自改革开放以来，中国经济快速发展，在当今世界经济格局中已占据相当的领先地位，同时中国金融业的改革开放也不断推进。但相较于中国经济对于世界经济举足轻重的影响力，中国金融在全球的竞争力还有很大的提升空间。

在经济金融高度全球化的大背景下，相较于西方已经基本成熟的金融服务体系，中国金融行业的业务能力、品牌影响力等方面在全球市场中还处于刚刚起步阶段，中国金融体系在全球金融体系中的话语权仍较弱，中国金融的核心竞争力亟须提高。因此，如何提升中国金融在全球的竞争力对于提升中国在国际金融格局中的地位至关重要。

7.1 中国在全球金融体系中的系统重要性

中国金融在过去几十年的发展中取得了显著的成就。目前中国金融体系已形成以银行、保险、证券、期货和私募等多种结构并存的现代金融体系，在规模增长上拥有举世瞩目的成就。1978 年，改革开放初期中国的金融资产总额为 3048 亿元人民币，而 2018 年底，中国的金融资产总额高达 293.5 万亿元人民币。[①] 但是数量上的快速增长并不意味着中国金融的国际竞争力取得相应的进步，我国金融服务能力和在国际金融事务上的参与度仍然有很大的提升空间。

从国内看，我国金融行业发展模式仍然粗放，金融服务能力有待提高。以金融的重要组成部分——资本市场为例，经过改革开放以来的实践，中国资本市场取得了长足发展，在国民经济中的作用不断提高。但是，与国际成熟资本市场相比，中国资本市场仍然存在不少差距。如发展水平仍然不高、发展规模仍然偏小、结构不尽合理、市场运行机制尚不成熟、制度和环境建设尚不完善等等。特别是我国在直接融资领域由于起步晚，无论从经济发展的市场化程度看，还是从证券市场发展的规范性、规模来看，都与发达国家存在着一定的差距。

从国际看，目前中国在国际金融市场上的影响力和话语权都与经济实力难以匹配。当下在国际货币基金组织（IMF）中国投票权份额只有约 4.5%，日本和美国分别享有 6.84% 和 15.85%。中国在参与国际事务决策中较弱的话语权常常导致本国核心利益受损，因而有必要对我国在全球金融体系中的角色定位进行分析和战略设计[②]，以提高我国金融的全球竞争力。

关于金融竞争力的重要性，我们可以通过回顾世界历史和国际金融格局演变历史来获得启发。国际金融格局可以被看作在一定历

---

① 参见中国人民银行：《2018 年社会融资规模存量统计数据报告》。

② 参见周小川：《关于改革国际货币体系的思考》，《黑龙江金融》2009 年第 4 期。

史时期，世界范围内的各主要国家、地区或金融机构、金融组织从自身利益出发，在相互制约、相互影响、相互作用中形成的一种稳定的金融力量对比态势，是由一国的国际金融力量，如国际货币体系、国际金融机构、国际金融市场、国际金融业、国际金融中心、国际金融组织等各方面综合化而形成的一种结构布局或局势。

回望历史，国际金融格局在经历了以荷兰和英国为金融霸主的16世纪至19世纪后进入了以美国为首的20世纪和21世纪，这一演进历程表明：国际金融格局中的地位更迭既是霸权国家兴衰与更替的表现，又是霸权国家兴衰与更替的决定因素之一。因此，一方面，一国整体力量的上升是其国际金融竞争力存在和发展的基础，因而一国金融的国际竞争力是其整体力量的基本表现之一；另一方面，在国家崛起的过程中，国际金融竞争力对一国包括军事、经济、政治、文化等多方面形成的整体力量的兴起和巩固发挥着极为重要的支撑性作用。因此，从历史上英美等国全球霸权的建立过程来说，金融的国际竞争力的崛起不仅是经济全面崛起的象征，更是推动大国地位提升的核心标志。

同时，历史经验也表明，一国在国际金融格局的地位应当与其经济实力对比基本统一，才能实现稳定持续的平衡，才得以维护自身的国家利益。从这个意义上讲，国际金融格局的变化，根本上取决于大国经济实力对比的逆转。由此不难看出，作为世界第二大经济体，随着中国经济和贸易大国地位的确立和日益巩固，中国所面临的国际金融格局亟须改变，也因此中国更需要加快解决所面临的一系列挑战，以稳固金融的国际竞争力。

在目前的国际货币体系下，美国通过美元的主导地位，榨取了巨额的铸币税，以及无限制地向全球输出通货膨胀。无论有意还是无意，美国的金融输出是导致发展中国家金融危机频发的重要诱因，同时金融也成为美国影响和压制他国发展的重要工具和手段。[①] 因而，在面临当前不平等的国际金融格局下，中国亟须通过加强国家金融的国际竞争力的思想来推动中国在国际金融格局下的地位，从而更好地实现自身的利益。[②]

7.2　金融生态对国家竞争力的基础意义

金融服务业是由金融机构、金融商品、金融工具、金融制度、金融市场等组成的复合型组织体系，其作为全社会的资金媒介和中枢机构，为各市场主体分散和管控风险提供了市场条件，也为整体经济实现了资金融通和资源有效配置。

通过金融服务业各部门的组织运作，有利于形成有效的定价机制，实现要素使用的集合和优化。同时，金融服务业由于自身的开放性和推动力，在与其他产业的相互关联中，可以促进其他产业的创新和发展。[③] 金融服务业在现代经济中发挥着越发重要的作用，为提升金融话语权提供了软件条件。

金融服务业通常在国际金融中心的区位框架下进行，以集群模式

---

① 参见刘群、赵登峰、陈勇：《论主权货币充当储备货币的风险》，《中国人民大学学报》2011 年第 4 期。

② 参见于同申：《经济全球化与发展中国家的货币主权》，《中国人民大学学报》1999 年第 6 期。

③ 参见郗文泽：《金融服务产业集聚研究》，天津财经大学博士学位论文，2008 年。

发展，金融中心城市的集聚效应有助于建设功能齐备、层次丰富的国际化金融服务体系。金融服务集群对区域经济发展具有积极作用，不仅可以带来规模效应和金融技术创新，还能产生知识和技术的外溢，集群区域内的金融机构通过相互学习成功的管理制度和风险管控模式，提高集群区域整体的发展。①

改革开放以来，中国金融服务业发展很快，目前在国民经济中也占有很重的分量。中国金融服务业得到了长足发展，以上海、香港、北京等金融城市为中心的中国金融服务集群发展势头良好。然而，与发达国家相比，中国金融服务业仍存在诸多不足，野蛮式增长也出现了很多问题。尤其是近些年来，虚拟经济日益脱离实体经济，各大金融机构最盈利的业务不再是来自于为企业、个人和政府提供良好的投融资服务，而更多是来自于金融交易活动。崇尚用最少的资金、最高的杠杆率、最短的时间，赚取最多的资金，为交易而交易、为对赌而交易等投资理念盛行，加重了国际金融市场的投机气氛。投机气氛浓厚将加剧市场的波动幅度，不但造成金额资产价格泡沫，还会引发突发性金融危机。

因此，打造具有综合优势的金融服务集群和提升金融服务业整体性发展迫在眉睫。建设金融产业集群需要与区域经济协调发展，避免脱离区域经济的发展水平，做到真正为实体经济服务。此外，需要打造多层次的金融服务体系，主动吸引实力雄厚的外资银行进入集群区域，积极扶持发展地区性的商业银行，逐步发展培育金融衍生品市场，建立健全多层次的金融产业结构。

---

① 彭永芳、周荣敏、朱艳新：《现代金融服务业发展的集群化态势》，《银行家》2017年第6期。

7.3　国际金融中心对国家竞争力的支点意义

国际金融中心是指在城市强集聚能力、低交易成本和高交易效率的基础上，逐步形成的集聚金融机构、资本、人才以及交易的城市或地区。它所提供的金融业务超越国界，覆盖更大的国际范围。国际金融中心作为世界金融市场的枢纽，推动了世界经济的发展，也带动了国家自身的经济繁荣。

国际金融中心也直接反映了所在国的国际金融竞争力和金融服务效率。金融中心规模的大小、功能的强弱、水平的高低，对金融竞争力的强弱产生重大作用。这主要是因为金融市场的发育，必须以金融中心为支撑。而金融中心的培育和发展，又将在一定范围内发挥金融支持和经济辐射功能，对金融市场的发展和完善产生巨大的推动作用。世界经济和国际金融中心发展历史表明，金融中心与经济中心是密切联系的，金融中心是经济中心功能不断提升的产物，经济中心是金融中心赖以形成和发展的基础。所以，国际金融中心的建设根本上也直接促进了国际金融竞争力的发展。

全球最新发展历程证实也正是如此，随着经济和金融全球化发展，为了获取并保持在国际金融竞争中的优势，在全球范围扩展更大的发展空间，许多国际大城市纷纷致力于金融中心的建设，将其置于全球竞争战略的重要组成部分。以美国为例，美国以全球性国际金融中心——纽约为中心，建立了华盛顿、芝加哥、波士顿、休斯敦、洛杉矶、旧金山等若干个区域性金融中心。这些城市组成了统一的网络，每个城市的金融功能不尽相同，各有分工，这些不同层次和功能互补的金融中心对于促进本国、本地区经济的发展起着积极的作用。

在这种竞争中，金融竞争的强度在显著加大。因此提高中国金融竞争力和货币主权，必须发展和完善金融市场，为此就需要建设多层次的金融中心。

中国作为最大的发展中国家，市场广阔，经济发展潜力大。但是，中国地区间经济差别大，资金分布不平衡，因此更需要国家进行有组织的融通和调剂，这就在客观上为不同层次和功能互补的金融中心城市的发展创造了条件。我国应根据国情来布局金融中心，对金融中心的发展进行总体规划，根据各城市比较优势，建立起符合我国国情的多层次金融中心体系。不同层次的金融中心之间形成若干小梯度的资金、技术、信息和人才等的传递链条，组成的网络把离散式的金融市场联系起来，对迅速融通资金、提高金融资源配置效率有积极作用，为我国增强金融竞争力奠定硬件基础。

7.4 作为国家竞争力的全球定价能力

国际定价权指的是国际贸易定价机制的确定以及议价能力的获取。然而，大宗商品金融属性的加强使得金融结构决定大宗商品定价权的能力越来越强，根据徐清军的测算，对于大宗商品价格指数，资金流动性的贡献率超过 20%，实际的产业需求贡献率大概为 10%，美元汇率贡献率约为 5%[①]。金融属性对大宗商品的价格上涨贡献率要远远高于商品属性，已经成为大宗商品金融化的重要推手。尤其是期

---

① 参见徐清军：《国际大宗商品市场日益走向金融化》，《国际商报》2012 年 6 月 12 日。

货市场已经成为当前全球大宗商品定价机制的主要场所时，金融结构成为各国争夺大宗商品定价权的核心和关键。而发达资本主义国家更是凭借其雄厚的金融资本和强大的国际金融地位，通过不同方式，攫取金融结构中的权力。

目前，以美元为主的国际货币体系强化了美国在国际金融体系中的定价权。从货币的角度来说，货币是金融结构中最重要的因素，金融结构发挥作用离不开货币，因此一旦某种货币在国际货币体系中取得优势地位，必然也会在金融结构中占据主动。

石油美元是最为经典的案例，尽管第二次世界大战后美元很快确立了其霸主地位，但是由于英国的历史影响，当时的世界石油计价中还有相当一部分采用英镑。石油美元地位的真正确立始于布雷顿森林体系的崩溃，美国和沙特阿拉伯为了保障双方的利益，签订了秘密合约，继续将美元作为其石油出口的唯一定价货币，然而这并不仅仅意味着以美元作为计价单位。实际上美元以石油为锚，赋予了美元一定内在价值，重新恢复了国际市场对美元的信心，进一步巩固了美元世界货币的地位。之后，美国一方面通过大力发展石油期货，拥有世界最大的石油期货交易中心，成为国际石油市场的定价标准，依靠金融机构的积极炒作影响期货价格。另一方面，拥有大量美元外汇的石油输出国组织（OPEC）国家实质上无法再将石油与美元脱锚，美国可以适时根据国内经济情况以及对外政策的考虑，控制美元升（贬）值，间接对国际油价产生影响，依靠印纸的成本攫取巨额利益。由此，美国依靠美元的强势地位，获得了石油定价权。

事实上，这种例子在许多领域都可以看到。目前，国际重要的期货品种都是以美元作为计价单位，这就意味着美国的一举一动都会通过美元影响到世界大宗商品市场。同样，发达国家对定价权的绝对影响也意味着发展中国家在这一方面的弱势。

就中国来说，进入新世纪后，随着中国经济的快速发展，大宗商品定价权问题越发突出，特别是在 2008 年前，甚至出现了中国买什么，什么就涨价；中国卖什么，什么就跌价的现象。

虽然中国多年维持世界第一货物贸易大国的地位，但中国在大宗商品领域定价权缺失的现象并没有得到根本性的改善，无论是在大宗商品的进口还是出口，中国依然处于劣势地位。因此提升定价权对于中国现如今的发展来说是非常有必要的。而提升定价权的核心之一便是通过金融手段。

我国虽然在国际贸易市场中的影响力不断增强，目前已经成为世界第一大贸易国和第二大经济体，但是在贸易定价规则和基准价格确定方面明显能力不足。缺少国际公认的定价中心是造成这一现象的重要原因，致使我国无法对国际市场价格施加影响，许多重要战略物资的国际交易都容易受到国际投机的冲击。对比美国，其在 20 世纪 70 年代的石油危机中吸取了教训，逐步将纽约发展成为全球性的石油期货中心，拥有定价主动权，因此尽管美国对石油需求量大，但企业和消费者并没有过多承担原油价格上涨带来的成本压力。

定价权的缺失使得我国在国际交易中常处于被动地位，造成了许多经济损失。提升定价权成为增强我国金融实力的重要路径，能够让中国在国际市场避免遭受重大经济损失，为中国企业在国际贸易中争取良好环境，是中国提升金融竞争力不可缺少的一环。

当下，随着金融全球化发展以及国际金融市场的形成，金融竞争具有明显的国际性特点。中国的国际金融竞争力随着自改革开放以来经济的持续增长和金融市场的开放逐步加强，但所面临的问题依然艰巨。在开放和改革的大背景下，为了加强金融作为经济的推动力和稳定基石，推动金融的国际竞争力建设正当其时。通过开展国际金融中心的建设、全面完善金融服务业的建设，以及关注于定价权的发展"三位一体"，可以很大程度上带动国际金融竞争力的进步。因此中国需要加快实施国际金融中心发展战略，发展优质的金融服务产业集群，通过金融中心城市和金融服务业降低制度性成本，加强制度合理性为我国加强国际金融竞争力提供软硬件条件，推动金融要素的集聚和整合，从而有效提升中国在世界舞台上的定价权和国际的金融竞争力。

8. "去美元化"背景下的大国金融 博弈与币缘战略

70 年来，新中国的金融体系经历了从无到有、从弱到强、从无足轻重到举足轻重的质变。与此同时，全球金融与国际货币体系也经历了复杂的演化过程。

所谓"大国金融博弈"，其核心本质实际在于"估值竞争"，即美元霸权具有拼命压低其他主要国家资产估值的本性。币权的出现是当代世界政治体系发生重大变化的标志，"由谁控制"及"如何控制"币权是币缘政治的核心。因此，"币缘政治"对 2008 年全球金融危机的国际政治解释为：美元币权缺少制衡。[①] 由此也可以推导出：人民币以及其他货币国际化程度的提升，客观上将对美元构成新的更加有效的"制衡"，从而提升国际金融治理水平，有利于世界经济的可持续发展。

8.1 大国博弈视角下的去美元化 / 国际货币多元化趋势

第二次世界大战结束后，以外汇自由化、资本自由化和贸易自由

---

① 王湘穗：《币权：世界政治的当代枢纽》，《现代国际关系》2009 年第 7 期。

化为主要内容的布雷顿森林体系（Bretton Woods System）主导了三十多年的国际经济金融架构，同时也支撑起独一无二的美元霸权。在 1971 年布雷顿森林体系宣告解体后，美元与黄金脱钩，但同时又和国际贸易中最重要的大宗战略性产品——石油相捆绑，从而延续了美元的霸权。

然而，在 2008 年发端于美国的世界金融危机的冲击下，美元的国际地位受到严重冲击。10 年后，人们遗憾地发现，当年金融危机的根本肇因并未完全解除。而更令国际经济雪上加霜的是，2017 年上台的美国特朗普政府在执行了一系列以"美国优先"为旗帜的民粹主义、贸易保护主义、新孤立主义政策后，随着美国国内经济风险的外溢、转嫁，国际经济金融体系的不确定性进一步增强。上一次危机的阴影尚未完全退去，全球经济又陷入新的焦虑之中。国际社会遂开始反思是否应该继续将本国的国际支付体系继续绑定于美元。

与此同时，美国频繁使用金融手段制衡、制裁他国，也迫使更多国家从战略、政治与安全的角度警惕美元。从本质上讲，金融霸权乃是美国全球霸权的重要基石。它与美国一超独霸的军事、科技、联盟体系等共同支撑其全球霸权体系（Global Hegemonic System）。美元霸权的核心是美元享有被全世界普遍接受的储备货币的独特地位。借助美元霸权，美国有效掌控全球金融系统。在该体系下，任何使用美元或美国银行进行的交易，都将自动地、无可避免地接受美国法律管辖。也正因如此，美国政府拥有得天独厚的以经济制裁和金融制裁胁迫他国屈服于己的金融手段。在上述经济安全与战略安全的双重背景下，包括中、俄在内，越来越多的国家不得不审慎考虑作为避险方案的"去美元化"（De-Dollarization）进程，同时将该进程与他们彼此间的地缘政治经济合作议程结合起来，协同推进。

8.1.1 "去美元化"的现状

目前，在所谓"去美元化"的趋势中，首当其冲的是石油结算领域的"去美元化"趋势。在该领域，长期饱受美国经济金融制裁之苦，因而无法通过正常渠道出口石油的伊朗是最早的推动者。早在 2011 年 7 月，伊朗就宣布将以欧元、伊朗里亚尔和其他"一篮子"货币作为结算货币。类似地，在克里米亚危机爆发两年后的 2016 年 11 月，俄罗斯正式在圣彼得堡国际商品交易所推出以卢布计价的乌拉尔原油期货，以此对冲美国的经济围堵。[①]

从 2017 年 3 月开始，俄罗斯央行就启动了调低美元等发达国家货币在俄罗斯国家储备份额的进程。而根据美国财政部 2018 年 7 月发布的报告，俄罗斯已经在 2018 年 3 月至 5 月期间大量抛售 84% 左右的美债，从而将其持有的美债总量由过去的 961 亿美元急剧下调至 149 亿美元。与此同时，俄罗斯正在和中国、印度等国谋求达成协议，使他们在相互间的国际贸易中能够使用本币进行结算。而更让美国恼火的是，俄罗斯甚至积极联合伊朗、土耳其等同样受美国制裁的周边国家，构建三国支付体系。[②]

2018 年 7 月，俄罗斯外贸银行行长科斯京正式向普京提交建议：通过俄罗斯存管机构发行债券；在进出口业务结算中加快向使用美元以外的欧元、人民币或卢布等币种结算过渡；将俄罗斯大型企业的注

---

① 王勇：《石油去美元化已不只是谈资》，《能源》2017 年第 12 期。

② 廖冰清：《俄罗斯渐次推进"去美元化"》，《经济参考报》2018 年 12 月 6 日。

册地转移到俄罗斯法律管辖区内等。其目的正是在于使俄罗斯在国际结算时实现"去美元化"。①

2018 年 10 月 10 日，俄罗斯央行行长纳比乌琳娜在国家杜马会议上指出，俄罗斯应当由美元结算转向其他外币结算，并且提出了俄罗斯经济"去美元化"的三个主要方向。她认为，"去美元化"的第一个主要方向是在国际贸易中更多转向由其他外币进行结算。第二个主要方向在于弱化美元在各银行储备中的作用。第三个主要方向是提升卢布作为本币的吸引力，同时降低美元的吸引力。俄罗斯监管机构将围绕以上三个方面开展工作，实现"三步走"。②

无独有偶，中国作为全球最大的石油进口国之一，也正致力于拓展石油进口来源，同时使支付手段更加多元化。2018 年 3 月，上海国际能源交易中心正式挂牌交易，推出以人民币计价的原油期货。国际社会认为，此举在客观上推动了石油"去美元化"的进程。③

欧洲独立于美元的结算体系已经启动。美国重启对伊朗金融、汽车等一系列制裁，欧盟随即针锋相对宣布更新"阻断法令"，力争反制美国制裁，回避美国的惩罚性措施。同时，欧盟外交与安全政策高级代表莫盖里尼在联合国大会期间宣称，欧盟已经决定设立新的支付渠道——特殊目的工具（Special Purpose Vehicle，SPV），来促进与伊朗的合法金融交易，允许欧洲公司继续与伊朗贸易。这也折射出，欧盟正在为长期脱离美元体系、增加金融自主权做战略准备。

世界债权国纷纷大幅减持美元资产。不仅中国、日本两大债权

---

① 宗良、韩森：《国际储备货币多元化的前景和路径》，《清华金融评论》2019 年第 3 期。

② 张茉楠：《"去美元化"趋势暗流涌动》，《中国金融》2018 年第 21 期。

③ 陈启德：《原油期货首次交割完成》，《中国石油和化工》2018 年第 10 期。

国减持美债，包括俄罗斯、土耳其等全球十多个国家纷纷减持美债。例如，2018 年上半年，作为第二大债权国的日本持续数月进行减持，每个月的减持规模接近 100 亿美元，这令其美国国债的总持仓降至 2011 年 10 月以来的最低程度。与 2017 年同期相比，日本减持美国国债规模高达 803 亿美元。而德国也将其持有量从 2018 年 4 月的 860 亿美元削减到 2018 年 5 月的 783 亿美元。此外，英国、爱尔兰、瑞士、卢森堡以及美国近邻加拿大、墨西哥也在抛售美国国债。按减持占比计算，爱尔兰在 4 月抛售 175 亿美元美国国债，减持比例超 5.5%；墨西哥也减持了 33 亿美元，减持比例高达 11.7%。①

此外，美元在全球储备体系中的份额持续下降。IMF 于 2018 年 7 月发布的数据显示，美元储备份额持续下跌。2018 年第一季度美元在全球外汇储备中所占份额连续五个季度下降，从 2017 年第四季度的 62.72% 降至 62.48%，创下自 2013 年第四季度以来的最低水平。② 与此同时，非美元资产所占份额却明显上升。例如，人民币在全球外汇储备的份额连续三个季度增长，在全球外汇储备的份额从 1.2% 上升至 1.4%。欧元和英镑的份额均有所增长，英镑所占份额升至 4.68%，创 2015 年第四季度以来新高；欧元在全球外汇储备中所占份额从 2017 年第四季度的 20.15% 升至 20.39%。③ 新兴经济体印度尼西亚、马来西亚与泰国此前宣布在三国贸易结算中采用非美元货币或者

---

① 刘信群、杨乐：《中国应当减持美国国债吗？》，《清华金融评论》2018 年第 6 期。

② 李华、汤学智：《货币互换协议对人民币国际化的影响》，《商场现代化》2017 年第 4 期。

③ 沈悦、戴士伟、樊锦琳、张蕾：《人民币国际化：进程、影响因素及前景分析——基于与欧元、英镑、日元及美元的对比》，《经济问题》2019 年第 1 期。

本币化交易。① 印度尼西亚不仅与马来西亚和泰国宣布在三国贸易结算中采用非美元货币或者本币化交易，而且还与中国、日本、韩国和越南等国进行延长货币互换协议。② 而近日，中日重启规模为 2000 亿元人民币的货币互换，更凸显两国基于金融稳定，规避美元风险，以及促进贸易投资资金融通的长期制度安排的考虑。③

8.1.2 "去美元化"的动因

首先，美元作为"全球避险资产"的安全性在降低。回顾历史，美国通过"石油—美元—美债"这个循环体系得以让美元以美债投资品的形式成为各国央行的核心资产储备。当前，尽管美元作为全球"货币锚"的地位依旧不可撼动，但特朗普执政以来一系列组合拳带有极为鲜明的经济民族主义色彩，其目标直指"让美国再次伟大"（Make America Great Again），特别是在全球范围内挥舞保护主义大棒，以及美国背负的前所未有的巨额债务也令世界各国暴露在美元的风险敞口之下。一方面，美国对包括中国在内的多国强征关税，不仅针对中国，还针对欧盟、日本、韩国等传统盟友，针对加拿大、墨西哥等传统经济伙伴，针对俄罗斯、巴西、印度等新兴市场国家，各国也普遍担忧美国严重滥用作为世界储备货币的美元发起新的制裁和挑战。

---

①　唐洁尘、李容：《人民币区域化视角下人民币与东亚货币联动性研究》，《世界经济研究》2018 年第 7 期。

②　睦川、傅建雯：《人民币对印尼卢比的隐性货币锚效应实证研究——基于"一带一路"视角》，《兰州财经大学学报》2019 年第 3 期。

③　赵兰兵：《人民币与日元国际化影响因素比较研究》，《甘肃金融》2019 年第 3 期。

另一方面，大规模减税导致美国财政状况前景进一步恶化。减税主要通过两个渠道影响政府债务累计。其一，赤字额外需要通过债务融资；其二，财政扩张使得利率上升，增加债务利息成本。①

国际金融危机十年之后，美联储更快加息的预期仍在全球范围内掀起波澜。财政加杠杆叠加美联储收紧货币，财政宽松提振经济与货币收紧将加速美国国债收益率的上行步伐。"宽松财政＋货币从紧"的政策组合事实上难以长期持续。②

其次，美国目前的国债收益率又创下近七年新高，以及美元债务的上涨已经令美国金融体系面临一场重大的压力测试。作为全球资产价格定价之锚的 10 年期美国国债突然被抛售，触发了市场对美国企业借贷成本提升的担忧，也逼迫资金加剧从股票等风险资产中流出。美国国债收益率曲线全面上移将可能导致系统性风险累积。贸易战叠加系统性风险导致美元信用正在受到侵蚀。近一时期以来，囤积黄金正成为各国央行的一种预防性选择。③

再次，新兴经济体逐步摆脱对美元体制依赖的"内在驱动"。总体而言，2018—2019 年间，新兴市场国家的经济增速显著高于发达国家，由此新兴市场国家企业更愿意加杠杆。随着主要国家货币政策正常化的进行，全球利率水平有望显著上升，这将加大部分高债务国家还本付息的压力，最终对其经济增长与金融稳定产生新的冲击。特

---

① 郑可：《未来国际货币体系中的多元化——人民币国际化的未来》，《智库时代》2018 年第 28 期。

② 彭滔：《国际金融秩序的变更：美元化与去美元化》，《农村经济与科技》2018 年第 20 期。

③ 郭大山：《东亚货币合作中人民币充当货币锚的可行性研究》，《西部金融》2018 年第 6 期。

别是金融危机以来，美联储货币政策外溢性大大增强，资本流动对新兴经济体扰动更加频繁，美元周期的作用加剧了新兴经济体系统性风险：美元升值，新兴经济体本币贬值，借入美债的部门资产负债表恶化，引发资本流出，进而加速本币贬值。[①]

此前由国际金融危机引发的美元流动性紧张，给新兴经济体以及出口导向型亚洲国家和地区的贸易体系带来了巨大困难，从维护国家安全的角度，与美元体系脱钩也具有很强的内在驱动力。近期，伴随着美元升值、美债收益率走高，以及资本频繁波动，多个新兴国家货币暴跌，哈萨克斯坦为减轻损失，已经在减少美元外汇储备比例（从67%降至46%），并实现了外汇储备多元化。[②]

8.2　国际货币体系多元化背景下人民币国际化的产业瓶颈

从"币缘"视角看大国关系，"大国争夺的焦点集中在由谁主导全球货币体系重构的问题上"。[③] 国际货币制度不仅是全球秩序的基石，更是国家利益的核心。美国拥有全球货币霸权，因此显然倾向于维持现状。自 2008 年全球金融危机以来，美国所领导的全球经济发展模式和既有的金融模式广受国际社会诟病。在这一背景下，违背货

---

①　李欢丽、李石凯：《强势美元周期、去美元化浪潮与人民币国际化战略调整》，《经济学家》2019 年第 5 期。

②　王炜、秦放鸣、刘琴：《中亚国家"去美元化"与人民币走出去策略研究》，《上海经济研究》2018 年第 2 期。

③　王湘穗：《未来趋向：多元货币体系与多强政治格局》，《现代国际关系》2009 年第 4 期。

币霸主美国意志的"国际货币体系多元化"进程悄然开启。其目的就在于摆脱过于依赖美元的现状，努力发挥多种货币的作用，实现储备货币的多元化、国际贸易交易货币的多元化、国际大宗商品计价货币的多元化，形成国际货币相互制约和相互竞争的机制，共同支撑国际货币体系的稳定。[①] 货币体系多元化较单一的美元本位制更加公平，运行也更为稳定，能够更平衡地反映发达国家和发展中国家的金融利益，也可能避免大国关系的正面冲突，防止引发国际政局的激烈动荡，是较可行的方案。

回溯历史不难发现，其实早在 20 世纪 80 年代末 90 年代初，有关"人民币国际化"的议题就已经出现在学术界的讨论视野之内。[②] 然而由于种种内外主客观原因，该议题尚未被提上中国政府的重要议事日程。

而自 2008 年以来，人民币的国际化进程正稳步推进；党的十八大以后，该进程更是借助"一带一路""亚投行"等新兴国际机构、组织以及中国倡议而步入新阶段。

从"结算货币"到"计价货币"再到"储备货币"，人民币国际化正进入新阶段。目前，已有超过 60 个国家把人民币计入外汇储备，近 30 个国家宣布使用人民币进行贸易结算。据环球银行金融电信协会数据，截至 2018 年 1 月，全球超过 1900 家金融机构将人民币列为

---

① 王炜、秦放鸣、刘琴：《国际货币体系多元化下的中亚国家"去美元化"研究》，《金融理论与实践》2019 年第 6 期。

② 参见徐康宁：《关于人民币向可兑换货币发展的思考——兼与胡定核同志商榷》，《国际贸易问题》1990 年第 12 期；周凯：《人民币国际化为时尚早——兼与胡定核同志商榷》，《特区经济》1989 年第 4 期；胡定核：《人民币国际化探索》，《特区经济》1989 年第 1 期。

支付货币之一，德国、法国、西班牙、比利时等欧洲国家也先后宣布
要把人民币纳入其外汇储备库，并相应减少美元储备。此外，人民币
债券随着人民币国际化程度提高也受到国际机构的加持。[①]

随着美元信用开始持续衰退，其对全球经济的影响也在下降。可
以预见的是，逐渐脱离美元体制、转向多极化货币秩序是应对"美元
陷阱"的出路。虽然短期内，美元地位不可动摇，大幅抛售美债并不
现实。然而，通过逐步减持美债、签订双边货币互换，或加速本币国
际化，从而打破美元"一家独大"局面正在成为新趋势。[②]

8.3　突破人民币国际化瓶颈的思考

在上文分析的基础上，下文将结合当前中国积极参与 G20 与全
球经济治理、金砖国家、"一带一路"倡议、中俄"一带一盟"对接
的能源—金融协作等议题，探讨突破人民币国际化瓶颈的可行办法。

8.3.1　以"一带一路"倡议提升中国金融博弈能力

"一带一路"倡议作为中国新一轮对外开放格局的顶层设计，对
人民币国际化具有重要的战略意义。目前，人民币国际化在支付、
投融资、储备、基础设施、双边货币互换等功能领域取得了重要成

---

①　鄂志寰、刘雅莹：《人民币债券纳入国际主流债券指数影响几何》，《金融博
览》2019 年第 5 期。

②　霍晓晓、林静慧：《"去美元化"新动向助推国际货币体系变革》，《国际金融》
2019 年第 5 期。

效。同时，也面临着诸多困境。我国应从"建立风险管控机制，提高抵御金融风险的能力；构建多方融资平台，增强人民币币值稳定性；深化外汇体制改革，有序推进资本项目可兑换；扩大原油期货影响，以期货带动大宗商品计价结算"等方面采取措施，助推人民币国际化进程，实现从"金融大国"向"金融强国"的转变。①

8.3.2　加强金砖国家合作，充分利用 G20、APEC、上合峰会等重要全球或多边经济治理平台强化各国金融实力

首先，金砖国家可以在货币领域加强合作、补齐短板，从而为五国在实体经济层面的合作提供支持。美国当前的政治、军事超强实力得益于两次世界大战的胜利以及经济上的美元霸权。世界各国都以美元进行国际贸易，并以其为外汇储备。因此，面对当下的美国经济"霸凌"，作为发展中国家的代表，金砖国家应该通过更好地使用本国货币支付来制约美国，包括对有前景项目的投资、市场一体化，对工业贷款、投资等。因此，金砖国家不妨共建平台，探讨共同威胁，并以行动协调五国货币体系合作，从而降低特朗普政府带来的全球性风险。其中最重要的措施是通过中俄两国间的货币合作来抵消美元在整个跨国贸易体系交易当中的作用。在美国贸易战面前，金砖国家应该协调立场，应发挥自身的独特优势，譬如对各自的外汇管理体制进行现代化升级，应用特定金融产品和工具抗衡由特朗普政府所造成的负面冲击等。

---

① 张明、高卓琼：《原油期货交易计价与人民币国际化》，《上海金融》2019 年第 6 期。

其次，金砖国家宜扩大本币结算规模。鉴于金砖国家皆无力控制国际金融关系及美国政策变化的基本事实，他们只有通过审慎选择货币清算体系并推行相关政策，才有可能捍卫共同利益，并维护国际金融秩序。因此，金砖国家可以考虑同时改革金融体系，成立联合银行，使五国银行不再受制于美元，从而有效规避美国制裁，有利两国共同发展。当前世界上很多银行都畏惧美国的制裁。而一旦中国、俄罗斯、印度、巴西、南非等发展中国家互相逐步建成一体化的共同金融市场，则资本自由度将大幅提高，金砖资本市场的空间也将空前广阔。当前，中俄旨在保障双边经济发展的稳定性和安全性的措施，已经在惠及伊朗、印度等同样遭受美国制裁或被贸易战伤害的国家，从而有可能吸引他们的加入，不断壮大力量。①

再次，探索创立上合银行的可行性。上合组织的扩容要求上合组织成员国的金融机构间加强相互协调。然而，俄罗斯对于涉外银行的成立总是特别谨慎。在当前特定背景以及中—美—俄战略格局下，俄罗斯不妨考虑尽快停止对上合银行的质疑和反对。因为上合银行可以成为亚洲开发银行的有力替代品。同时，中国也可以重新评估已有的严格的对外贸易项目以及投资项目，通过"以小博大"的模式，花小钱，赚取更大的经济效益和地缘战略收益。②

最后，金砖国家可以共同使用特定的先进技术推动经济金融合作，尤其是中国方面较为领先的支付系统。譬如，在双边或多边贸易当中，金砖国家可以使用数字钱包，开展较有针对性的金融业务，以

---

① 张恒龙：《金砖银行可以成为上合组织开发银行之母吗?》，《中国外资》2015年第 15 期。

② 马莉莉：《"一带一路"建设中发挥上海合作组织平台的作用》，《海外投资与出口信贷》2017 年第 2 期。

帮助五国共同抵御第三方贸易霸凌。在网络安全领域，金砖国家宜加强技术研发和应用的合作，不断完善信息技术，同时承担相应义务，正确使用数字技术。

与扩大本币结算规模相平行，金砖国家应不断推进"共同信息堡垒"建设，以便形成一个相对稳定的区域，从而布局有关的新技术，提高五国的共同竞争优势，为捍卫金砖国家信息安全与网络主权提供新机遇。

8.3.3　加强"一带一盟"对接框架下的中俄能源—金融协作

2019 年是中俄建交七十周年。当前两国关系正处于七十年来历史最好时期。中俄已达成"一带一路"建设同欧亚经济联盟对接（以下简称"一带一盟"对接）的重要共识，两国能源、贸易、投资、高技术、金融、基础设施建设、农业等各领域合作发展迅速，现代化和科技创新含量不断提升，电子商务等新兴领域蓬勃发展，新的合作增长点层出不穷，务实合作推动双边关系持续向前发展。①

"一带一盟"对接是中俄全面战略协作的旗舰项目，而能源合作又是对接战略的优先领域。然而，中俄在该领域同样都面临金融瓶颈，其一是中俄在国际石油市场皆无定价权；其二是中俄金融合作缺乏制度保障，难以为能源等实体经济提供支撑。

---

① "丝绸之路经济带"与"欧亚经济联盟"系中俄各自提出的国家复兴与发展的重大方略。2011 年 10 月，时任俄罗斯总理普京在《消息报》撰文宣称，将继续加强欧亚一体化并在俄白哈关税同盟基础上创建欧亚联盟；2013 年 9 月，中国国家主席习近平在哈萨克斯坦纳扎尔巴耶夫大学发表演讲，正式提出共建"丝绸之路经济带"的倡议。

然而，尽管中俄分别是世界级的能源消费/进口大国和能源生产/出口大国，却都无世界油气资源的话语权。国际能源价格（尤其是油气价格）长期掌握在美国和 OPEC 国家手中，导致中俄无论进口还是出口石油，都因无定价权而受国际油价高度不确定性的威胁。2014年乌克兰危机的爆发以及同年国际油价的下跌，不仅暴露了国际能源政治领域长期存在的金融“霸凌”问题，更暴露了俄罗斯能源产业受制于西方定价权的结构性短板。

与此同时，在当前中美经贸摩擦加剧的背景下，中、俄、伊朗等国在继续以美元进行石油交易结算时，也将共同面临美国“霸凌”、金融制裁的威胁。因此突破上述瓶颈已经成为摆在各国政府面前的紧迫课题。

可见，为获取更大的国际能源定价话语权，同时规避可能的美国金融制裁，中、俄都有必要加强在能源议价、定价，以及能源交易结算货币等领域的合作，这也决定了中俄在“一带一盟”对接框架下推动金融合作的必要性。

然而，当前中俄金融合作与战略协调同样面临诸多结构性障碍。首先是两国经贸发展水平不均衡，相互投资和贸易额规模较小，导致金融合作发展空间受限。其次，中俄金融合作配套机制尚不完善、信息交流和监管机制不健全，如缺乏市场风险规避工具等。①

同时，中俄两国在欧美的制裁下也缺乏高效的支付清算渠道。欧美实施的经济制裁导致俄罗斯境内的金融体系较为脆弱，业务风险较高，严重影响了中方金融机构的合作积极性。美国及其战略合作伙伴

---

① 石善涛：《中共十八大以来中俄关系的回顾与展望》，《当代中国史研究》2018 年第 3 期。

对俄加强制裁对中俄合作有负面影响。由于中国各银行拒绝为俄罗斯个人和法律实体提供相关交易需要，用美元支付过程过于复杂，受制裁的俄罗斯公司与中国合作伙伴无法以传统方式进行交易结算。上述现状都为中俄两国突破金融合作瓶颈、在"一带一盟"对接框架下深化金融合作提供了新的原动力。①

①   王存刚：《新全球化时代大国战略互信的生成与维护——基于中俄关系的研究》，《国际观察》2017 年第 5 期。

9. 打好防范系统性金融风险攻坚战

由美国引发的 2008 年国际金融危机给全球经济带来重创，从根本上改变了世界格局，纵使已过去十余年，全球经济依然未能实现全面复苏，各国不但付出了高昂的经济发展代价，也造成了严重的社会分裂，世界进入大变革、大调整时期。当前，世界的不确定、不稳定因素增多，在特朗普政府"美国优先"政策搅动下，单边主义、贸易保护主义抬头，国际经贸环境的不确定性、不稳定性持续上升，频频冲击我国资本市场、汇率市场，使我们深刻认识到，金融安全是关系我国经济社会发展全局的战略性、根本性的大事。

9.1　金融安全是国家安全的重要组成部分

9.1.1　国际金融危机带来的国家安全启示

20 世纪 90 年代以来，世界多次爆发金融危机，提醒我们要随时高度关注金融风险对国家安全、国家信用的冲击。

（1）1992年日本泡沫经济破裂

1992年的日本泡沫经济破裂源于1985年《广场协议》。20世纪80年代初，美国财政赤字剧增，对外贸易逆差大幅增长，希望通过美元贬值来增加产品的出口竞争力，遂与日本、联邦德国、法国以及英国达成五国政府联合干预外汇市场的协议，诱导美元对主要货币的汇率有秩序地贬值。《广场协议》的签订得到日本大藏省（2000年前日本主管金融财政的部门）的强力推动。当时日本经济过热，日元升值可以帮日本拓展海外市场。但是《广场协议》签订后，日元大幅升值，国内泡沫急剧扩大，最终由于房地产泡沫的破灭造成了日本经济长达十年的停滞。股市跌幅超过70%，房地产跌幅超过50%，灾难很快蔓延至银行金融和整个经济体系，日本经济陷入长期衰退，此后进入了平成大萧条时期。

（2）1997年亚洲金融危机

1997年的亚洲金融危机源于亚洲各国盲目推行金融市场自由化、放松资本账户管理、弱势美元诱发投机热钱大量流入亚洲。1996年起，弱势美元政策结束，投机热钱迅速流出亚洲各国，资产价格泡沫破灭，泰国宣布放弃固定汇率制，实行浮动汇率制，引发遍及东南亚的金融风暴。在泰铢震荡影响下，菲律宾比索、印度尼西亚盾、马来西亚林吉特相继成为国际炒家的攻击对象，一向坚挺的新加坡元也受到冲击，金融市场一片混乱。1997年11月中旬，东亚的韩国也爆发了金融风暴，1997年下半年日本的一系列银行和证券公司相继破产，东南亚金融风暴演变为亚洲金融危机。这场危机一直持续到1999年才结束。

（3）2007 年美国次级债务危机

2007 年的美国次级债务危机源于 2002 年开始的弱势美元周期，美联储持续降息诱发房地产市场毫无顾忌地信贷扩张。在 2006 年之前的 5 年里，由于美国住房市场持续繁荣，加上前几年美国利率水平较低，美国的次级抵押贷款市场迅速发展。随着美国住房市场的降温尤其是短期利率的提高，次贷还款利率也大幅上升，购房者的还贷负担大为加重。同时，住房市场的持续降温也使购房者出售住房或者通过抵押住房再融资变得困难。"危机"从 2006 年开始逐步显现，大批次贷款的借款人不能按期偿还贷款，银行收回房屋，却卖不到高价，大面积亏损引发次贷危机。次贷危机席卷美国、欧盟和日本等世界主要金融市场，导致过度投资次贷金融衍生品的公司和机构纷纷倒闭，在全球范围引发了严重的信贷紧缩。随着虚拟经济的灾难向实体经济扩散，世界各国经济增速放缓，失业率激增，一些国家开始出现严重的经济衰退。

（4）中美贸易摩擦冲击我国金融稳定

2018 年 3 月，美国总统特朗普签署对华贸易备忘录，悍然举起贸易大棒，中美贸易摩擦拉开序幕并反反复复。贸易摩擦会通过实体经济部门对我国金融体系产生影响，也会通过影响市场预期而冲击我国金融市场，造成股市、债市、汇率波动增大，外贸行业经营压力加大、信用风险上升等问题，对我国的金融运行、金融改革、金融开放造成冲击，甚至给全球资本市场带来阶段性冲击。以人民币汇率为例，在 2018 年上半年，人民币汇率总体保持稳定；然而进入下半年，人民币汇率的波动明显增强，到 10 月中旬，累积跌幅已接近 7%；2019 年 5 月，离岸人民币对美元一度下跌超过 3%，这完全是美国升级贸易摩擦进而影响市场情绪的结果。再以资本市场为例，在中美贸易摩擦导致避险情绪升温的情况下，境外机构资金多次出现明显、连续的流出，从 2018 年 3 月开始，上证指数从 3200 多点一度跌破 2500 点，中国股票市场维持弱势，风险集聚。中国经济复苏的进程被迫"中断"，人民币贬值预期显著加强，外汇大规模流出以及外储大量损耗，进一步收紧了国内金融条件。全球资本市场亦出现明显下跌，美国股市、欧洲股市、亚太股市无一幸免。可以预见，中美贸易摩擦将直接影响全球经济增长。

金融的一个重要内涵是风险估值。通过梳理过去发生的金融危机，我们发现，一旦爆发金融危机或者系统性金融风险，经济体的估值会受到沉重打击。相应的，该经济体的信用也会受挫，市场会对其发展前景和发展预期失去信心，经济恢复会变得越发困难。因此，经济体的估值一旦受挫便很难恢复，有可能进入恶性循环。面对严峻的内外部形势，考虑到中美贸易摩擦可能的长期化、金融化，提高金融安全意识，加强金融防风险建设迫在眉睫。

9.1.2 我国依然面临防范化解金融风险的严峻挑战

改革开放以来，我国金融业发展成绩斐然，金融改革不断深化，金融体系不断完善，金融制度不断健全，防风险能力不断提高，普惠金融、绿色金融、科技金融取得长足发展，中国已经成为重要的金融大国。但挑战依然存在。国际上，经济全球化深入发展，中国深度融入全球体系，金融风险的溢出效应、他国政策的溢出效应都可能对我国的金融安全造成冲击。虽然全球经济在缓慢复苏，但风险并未远去。2018 年全球政府债务总额超过 65 万亿美元，而十年前为 37 万亿美元。无论是发达国家还是新兴市场国家都面临严重的债务负担。

一般而言，较高的债务会削弱主权国家和企业抵抗冲击的能力。此外，美国的民族主义和保护主义正在伤害国际合作体系，曾经是自由经济和全球化提倡者的美国，现在成了自由经济和全球化的最大敌人。在国内，经济发展仍面临下行压力，货币政策传导机制不畅，套利空间依然存在，违约风险可能导致行业间的相互传染，等等。此外，金融业有其行业特殊性，一方面，金融因其杠杆属性而具有放大器作用，可将盈亏放大，使得资源和财富再分配变得更加复杂和迅速，一旦爆发风险，往往成燎原之势；另一方面，科技进步催生了新的金融业态，例如互联网金融、科技金融等，实现了资金的跨市场、跨境的便捷流动，分业监管早已跟不上混业经营的现状，对我国防范化解金融风险、维护国家金融安全提出了不小挑战。种种迹象都在提醒我们，金融危机就像达摩克利斯之剑，一直悬在我们头上。

9.2　中国有宝贵的金融风险防范经验

防范和化解系统性金融风险对增加金融有效供给、提高"十三五"期间金融服务实体经济的能力具有重要意义。改革开放以来，中国金融业在改革中稳步健康发展。但在当前，我国金融业处在风险易发高发期，风险点多面广，具有隐蔽性、复杂性、突发性、传染性、危害性特点，违法违规乱象丛生，潜在风险和隐患正在累积，脆弱性明显上升。在过去 40 多年改革开放中出现的数次经济风险、金融风险，中国都及时进行了处置并推动制度革新。因此，对中国的金融风险防范经验进行总结和梳理，对于新时期防范和化解系统性金融风险、打好三大攻坚战具有重要的历史意义和现实意义。

9.2.1　中国多次有效化解经济风险和金融风险

40 多年来，中国金融改革曾经经历了诸多困境和挑战。中国金融不断深化改革的历程也是中国金融业艰难成长的过程，在这一过程中，中国金融业逐步在摸索中走向成熟。

（1）1988 年价格闯关后的治理整顿

1988 年之前，中国的原材料采取双轨制，即体制内和体制外两个价格。既然存在价格差，就存在倒买倒卖的空间。于是，中央决定由市场决定价格，放开价格管制，确定了 5 年理顺价格方案，前 3 年走大步，后 2 年微调，计划 5 年物价总计上升 70%—90%，工资上升 90%—100%。随即，遍及全国的抢购热潮一浪高过一浪，带来的是严重的经济秩序混乱和通货膨胀。为此，中央政府严控经济过热，不断控制固定资产投资规模，积极扩大内需，加快推进重点领域的体制改革，提高对外开放水平，解决好关系人民群众切身利益的问题。物价逐渐稳定，避免了爆发大规模的金融危机。到 1991 年底，中国 80% 以上物价放开，基本平稳地实现了物价市场化。邓小平在谈到价格改革决策调整时说："改革要成功，就必须有领导有秩序地进行。""我们要定一个方针，就是要在中央统一领导下深化改革。"[1]

（2）多次有效应对债务危机

纵观古今，各国经济、金融危机的爆发多是由各种类型的债务问题引发的。从 20 世纪八九十年代到 21 世纪初，中国曾三次面对比较

---

[1]　《邓小平文选》第三卷，人民出版社 1993 年版，第 277、278 页。

严重的债务风险。第一次是 20 世纪 80 年代，全国普遍设立农村合作基金会，到 90 年代，多地普遍出现兑付问题，甚至出现影响农村社会稳定的极端事件。第二次债务风险是 90 年代的"三角债"，当时的坏账规模约为 2000 亿元，严重危害国民经济的健康运行。第三次债务风险是 21 世纪初国有银行的不良贷款，占银行资产总额的三分之一以上。在随后的银行改革中，首次从四大国有商业银行剥离到资产管理公司的不良资产达到 1.4 万亿元。针对三次债务风险，中国政府发挥"集中力量办大事"的制度优势，通过财政补助、债务清算核销、剥离不良资产、国家注资上市等方式处理并化解了债务危机。

（3）成功化解 2015 年资本市场风险

2015 年 6 月至 8 月，中国资本市场发生异常波动，股市经过两轮断崖式下跌，上证指数在短短的两个月内跌幅超 45%，跌速之快、跌幅之深历史罕见。对此，救市计划开始，国家各层面开始密集出台各类利好消息，如央行双降、养老金入市、险资入场等，大批资金入市，增强了股市的流动性；打击恶意做空，抑制股市投机；鼓励公司大股东买入本公司股票，限制公司大股东减持本公司股票；政府实施扩张的财政政策和宽松的货币政策；等等。一系列"组合拳"打出来，避免了出现更大风险的可能。

9.2.2　中国有应对金融风险的充足经验和制度优势

当前，重业务轻党建是很多金融机构存在的问题。一些机构忽视了对干部职工的党建工作，以经济处罚代替党纪处分，将党纪法规边缘化，极易引发道德风险、信用风险、市场风险。近年来，金融领域的违规违纪案件频发，根源是党的领导和党的建设虚化弱化，管党治党不力，监督执纪不严，忽视党风廉政建设和思想政治工作，纵容违规违纪，累积了风险隐患。

改革开放以来，中国多次经历重大经济、金融波动，但并没有发生大的经济、金融危机。总结经验，始终坚持党的坚强领导是不二法宝。只有坚持党中央对金融工作的集中统一领导，充分发挥我国的政治优势、制度优势、组织优势、思想优势，才能对防控金融风险起到决定性的引领和托底作用，守住不发生系统性金融风险的底线，才能实现金融服务大局、金融服务实体经济、金融服务民生的目标。

9.3　当前中国金融发展潜在的风险点

金融是现代资源配置的枢纽，是经济运行的血液。当前，中国经济增长内生动力不足，金融风险积累。围绕着推动中国经济高质量发展这一主题和供给侧结构性改革这条主线，中国金融还需要久久为功，大力推动金融改革。就当前形势看，防范化解系统性金融风险取得初步成效，但风险点依然存在，主要集中在以下几个方面。

9.3.1　金融结构有待优化

优质的金融结构对于支持宏观经济运行、实现金融资源的有效配置以及防范化解经济风险和金融风险等都具有重要意义。当前，我国金融业的结构问题主要体现在：融资功能不完备，直接融资存量比重偏低，股权融资还不发达；高杠杆与中小企业融资难、融资贵问题交织；金融在服务新旧动能转换和推动经济高质量发展方面还有待提升；长期积累的体制机制问题对货币政策传导造成阻碍，货币政策的调控效果大打折扣。例如，我国货币池子里的水不少，但向实体经济传导不畅，靠大水漫灌无济于事，而是要依靠改革开放来加以破解。要提高金融调控和服务的有效性，大力推动简政放权、放管结合、优化服务，打破体制机制桎梏，保证稳健货币政策的有效实施，不遗余力地推进金融业供给侧结构性改革，优化金融结构，完善金融体系。

普惠金融、绿色金融等薄弱环节还须加强。大力发展普惠金融是我国全面建成小康社会的必然要求，不仅可以促进金融业的可持续均衡发展，还可以增进社会公平和谐。近年来，我国普惠金融发展迅速，但依然存在服务不均衡、体系不健全、法制体系不完善、政策性便利和商业性运作存在矛盾等不足。此外，虽然我国绿色发展已经走在了世界前列，政治决心坚定、发展需求迫切、市场主体积极等有利因素奠定了绿色金融发展的良好基础，但我国绿色金融发展依然存在着规模小、界定模糊、缺乏激励约束机制、人才建设不足、配套设施不健全等问题，任重道远。

9.3.2　房地产泡沫风险依然高企

房地产是事关中国经济发展和社会稳定的大事。2018 年全球房价收入前四大城市都在中国，分别是北京、上海、香港和深圳。虽然中央多次强调"房子是用来住的、不是用来炒的"，但是，卖地依然是很多地方政府的主要财政收入来源。如何让过热的房地产软着陆，着实考验政府的智慧。根据中国人民银行发布的《中国金融稳定报告（2018）》数据，2017 年末，我国住户部门债务余额 40.5 万亿元，同比增长 21.4%。2008—2017 年，个人住房贷款余额从 3.0 万亿元激增至 21.9 万亿元，占住户部门贷款余额的比例保持在 45%—54%，我国居民的财富和债务集中在房地产。一些地方为了完成房地产去库存的任务，通过加杠杆，降低住房按揭贷款利率和首付比例；一些购房者使用首付贷、消费贷等形式加杠杆；等等。未来如果房价大跌，银行不良率将大幅上升，有引发踩踏的风险。

9.3.3　防范资本市场风险刻不容缓

中国股市的主要风险体现为杠杆化、期现联动以及金融行业联动等特征。首先，场内融资和场外配资跨市场、跨行业、杠杆率高的特点极有可能触发系统性金融风险。许多配资公司会聘请股指期货团队为其进行股指期货对冲，一旦场外大举做空股指期货，弱势股就会迎来大跌，配资公司借势通过强制减仓或平仓的方式进一步做空，从而在股指期货上牟取暴利。其次，资管创新使得混业发展成为趋势，使得金融风险的传递呈现网状扩散态势，极易引发系统性风险。

债券市场风险主要包括企业债务风险和地方债务风险。经济增长放缓加剧了企业债务问题，违约风险已经从民营企业逐渐扩大到部分国有企业，加之货币政策传导机制不畅，料想企业违约现象将逐渐增加。关于地方债，正在推进的地方政府债务置换工作只是推迟了存量债务兑付时间，并没有解决实际问题。银行作为地方政府债务置换的直接利益攸关方，利润下降、资产结构调整以及客户结构改变都给银行带来不小冲击。地方政府的财政收支情况正在恶化，加之债务负担有增无减，地方债风险处置已迫在眉睫。

9.3.4　国际化步伐需要加快

中国金融市场国际化程度比较滞后。例如，外国投资者在中国股票市场的股份只有 1% 左右，外国投资者在中国的国债市场、金融债券市场占比不到 3%，在保险业占比 6% 左右，金融机构中外资占比远远低于世界平均水平。全面推进金融改革，推动我国金融的国际化发展，引领国内金融机构与国际接轨，对于推动我国经济转型升级、提升金融服务实体经济的能力有着积极意义。金融业扩大开放，与人民币国际化，沪港通、深港通、债券通、资本项目开放等开放举措，以及推进"一带一路"建设是一脉相承的。金融业国际化是我国资本市场发展的必由之路。

9.3.5　经济下行压力下，金融风险压力提高

当前，我国经济发展的宏观背景已经发生深远变化，增加了防范化解金融风险的挑战。一方面，2018 年我国经常账户收支在上半年出现逆差，全年贸易顺差同比负增长 18.3%，已连续 3 年收窄。① 经济下行压力下，全国固定资产投资增速持续回落，居民储蓄存款出现负增长，伴随着较高的杠杆率，资金成本面临持续上升的压力，金融风险不容忽视。另一方面，在经济转型升级的过程中，部分地区、部分行业新旧动能转换青黄不接，投资回报率出现下降，中国经济的潜在增速下降，进一步提升了金融风险压力。

---

① 　国家统计局：《2018 年国民经济和社会发展统计公报》。

9.4 实现防风险与稳增长的精妙平衡

防范化解系统性金融风险的关键是做好自己的事情，在保持经济平稳健康发展的基础上，要坚持金融市场化改革的方向不动摇，加大改革开放力度。展望未来，中国的金融改革正在稳步推进，政策空间充足，金融风险可控，我们对中国金融的发展充满信心。

9.4.1 坚持"稳中求进"基调不动摇

我国金融业的发展，必须始终坚持中央经济工作会议"稳中求进"的精神，以促进经济健康稳定持续发展为目标，不断完善和强化金融监管，高度认识金融行业脆弱性和高风险的基本特征，在金融领域不断强化事先监管和审慎监管。积极稳妥推进金融监管体制改革，加大金融监管协调力度，强化统筹协调能力，妥善处理好监管和发展之间的关系，完善风险防范和危机处置机制。

处理好金融监管与金融安全、经济发展的关系。一是要依法监管。金融监管部门要严格按照法律赋予的权限进行监管。二是要科学监管。把握科技应用，围绕效果来研究金融监管，对于高风险的识别和防范一定要有抓手。三是要协调监管。"一行两会"之间会签文件，并不是监管协调。金融监管要有真正的协调，协调要和决策紧密联系。要处理好金融监管部门和金融机构之间的关系，金融机构是市场主体，经营效益、经营自主权在市场，金融监管机构要尊重市场。

9.4.2　必须让汇率浮动，降低利率和融资成本

过于强调汇率稳定使得货币政策无法真正发力，中国人民银行基础货币放松稳定经济也将面临"稳储备"和"稳汇率"的两难。作为大国经济体，我国应提高汇率波动容忍度，打破"汇率浮动恐惧症"，不必为保整数关口的汇率水平而捆住自己手脚。尤其是在应对中美贸易摩擦的过程中，可以顺势而为，顺应外汇市场供求关系的变化。

从化解债务风险的角度看，保持低利率和适度的经济增长，才能从分子和分母两个方面降低高杠杆风险，避免债务出现滚雪球效应。为了维持较低利率环境，中国很难跟随美联储的加息步伐，而两国利差扩大，必然会导致人民币汇率承压。在此情况下，加大汇率波动区间、减少汇市主动干预、降低利率和融资成本，是对冲内部和外部冲击的上策。

9.4.3　加快新动能成长，激发经济潜在优势

我国中等收入群体超过 4 亿人，位居世界第一，数量还在迅速增长中，这为中国培育自己的市场，为中国金融的长远健康发展创造了良好的环境、条件，以及强有力的支撑。中等收入群体的迅速崛起也意味着中国市场的扩展能力很大、中国经济的韧性更强，拥有这么庞大的消费能力强的群体，在内部市场消费能力充分调动的情况下，完全有能力有效防范化解金融风险。可以说，只要加快新旧动能转换，激发我国经济发展的潜在优势，中国金融就能韧性强、潜力足、活力旺。

第 三 篇

从"小金融"到"大金融"：
大金融与高质量发展

10. 让金融服务于美好生活：
新发展理念与中国金融

创新、协调、绿色、开放、共享的新发展理念，是以习近平同志为核心的党中央在全面总结国内外发展经验、深刻分析国际形势和中国经济发展大势的基础上所提出的，体现出党对现阶段中国发展特征的深刻洞察和科学把握，是新时代解决中国社会主要矛盾、推动金融服务人民美好生活的重要战略指引和遵循。

2019 年是新中国成立 70 周年。70 年来，中国经济规模不断扩大，综合国力与日俱增，对世界经济增长的贡献大幅提升，国际地位和影响力显著增强，人民生活从温饱不足到总体小康再到努力迈向全面小康。

中国发展取得举世瞩目的成就，金融在其中发挥了不可忽视的重要作用。在新形势下，做好金融工作继续服务于人民美好生活的需要，关键的一条就是要进一步深入贯彻新发展理念，深化对金融本质和规律的认识，立足中国实际，在新时代续写中国特色金融发展之路。

10.1 新发展理念指引中国金融道路

新发展理念是党的十八届五中全会精神的灵魂，是"十三五"规划谋篇布局的主线，是习近平新时代中国特色社会主义思想的重要组成部分，是马克思主义基本原理同中国具体实际和时代特征相结合的重要理论成果，彰显了以人民为中心的根本立场和与时俱进的重大理论创新和实践创新。

中国特色金融发展如何贯彻新发展理念？2019 年 2 月 22 日中共中央政治局举行第十三次集体学习，习近平在主持学习时指出："深化金融供给侧结构性改革必须贯彻落实新发展理念，强化金融服务功能，找准金融服务重点，以服务实体经济、服务人民生活为本。"①

10.1.1 驱动金融创新服务于美好生活的"中国梦"

罗伯特·席勒在《金融与好的社会》一书中从新的角度对金融做了全新界定：广义来讲，金融是一门研究目标构建的科学，也就是如何通过必要的经济手段实现一系列目标的学问，以及如何管理实现目标所需的资产的学问。金融的存在是为了帮助实现其他的目标，即社会的目标。换句话说，金融具有基于信用的跨时空交易及其资源配置的基本属性。依据这一属性派生出金融具有圆梦的功能，人们对未来的憧憬、设想及目标，可通过金融的跨时空交易或跨时空资源配置得以实现。

"中国梦"是习近平主席提出的重要指导思想和重要执政理念。2013 年 3 月习近平主席在第十二届全国人民代表大会第一次会议上的讲话强调："中国梦归根到底是人民的梦，必须紧紧依靠人民来实

① 《习近平在中共中央政治局第十三次集体学习时强调　深化金融供给侧结构性改革　增强金融服务实体经济能力》，《人民日报》2019 年 2 月 24 日。

现，必须不断为人民造福。"①

　　席勒说，金融创新是一个被人们低估的现象。中国在总结过去 70 年的发展经验中得出结论：创新是引领发展的第一动力，是建设现代金融业的战略支撑。中华民族是勇于创新、善于创新的民族。改革开放以来，中国金融业创新发展尽管也有曲折和争议，总体而言，改革已使中国金融业基本完成了由计划经济体制向市场经济体制的转变，金融业已上升为国民经济的核心产业，并有力地支持了国民经济其他部门的改革，适应了经济高速发展对金融服务的需要。

　　世界银行《1982 年世界发展报告》的数据显示，新中国成立初期，中国经济发展水平与世界各主要国家相比存在很大差距。1956年，中国国内生产总值（GDP）为 1028 亿元，不及美国的 1/10，相当于苏联的 1/4。如果按人均计算，1955 年中国人均国民生产总值为 160 美元，相当于日本（1600 美元）的 1/10，略低于印度（170美元），高于其他低收入国家，经济发展水平在低收入国家中略为靠前。②

　　新中国成立 70 年来，国民经济持续快速增长，经济总量连上新台阶。2019 年 7 月 1 日，国家统计局发布《沧桑巨变七十载　民族复兴铸辉煌——新中国成立 70 周年经济社会发展成就系列报告之一》显示，1986 年中国经济总量首次突破 1 万亿元，2000 年突破 10 万亿元大关，2010 年达到 412119 亿元，超过日本并连年稳居世界第二位。党的十八大以来，综合国力持续提升。2017—2019 年间中国经济总

----

　　①　《习近平谈治国理政》第一卷，外文出版社 2018 年版，第 40 页。

　　②　世界银行：《1982 年世界发展报告》，中国财政经济出版社 1982 年版，第21 页。

量连续跨越 70 万亿元、80 万亿元和 90 万亿元大关，对世界经济增长的年均贡献率为 18% 左右，仅次于美国，居世界第二位。2018 年中国人均国民总收入达到 9732 美元（约合 6.68 万元人民币），高于中等收入国家平均水平。①

在金融创新的驱动下，中国金融业取得显著成绩，规模仅次于美国，信贷总量、债券市场、股票市场的规模在全球处于领先地位。2019 年 2 月末，广义货币（M2）余额 186.74 万亿元，同比增长 8%；本外币贷款余额 146 万亿元，同比增长 12.7%；本外币存款余额 187.23 万亿元，同比增长 8.3%。股票市场期末市价总值 52.4862 万亿元，各类债券余额 87.5835 万亿元。② 中国六大国有银行全球排名处于领先地位。全球 30 家银行系统重要银行名单上，中国工商银行、中国农业银行、中国银行、中国建设银行四家银行进入全球系统重要银行名单（G-SIBs）。

表 10-1　全球系统重要银行

组别 （附加资本要求）	全球系统重要银行
5（3.5%）	无
4（2.5%）	美国摩根大通集团
3（2.0%）	美国银行、美国花旗银行、德意志银行、英国汇丰银行
2（1.5%）	中国银行、英国巴克莱银行、法国巴黎银行、中国建设银行、美国高盛集团、中国工商银行、三菱日联金融集团、美国富国银行

① 国家统计局：《沧桑巨变七十载　民族复兴铸辉煌——新中国成立 70 周年经济社会发展成就系列报告之一》，见 http://www.xinhuanet.com/fortune/2019-07-01/c_1210174445.htm，2019 年 7 月 5 日访问。

② 笔者根据中国人民银行官网数据整理，见 http://www.pbc.gov.cn/diaocha-tongjisi/116219/index.html。

续表

组别 （附加资本要求）	全球系统重要银行
1（1.0%）	中国农业银行、纽约梅隆银行、瑞士信贷、法国农业信贷银行、荷兰商业银行、日本瑞穗实业银行、美国摩根士丹利集团、北欧联合银行、加拿大皇家银行、苏格兰皇家银行、西班牙桑坦德银行、法国兴业银行、渣打银行、美国道富银行、日本三井住友金融集团、瑞士联合银行、意大利联合银行

数据来源：中国人民银行、金融稳定委员会（FSB）：《2017 年全球系统重要银行名单更新》，2017 年 11 月 21 日。

　　中国金融业敢于创新、勇于实现、渐行渐好，让老百姓享受到金融带来的好处。创新发展在于解决发展动力问题，新五大发展理念把创新提到首要位置，符合当前世界发展的潮流。这要求金融改革要把创新放在核心位置，贯彻落实中央关于深化金融供给侧结构性改革、平衡好稳增长和防风险的金融工作部署，让中国的"金融梦"服务于老百姓美好生活的"中国梦"。

10.1.2　驱动金融创新提升南北方老百姓的"平衡感"

　　中国的"金融梦"就是为了让所有的老百姓享受到金融带来的好处，金融创新注重协调发展解决发展不平衡问题。中国经济发展从"有没有"转向"好不好"的大势，着眼于解决发展动力问题、增强发展整体性协调性，推动实现更高质量、更有效率、更加公平、更可持续发展。作为新时代我国对外开放新格局中的重要组成部分，金融协调发展将有助于增强区域发展的协调性。

　　中国北方老百姓心中总有一种阴影：北方经济难以超越南方经济。中国金融业的确存在区域发展的分化趋势，需要增强区域发展的协调性。一直以来，中国南方与北方之间呈现经济增长"南快北慢"的现象和全国经济总量占比"南升北降"的格局。2017 年南方实现 GDP 为 52.5 万亿元，占全国总量的 61%，是 1980 年以来占比最高的时期，相应的北方的占比下降到 39% 左右[①]。南方地区经济活跃、结构加快转变，总体表现良好，而北方地区转型艰难、投资放缓、营商环境亟待优化，总体表现相对疲弱。

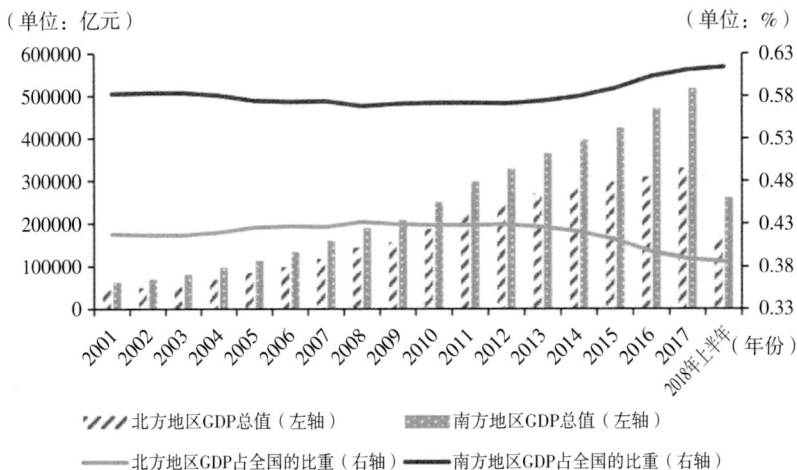

图 10-1　南、北方地区 GDP 总值与占全国的比重

数据来源：Wind，中国银行国际金融研究所。

　　当前，国内外形势错综复杂，中国各地区按照党中央、国务院统一部署，坚持新发展理念，牢牢把握社会主要矛盾和经济发展阶段的变化，以推进供给侧结构性改革为主线，科学统筹稳增长、促改革、

---

①　杜鹰：《区域发展的协调性和分化趋势》，见 http://www.cnfinance.cn/articles/2018-04/03-28143.html，2019 年 4 月 10 日访问。

调结构、惠民生、防风险之间的关系。东部地区通过完善金融服务体系，优化信贷结构，促进产业转型升级，推动高新技术产业投资较快增长，推动新型消费业态保持良好发展势头，使得东部地区保持全国经济增长的主要拉动力量；中西部地区不断壮大金融机构规模，扩大社会融资规模，稳步发展证券保险，创新步伐加快城镇化及产业转移，带动主要经济指标增速快于全国平均水平；东北地区增强重点领域信贷支持力度，提高地方法人银行资本充足率，使得经济恢复性增长势头明显，民间投资企稳向好，带动固定资产投资实现正增长，第三产业增加值占比提升。

　　全国各地区主动适应经济发展新常态，保持经济运行向好趋优，

（单位：%）

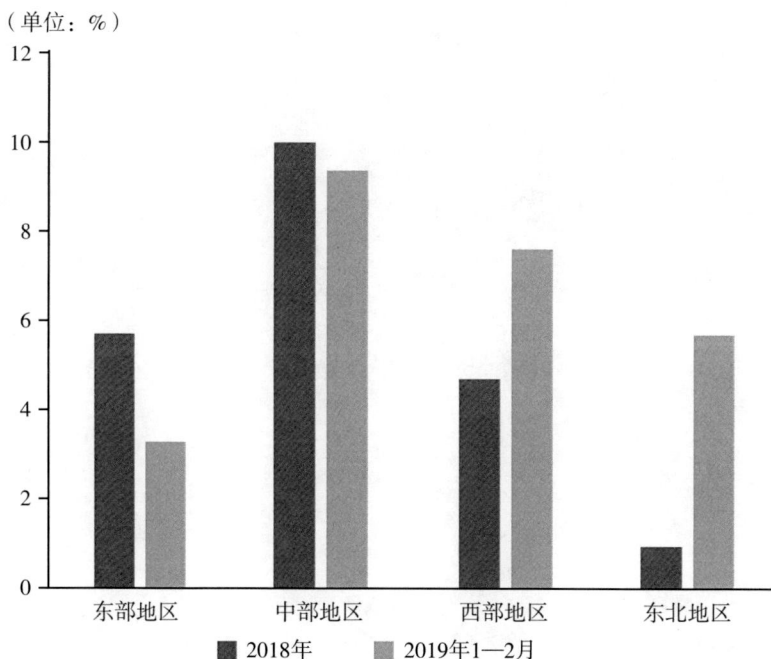

图 10-2　全国各地区投资增速

数据来源：Wind，中国银行国际金融研究所。

区域分化有所收敛。① 西部和东北地区投资增长加快，东部和中部地区投资稳定。2019 年 1—2 月，西部和东北地区投资分别增长 7.6%和 5.7%，增速分别比上年全年回升 2.9 个和 4.7 个百分点；东部和中部地区投资分别增长 3.3%和 9.4%，分别较上年全年稍微回落 2.4 个和 0.6 个百分点②。

10.1.3　驱动金融创新涵养年青一代的"动物精神"

梁启超在《少年中国说》里提到"少年智则国智，少年富则国富，少年强则国强……"，这句话放在今天，就意味着在青年人推动全球发展的时代，如果没有对未来非常有信心的年青一代，经济发展将毫无意义；没有对未来非常有信心的年青一代，金融市场很难发展起来。换句话说，即今天的金融创新要满足年青一代的动物精神需要。

近些年来，消费金融产品层出不穷，不断推陈出新，提升支付和借贷"便利性"。金融创新拓展了人类想象和计算未来的能力。和过去相比，如今不仅住房贷款可以分期按揭，手机、电脑，甚至学费、生活费等都可以分期，而提供这类服务也不再仅限于金融机构，电商平台、分期平台、互联网巨头、家电巨头等纷纷转变运营模式，通过金融技术创新"主业＋消费＋金融"等综合服务商模式，使得

---

①　中国人民银行：《中国区域金融运行报告（2018）》，见 http://www.financial-news.com.cn/sj_142/jrsj/201806/t20180622_140636.html，2019 年 4 月 10 日访问。

②　中国银行国际金融研究所：《中国经济金融展望报告》（2019 年第 2 季度，总第 38 期），见 http://pic.bankofchina.com/bocappd/rareport/201903/P020190328 371036400219.pdf，2019 年 4 月 10 日访问。

越来越多的年青人通过未来的货币折现，一定程度上满足了"美好生活需要"。

为什么年青人更愿意选择通过消费金融产品来提升生活质量？凯恩斯认为，大多数经济行为源自理性的经济动机，但也有许多经济行为受动物精神的支配。人们在追求经济利益时并不总是理性的。有着动物精神的年青一代是消费金融市场的需求方，而供给方则同样是具有动物精神的投资家和企业家们；更为重要的是，乐观情绪所催生的"需求方"和具有冒险精神的"供给方"均满怀信心参与具有动物精神的政府所制定的规则。2001 年诺贝尔经济学奖得主乔治·阿克洛夫和 2013 年诺贝尔经济学奖得主罗伯特·席勒在合著的《动物精神》一书中认为，在这个充满动物精神的世界为政府干预提供了机会，政府的角色应该是设定条件，使动物精神可以创造性地发挥更好的作用，即制定游戏规则。

中国政府在 2016 年全国"两会"的《政府工作报告》中提出将消费金融公司试点范围扩展至全国，鼓励金融机构创新消费信贷产品后，消费金融市场迎来大发展。数据显示，从 2015 年至 2018 年中国短期消费贷款规模（数据不包括房贷）不断上涨，2017 年短期消费贷款的增长率最高，高达 38.3%。2018 年中国短期消费贷款的增幅有所下降。"90 后"消费群体的成长和消费观念的转变，促使未来消费比例增长。① 消费金融创新在扩大内需、拉动消费、转变经济发展方式，以及调整和优化产业结构等方面，既满足了年青一代的动物精神需要，也对社会整体信用环境建设大有裨益。

---

① 艾媒报告：《2019 中国"90 后"消费金融发展现状监测报告》，见 https://www.iimedia.cn/c400/63712.html，2019 年 7 月 10 日访问。

表 10-2　中国金融业创新发展历程

年代与特征	标志性创新成果
20世纪70年代：金融机构一元化向多元化发展	1978年改革开放政策实施 1979年中国农业银行、中国银行、中国建设银行相继恢复成立或独立运营，与此同时成立了国家外汇管理局
20世纪80年代：中国金融体系向市场化方向转变	1980年中国人民保险公司恢复国内保险业务 1982年国务院决定国家外汇管理局并入中国人民银行 1982年中国第一家外资证券代表处野村证券北京办事处成立 1983年国务院作出了《国务院关于中国人民银行专门行使中央银行职能的决定》 1983年大和证券北京办事处开业 1984年中国工商银行正式成立 1985年中信集团首次在日本市场发行武士债 1987年全国第一家由企业法人持股的股份制商业银行招商银行成立
20世纪90年代：中国进入市场金融体系摸索阶段	1990年上海证券交易所正式开业 1991年第一只人民币特种股票上海电真空B股发行 1992年中国证券监督管理委员会（证监会）成立 1993年青岛啤酒成为首家发行H股在香港上市的内地企业 1993年《中华人民共和国公司法》颁布 1998年《中华人民共和国证券法》颁布 1998年深港港币支票单向联合结算机制正式运作
21世纪前十年：中国进入市场金融体系充实阶段	2001年中国加入世界贸易组织（WTO） 2002年《外资参股证券公司设立规则》和《外资参股基金管理公司设立规则》颁布，上海、深圳交易所也分别发布《上海证券交易所境外特别会员管理暂行规定》和《深圳证券交易所境外特别会员管理规定》 2002年QFII制度正式出台，允许合格境外机构投资者经审批可投资A股 2003年修改颁布《商业银行法》 2004年中国建设银行获得经营金融衍生品交易的特许经营权 2005年国际多边金融机构首次获准在华发行"熊猫债券" 2005年中国人民银行开始实行浮动汇率制度，不再盯住单一美元 2006年银河期货经纪有限公司和荷兰银行合资成立国内第一家合资期货公司 2006年中国推行合格境内机构投资者（QDII）制度 2009年上海和广东等地启动跨境贸易人民币结算试点

年代与特征	标志性创新成果
2010 年以后：中国加速扩大金融业开放	2011 年人民币合格境外机构投资者（RQFII）试点推出 2012 年证监会修订境外股东持股比例或者在外资参股证券公司中拥有的权益比例，累计（包括直接持有和间接控制）不得超过 49% 2014 年沪港通机制试点 2015 年中国证监会与香港证监会正式实施"内地与香港基金互认" 2016 年深港通正式启动 2016 年国际货币基金组织（IMF）正式将人民币纳入特别提款权（SDR）货币篮子 2017 年香港与内地"债券通"上线 2018 年中国人民银行授权美国摩根大通银行担任美国人民币业务清算行 2018 年以人民币计价结算的原油期货在上海国际能源交易中心挂牌交易 2018 年以人民币计价的大连商品交易所铁矿石期货正式引入境外投资者 2018 年中国 A 股正式纳入明晟（MSCI）指数，同年 A 股纳入富时罗素指数体系 2019 年彭博公司将中国债券纳入彭博巴克莱债券指数

资料来源：笔者根据中国人民银行网站等信息整理。

10.1.4　驱动金融创新让人民有更多"获得感"

柏拉图问苏格拉底：美到底是什么？这是个难题。每个人、每个时代对美的理解都不一样。党的十八届五中全会提出的共享发展理念，其内涵包括共享国家经济、政治、文化、社会、生态等各方面建设成果。共享发展注重的是解决社会公平正义问题，践行以人民为中心的发展思想。以新发展理念引领金融建设，就要牢固树立共享发展理念，因地制宜地推进普惠金融工作，大力实施金融精准扶贫攻坚工程，使最广大人民群众公平分享金融改革发展的成果，这应该是中国人心中的"美"。

　　席勒说金融所要服务的目标都源自民众，这些目标反映了每一个职业上的抱负、家庭生活中的希望、生意当中的雄心、文化发展中的诉求，以及社会发展的终极理想。践行金融发展为人民服务的本质，就是要强化新发展理念引领"共享金融"建设。共享发展注重的是解决社会公平正义问题。普惠金融重点服务对象包括小微企业、农民、城镇低收入人群、贫困人群和残疾人、老年人等特殊群体。大力发展普惠金融，是中国全面建成小康社会的必然要求，有利于促进金融业可持续均衡发展，推动"大众创业、万众创新"，助推经济发展方式转型升级，增进社会公平和社会和谐。

　　发展普惠金融，正视当前普惠金融发展面临金融资源配置、服务质量、商业可持续、金融基础设施、金融消费素养等方面的挑战，抓好普惠金融供给体系、产品服务体系、政策环境支撑体系、风险防范和监管体系、消费者教育保护体系等，不断拓展普惠金融服务的广度与深度，统筹实现"普"和"惠"的双重目标，引导更多金融资源配置到经济社会发展的重点领域和薄弱环节，增进社会公平和社会和谐，这是金融创造的"美"。

　　当前，金融供给与融资需求存在脱节现象，金融机构提供的产品和服务还未能很好地满足小微企业需求。问题：在于信贷门槛高，小微企业获取银行贷款难度较大；在于流程繁琐，难以满足小微企业"短、频、快"的融资需求；在于多数小微企业贷款期限小于企业生产周期，只能获得流动资金贷款，贷款期限通常短于1年；在于银行对小微企业的金融创新产品少，对小微企业的授信仍主要基于土地、厂房、机器设备等有形的资产抵押，提供的信用贷款较少……在这个不确定的世界里，只有在人类所有多元的活动过程中提供帮助，金融才能体现出它最真实的魅力；也只有这样，金融才能让人们有更多的

"获得感"。

10.2　把"人民观"注入金融哲学

中国金融改革逐渐在回归金融本源，服务于人民美好生活需要、服务于经济社会发展。最近，"一平台四体系"的兰考普惠金融案例在网上颇为流传，兰考作为国内首个普惠金融改革试验区，农村金融建设走在前面。"一平台四体系"普惠金融模式，"一平台"即数字金融平台"普惠通 APP"，"四体系"即信用信息体系、以"普惠授信"为核心的金融产品体系、县乡村三级金融服务体系以及风险防控体系。这是兰考县政府和蚂蚁金服在普惠金融服务、移动智慧城市和信用城市建设开展合作的成果。据当地农民反馈，兰考推广普惠贷款后，当地农民只需用姓名和身份证申请便能获得贷款，尽管日息比银行高，但是比银行方便，在春耕冬播时节，这种普惠贷款方式方便，农资周转快，能够及时补充更多流动资金。[①]

国家大力推进金融改革创新，接连出台金融扶持实体经济的政策，强调金融要服从服务于人民美好生活需要、服务于经济社会发展，就是把"人民观"注入金融哲学。

做好中国金融工作就要把握好回归金融本源的重要原则，即服从服务于人民美好生活需要、服务于经济社会发展，要以服务实体经济、服务人民生活为本，强化金融服务功能，把更多金融资源配置到

---

① 凤凰网：《普惠金融的"兰考案例"："一平台四体系"下累计申请贷款 17 亿》，见 https://www.88pxh.com/news/detail/85742.html，2019 年 6 月 25 日访问。

经济社会发展的重点领域和薄弱环节，更好地服务于人民群众和实体经济多样化的需求。

10.2.1　根据"国家禀赋"，中国金融改革要服务于百姓

陈雨露、马勇在《大金融论纲》中，从"大金融"的视角阐述金融发展时强调，一国的金融发展和金融战略工具运用必须体现金融一般规律和本国"国家禀赋"的有机结合[①]，即除了受金融市场发展的一般规律影响外，金融体系效率同时受到特定国家的实体经济需求、社会文化环境、金融制度基础等"国家禀赋"因素的影响。

中国全民所有制和人民群众集体所有制共同构成的中国特色社会主义经济制度，其基础是生产资料的社会主义公有制。随着中国特色社会主义进入了新时代，社会主要矛盾已经转化为人民日益增长的美好生活需要和不平衡不充分的发展之间的矛盾。社会主要矛盾的变化关系到全局的历史性变化，要求坚定不移贯彻新发展理念，在继续推动发展的基础上大力提升发展质量和效益，更好满足人民日益增长的美好生活需要。

从金融角度看，金融服务实体经济、服务人民生活，首先需要树立与时俱进并被广泛接受的普惠金融理念。目前，金融提供者很少考虑到其服务不足以提供平民百姓所需产品的多样性，一些人甚至认为在金融落后地区并没有金融服务需求，或即使在这些地区提供了金融服务，金融机构也得严重依赖补贴。对于普惠金融的种种误解，影响了普惠金融行动计划和效果，削弱了金融机构的创新能力和金融部门

---

① 陈雨露、马勇：《大金融论纲》，中国人民大学出版社 2013 年版，第 160 页。

的总体活力。

随着普惠金融概念的普及，普惠金融理念的总体转变，以及逐步完善的中国普惠金融发展的政策与实践，要求各级政府、金融服务提供者越来越多地达成共识并采取行动，推动市场主导和商业可持续的普惠金融发展模式在实践中的运用和操作，更好地服务于经济社会发展、服务于人们更高品质的物质需求和精神文化需要。

10.2.2　贯彻新发展理念，完善普惠金融体系服务于百姓

金融如何直面当前社会的主要矛盾，推动金融更好地服务实体经济、服务民生工程，更好地满足人民群众的美好生活需要？要求金融业坚定不移贯彻新发展理念，下大力气进行体制机制创新与优化，提供更多面向美好生活的"共享"金融服务和普惠金融产品。

共享经济模式在现实中已经开始在改变围绕消费的服务业，如快递业、教育行业、个人服务业、新闻业、租赁业、广告创意业、医疗业、个人旅游业、社区养老业等。长远来看，共享经济模式更有可能深入影响生产、分配、交换的更多环节，对三次产业带来深远影响。

与共享经济相适应，普惠金融一定程度上代表当前及今后一段时间里金融创新和变革的方向。普惠金融的理念强调包容性，核心在于让金融服务惠及所有群体，尤其是易被传统金融排斥在外的小微企业、"三农"等弱势群体。2013 年党的十八届三中全会决定把普惠金融作为深化金融市场改革的重要途径之一。2015 年 3 月李克强总理在十二届全国人大三次会议上所作的《政府工作报告》中首次提出，要"制定'互联网 +'行动计划"，开启了中国"互联网 +"的共享经济序幕。2016年国务院在《推进普惠金融发展规划（2016—2020 年）》中首次将"普

惠金融"上升为国家战略。2017 年习近平总书记在全国金融工作会议上提出建设普惠金融体系，把更多金融资源配置到小微企业、"三农"和扶贫领域，从顶层设计和制度保证上为普惠金融提供了保障。

近几年，普惠金融在推进过程中逐渐形成了多元化、多层次的机构和产品供给体系。从服务农村来看，基本实现了乡乡有机构，村村有服务，户户有账户。大多数农村基础金融服务不出村，综合金融服务不出镇。从供给效果来看，当前整个银行业普惠金融的供给数量较大，小微企业贷款 31 万亿元，占整个银行贷款的 25%，涉农贷款也是 31 万亿元，获得贷款小微企业户数达 1620 万户，25% 左右农户在银行贷款。金融扶贫领域，发放的扶贫小额信贷额达 2500 亿元，覆盖 26% 左右的贫困农户。①

10.2.3　坚持以人民为中心，推动普惠金融新发展

习近平总书记指出："金融是国家重要的核心竞争力。"②作为现代经济的核心，金融是促进资金融通、优化资源配置的重要工具。坚持以人民为中心，是中国社会主义金融道路发展的根本方向和价值目标。

针对普惠金融发展所面临的瓶颈，尤其普惠金融助推脱贫攻坚、提高人们美好生活的需要在中国各地区所面临的挑战，应找准定位、创新机制、精准施策，推动普惠金融持续的"普"和"惠"健康发展。

---

① 李均锋：《普惠金融五大机遇、三挑战与五大对策》，见 http://wemedia.ifeng. com/65184556/wemedia.shtml，2019 年 3 月 12 日访问。

② 《习近平谈治国理政》第二卷，外文出版社 2017 年版，第 278 页。

（1）树立与时俱进的普惠金融理念

深入贯彻新发展理念、建设现代化经济体系的要求，推动加快建设现代化普惠金融体系改革，宣传引导树立正确的普惠金融理念，加强金融消费者保护和金融知识普及教育。

（2）创新普惠金融支持模式提升金融高质量服务水平

鼓励各地加强创新，因地制宜发展普惠金融模式，在部分省市开展普惠金融示范区试点建设，发挥以点带面的引领作用，推动普惠金融更高质量发展。

（3）完善普惠金融的货币政策支持机制

继续发挥政策引导和激励作用，通过货币政策倾斜力度，引导金融机构扩大信贷投放、降低贷款成本等举措，促进金融资源向深度贫困地区、小微企业、"三农"、创新创业等群体倾斜。

（4）推进开发性普惠金融的发展模式

普惠金融发展立足于向弱势群体提供金融产品和服务，但其实践仅停留于普及性层面是不够的，供血式支持不足以为经济的充分、平衡发展提供内生动力。为此，需要发展造血式与商业可持续相统一的普惠金融。因此，有必要发展基于分工协作的开发性普惠金融。① 开发性普惠金融基于价值创造力和产业链创新驱动增长的新发展模式，有助于为欠发达地区、欠发达产业，特别是农村经济的转型升级提供金融支持。

---

① 马天禄等：《普惠金融的货币政策支持》，见 http://www.financialnews.com.cn/ll/xs/201812/t20181210_150920.html，2019 年 3 月 12 日访问。

10.3　让金融为"中国创造"提供强劲推力

人工智能的发展引人瞩目，并且不断突破人类的想象。科技带来的巨大变革，各行各业，尤其是金融业，不得不重新考量其产品服务和价值主张。中国金融科技迅猛发展，数字金融和智能金融的创新、创意发展已经成为趋势。随着监管全面开花，竞争日趋激烈，如何真正利用好金融创新创意，发展数字金融、智能金融，提高金融服务效率，同时把握好金融风控、处理好产品创新创意、扩大市场与风险控制的关系成为金融业必须正视的话题。

10.3.1　创意金融：后金融危机时代新趋势

2008 年全球金融危机是一个分水岭，金融科技创新、创意正在成为推动金融新模式的重要影响因素。如果说金融科技的创新创意经历三个时期：1866 年至 1967 年，金融服务行业属于计算机行业；1967 年至 1987 年，计算机产业转为数字产业，金融服务高度全球化、数字化，金融业在传统监管下利用技术提供产品和服务①；2008 年至今，新型初创公司和成熟技术公司开始向企业和公众直接提供金融产品和服务。从 2008 年以来，金融创新高速发展，金融服务和产品的业务类型迅速扩大，更体现在智能手机普及过程中。

近些年来，中国金融创新创意发展较快，国内已有数十家利用

---

① 道格拉斯·阿纳、亚诺斯·巴韦里斯、罗斯·巴克利、陈冲、朗玥：《金融科技的发展：金融危机后的新模式》，《新金融》2018 年第 5 期。

金融科技发展业务的新金融公司在海外上市。同时，几乎所有的传统金融机构都在拥抱新变化，迎接新机遇。2003 年，支付宝的产生标志着中国创意金融进入了一个新的发展阶段。2013 年，微信支付的出现改变了移动支付的市场格局。2017 年，支付宝在浙江杭州的肯德基上线刷脸支付，这是人工智能人脸识别技术在金融领域的应用。2019 年 4 月，腾讯加入乔治·索罗斯（George Soros）、高盛和 Point 72 Ventures LLC 的行列，投资阿根廷移动银行初创公司 Uala。技术创新推动了创意金融在中国金融系统内生根发芽，并迅速向金融业的各个领域蔓延。

10.3.2 "新市场"：要求中国创意金融须领衔于世界

目前，中国已经形成了一个规模庞大的金融体系，四大行均名列全球十强，股票市场全球排第二，债券市场全球排第三。毫无疑问，真正具有重要影响力的新市场是中国市场。随着中国金融市场的开放，尤其是中国债券市场的开放是全球资本市场历史上最重大的变化之一。数据显示，截至 2018 年末，中国债券市场债券余额为 86 万亿元人民币，为全球第三大债券市场。2018 年底，境外投资者持有债券占比为 2.3%，其中在国债方面，境外投资者持有中国国债占比达 8.1%。中国人民银行最新公布的数据显示，2018 年参与银行间债券市场的境外机构数量增加了 380 家，达到 1186 家。[①] 未来，随着中国债券市场更多对外开放新举措落地，这一比例仍有极大提升的空间。

---

① 高国华：《我国债券市场对外开放提速》，见 http://www.gov.cn/xin-wen/2019-01/30/content_5362176.htm，2019 年 4 月 25 日访问。

此外，内地和香港两地股市互联互通的机制进一步完善，从 2018 年 5 月 1 日起互联互通每日的额度扩大四倍，也就是说沪股通和深股通每日额度由 130 亿元人民币调整为 520 亿元人民币，港股通每日额度从 105 亿元人民币调整为 420 亿元人民币。

中国加大力度推进金融领域的改革和开放，为外资金融服务企业享有公平的竞争环境提供了制度保障，这对全球投资者来说是令人鼓舞的进展。但这也对中国金融业的创新、创意发展提出更高的要求，要求金融产品和服务须更加与时俱进，把握好产品创新、扩大市场与金融风险相协调的关系。

10.3.3 "新变化"：要求中国创意金融须紧跟时代步伐

移动支付的发展一定程度上改变了传统金融体系的渠道结构。支付宝和微信等创意支付方式更多地代替了原来银行渠道进行的支付，支付宝和微信走到支付渠道的前台，导致消费者的行为数据和消费数据首先被互联网公司获得，银行业失去一部分非常重要的数据资产。这种新变化，要求传统金融机构，如交易所、商业银行、各类非银行金融机构等，积极探索金融科技创意在业务中的应用。

网络第三方支付实现与银行的直连，改变了中国转接清算市场结构。2017 年，中国人民银行清算中心组织成立了网联清算有限公司（网联），为非银行的第三方支付机构搭建一个共有的转接清算平台，通过网联实现转接与清算。第三方支付的出现，使得中国金融系统形成两个转接清算机构——银联和网联。银联负责传统网下银行间的资金清算，网联负责非银行支付机构网络支付的转接与清算。随着区块链技术的发展，点对点的直接支付极有可能，这种变化有可能使创新创意没有跟上时代的银行失去在支付体系中的核心作用。

10.3.4 "新投资方式"：推动创意金融的更大需求

新技术正带来全球投资市场的深刻变革，其影响范围之大前所未有。云计算、大数据、人工智能和区块链等新兴技术的发展与应用，正在融合和改变着全球资本市场投资者获取、使用和分析其可获得信息的方式，对金融机构的业务服务模式产生了重大影响，并逐渐成为金融业发展的关键性技术驱动。

CB Insights 公布数据显示，2018 年风险资本支持的金融科技公司从全球投资者那里筹集到创纪录的 395.7 亿美元，较上年增长 120%，资金通过 1707 项交易筹集，高于 2017 年的 1480 桩。① 埃森哲（纽交所代码：ACN）研究显示，2018 年中国市场的金融科技投资总额增长了八倍，达到 255 亿美元，接近于 2017 年全球金融科技投资总额 267 亿美元，中国成为全球最大的金融科技投资市场。2018 年全球金融科技投资总额增长超一倍，达到创纪录的 553 亿美元，中国市场贡献了 46% 的投资额。② 其中，蚂蚁金服完成了一笔创纪录的 140 亿美元融资，占中国金融科技投资总额的一半以上。在融资金额上仅次于蚂蚁金服的是从百度拆分独立运营的度小满金融，于 2018 年 4 月在两轮融资中总募得 43 亿美元。以上的数据反映了金融科技领域强劲的投资趋势，在资金紧张、流动性趋紧的大背景下，创意金融的需求

---

① CB Insights，"Global Tech Hubs Report"，见 https://masimatteo.files.wordpress.com/2018/07/cb-insights_global-tech-hubs.pdf，2019 年 4 月 25 日访问。

② 埃森哲研究：《中国成为全球最大金融科技投资市场》，见 http://www.c114.com.cn/market/38/a1080201.html，2019 年 4 月 25 日访问。

增长迅速。

应该可以看到，尽管中国金融业发展取得了瞩目的成就，中国金融业的市场结构、创新创意能力、服务水平还不适应经济高质量发展的要求，矛盾和问题仍然突出。深化金融供给侧结构性改革，推动金融创新创意发展，任务仍十分繁重。正如 2019 年 2 月 22 日习近平总书记在主持中共中央政治局就完善金融服务、防范金融风险举行第十三次集体学习时强调，中国仍需要努力构建一个全方位、多层次金融支持服务体系，"要围绕建设现代化经济的产业体系、市场体系、区域发展体系、绿色发展体系等提供精准金融服务，构建风险投资、银行信贷、债券市场、股票市场等全方位、多层次金融支持服务体系。要适应发展更多依靠创新、创造、创意的大趋势，推动金融服务结构和质量来一个转变"①。

---

① 《习近平在中共中央政治局第十三次集体学习时强调 深化金融供给侧结构性改革 增强金融服务实体经济能力》，《人民日报》2019 年 2 月 24 日。

11. 金融助力高质量发展

数十年来，经济学家充分认识到知识在经济发展中的作用。诺贝尔经济学奖获得者保罗·罗默创建的内生经济增长理论就认为，知识是经济增长的内生变量。1987 年获得诺贝尔经济学奖的罗伯特·索洛甚至认为外生技术是一个国家经济增长的唯一动力。而更早的熊彼特在其《经济周期》一书中也认为，经济活动的关键点在于创新。杨淼、雷家骕在《基于熊彼特创新周期理论的科技创新驱动经济增长景气机理研究》一文中①，通过对中、美、日、法、德五国科技创新景气指数与 GDP 增长率换算指数之间因果关系的实证分析，也认为科技创新景气的不断攀升，会给经济增长注入新动力，并推动经济高质量发展。

经济要实现高质量发展，主要通过科技升级以及产业结构不断优化来实现。具体来说，一方面要通过技术不断升级，进而推动各产业内部生产率的提升，比如，加强对传统产业的改造，提高生产效率，另外通过加快发展高新技术产业，推动产业内各部门由传统的劳动密

---

① 杨淼、雷家骕：《基于熊彼特创新周期理论的科技创新驱动经济增长景气机理研究》，《经济学家》2019 年第 6 期。

集型向资本密集型和技术密集型产业转变升级；另一方面，也可以针对不同区域的产业发展状况，推动区域间相关产业的转移和承接，实现经济的质量提升。改革开放以来，中国承接了大量来自发达国家的产业转移，短时间内提升了中国经济发展质量。

金融发展理论为金融与实体经济之间的关系提供了很好的指导，该理论还包括金融结构理论、金融深化理论、金融抑制理论以及金融约束理论等。雷蒙德·W. 戈德史密斯在其著作《金融结构与金融发展》中指出，金融相关率与经济发展正相关，并且在各国发展中具有普遍性。

金融主要通过两个方面来刺激实体经济的发展：首先，产业结构由低层次向高层次的发展离不开金融支持，不同的产业形态对金融服务会有不同的需求，因此，金融资源需要不断地优化配置来满足产业的优化升级，通过加大对新产业的支持来不断加快产业转型。其次，金融通过刺激储蓄向投资转化、改进资本构成、提高资本配置效率、揭示信息和管理风险等方式，促进产业内技术创新、要素分配和管理创新，在这个过程中金融业也不断发展壮大，并且作为第三产业的组成部分，其发展也会对产业结构升级产生积极影响。

因此，我国正在加快金融体系的结构性改革，以满足新经济、新业态、新产业发展的需求。内生增长理论的研究者，包括迈克尔·J. 博斯金（Michael J. Boskin，2001）、克雷默（Kremer，1993）等经济学家的研究成果表明，技术是决定经济长期增长的决定性因素。如何实现金融与技术更好地融合，是很多国家大力探讨的方向，美国的"硅谷模式"成为这方面的突出代表。当前我国金融体系存在结构性不平衡，大约90%的金融资产集中在银行，企业的直接融资占比低于20%。金融改革的重点是要完善多层次的资本市场，丰富期权、期货等金融产品，不仅让处于不同发展阶段的企业更容易获得股权融资，也可以让投资者通过不同产品组合，对冲可能发生的风险，从而放心持有人民币资产。科创板就是在这方面作出的最新尝试，它的成立可以让我国资本市场层次更丰富、结构更合理、功能更完善、战略意义更突出，发挥资本市场优化资源配置作用的同时，在制度改革和机制完善方面也能充分发挥先行先试的"试验田"作用，这将大大提升我国资本市场对高质量实体经济发展的服务能力。

11.1　金融的资源配置能力提升

经济高质量发展主要通过产业结构调整来实现，通过金融系统调整资源配置，是促进产业调整的重要方式。世界各国都会通过市场机制和政府调控的方式，不断加大对新兴产业的支持力度。

11.1.1　金融市场对产业升级的支持作用

金融市场主要通过三个方面对产业结构调整提供支持：银行、资本市场以及科技保险。

（1）银　行

我国的金融体系是由银行主导的，银行系统对于支持科技创新更是发挥着重要的支撑作用。20 世纪 80 年代，科技信贷也称为科技开发贷款，其首次在由中国人民银行、国务院科技领导小组办公室联合发布的《关于积极开展科技信贷的联合通知》中出现，该《通知》要求"各专业银行和其他金融机构，调剂一部分贷款，积极支持科技事业的发展"，并指出银行、其他金融机构应该与科技管理部门进行密切合作，以促使科技信贷工作的顺利进行，大量的科技型企业或重大科技项目都是通过商业银行贷款或者政策性金融机构的贷款支持发展起来的。

2006 年银监会发布《关于商业银行改善和加强对高新技术企业金融服务的指导意见》，提出了商业银行要"积极扩大对高新技术产业信贷支持"，"对有效益、有还贷能力的自主创新产品出口所需的流动资金贷款根据信贷原则优先安排、重点支持，对资信好的自主创新产品出口企业可核定一定的授信额度"等一系列具体的要求。2009 年出台的《关于进一步加强信贷结构调整促进国民经济平稳较快发展的指导意见》，提出"加强对国家级工程技术研究中心、重点实验室建设、高新技术产业群、国家高技术示范工程建设、国家重大科技产业化项目、科技成果转化项目等方面的信贷投入"。

（2）资本市场

大多数科技企业都把上市作为做大做强的重要方式。由于我国上市门槛的限制，像阿里巴巴、京东、百度、新浪等一批科技企业赴海外上市。根据迪罗基公司（Dealogic）统计的数据显示，2018年前 9 个月有 40 多家中国科技 IPO，融资 150 亿美元，占了全球科技 IPO 融资总额的 40%，中国科技 IPO 的融资规模连续三年超越硅谷。

我国也不断加大资本市场改革，以为科技企业提供更好的服务。比如，创业板市场主要为处于成长前期的具有高成长性的科技型企业提供融资服务；三板市场，主要为具有良好发展前景、处于初创期后期和扩张期的未上市的科技型企业提供融资支持和股权转让的区域性科技资本市场；区域性产权交易市场也为初创阶段和种子阶段的企业提供包括证券化的标准化产权以及非证券化的实物型产权在内的产权交易。2019 年设立的科创板将主要是针对那些对我国未来经济竞争力具有重要影响的创新企业，这些企业的发展壮大对我国经济可持续发展以及向创新驱动转变具有战略意义。

成熟的资本市场离不开创业风险投资公司。它们主要针对具有高成长性的科技型企业尤其是高新技术企业进行权益性资本融资，主要介入科技创新活动的科技成果转化和产业化阶段。由于创业风险投资是一种主动的投资方式，获得创业风险投资支持的创新企业的成长速度远高于未获得创业风险投资支持的企业。创业风险投资者通过将增值的企业上市、并购、股权转让或者破产清算等形式退出，从而获取高额收益。风险资本家为获取高额利润迅速投资于新技术和新企业，从而加快交易速度和扩大经营领域，金融资本是推动技术创新发展的间接但极为重要的方式。

（3）科技保险

科技保险是针对科技创新过程中可能产生的技术风险、市场风险以及科技金融工具的风险进行保险，以达到降低科技创新的风险、企业风险以及科技金融系统风险的金融工具，其主要功能是实现风险的分散、转移和管理，以使企业能够获得融资支持。根据科技保险的提供者的性质，可以将科技保险分为政策性科技保险和商业性科技保险两种，政策性科技保险在我国科技保险的初级发展阶段发挥着重要的引导作用。

11.1.2　政府财政金融政策对产业升级的作用

首先，政府可以通过科技财政来支持企业和科研单位的科技创新活动，并且在科技创新的不同阶段发挥着不同的引导与调节作用。政府对科技创新的支持作用主要体现在对科技创新活动的基础研究阶段上，如政府通过财政科技投入等方式直接支持我国重大科技计划项目的实施，或通过税收优惠间接支持科技型中小企业的创新活动等。在市场经济下，科技创新是科技与经济的一体化过程，是一个从新技术构思的出现、产生新产品或者新工艺的设想到市场应用的完整过程，其具有风险性、收益性、正外部性和不确定性等特点，其风险与收益的不确定性以及高投入性，制约了科技企业进行创新的积极性和资本提供者进行科技投资的热情，然而新技术开发所产生的社会效益远大于私人所获得的效益，尤其在科技创新活动中的基础研究阶段或者重大的关键的战略性技术领域，科技财政的投入就显得十分必要，通过科技财政投入支持企业进行创新，向外界环境释放产业政策信号，引导更多的社会资本流向科技领域，促进科技创新发展。在当前我国实施创新驱动发展战略和构建创新型国家的大背景下，积极推动科技创新发展、提升我国科技竞争力是重中之重。因此，在当前我国经济发展阶段，科技财政投入仍是科技投入的重要来源。

其次，政府还可以通过货币政策来引导资金投入，从而优化产业结构。比如，中国人民银行根据我国金融市场运行情况以及经济发展需要创设了一系列新型货币政策工具，自2013年以来中国人民银行设立的工具还包括短期流动性便利（SLO）、常备借贷便利（SLF）、中期借贷便利（MLF）、临时流动性便利（TLF）、临时准备金动用安排（CRA）、中国人民银行票据互换工具（CBS）等等。这些新型政策工具作为常规公开市场操作的补充，在银行体系流动性需求出现波动时可以针对不同的对象，或者不同的领域相机使用，使中国人民银行货币政策的实施更具针对性和灵活性，同时也在改善期限错配及提升金融配置效率等方面起到了积极作用。1月23日，中国人民银行开展了2019年一季度定向中期借贷便利（TMLF）操作，实际使用期限可达3年，可持续性强，可以减少"期限错配"等问题，满足中小企业的中长期贷款，同时由于利率低，实际上还是一次定向降息，有利于降低小微企业、民营企业的融资成本。

11.2　金融的信息供给功能升级

现代经济具有两个明显的特征：全球化和金融化。全球化主要是指在科技革命和生产国际化的推动下，企业的生产、销售、采购、投资等突破了国界的限制，并在全球范围内重新分工，这极大地促进了商品和资金的流动。金融化是指金融业在一个经济体的比重和重要性都不断提高。目前，国际金融交易大大超过了商品交易和服务交易，成为国际交往的重要组成部分。而这两个特征表现最明显的金融信息服务业，像是人体的神经网络，引导着世界经济的潮起潮落。

11.2.1　金融信息是宏观决策和政策落实的重要依据

在一国经济运行中，政府宏观决策往往需要具备前瞻性和全局性等特征，要制定科学完备的宏观政策，离不开完善的市场信息和宏观数据。而金融信息则是市场信息的重要组成部分，尤其对于宏观经济政策而言，完善的金融信息是政策制定必不可少的重要参考，只有基于全面、准确、完善的金融信息，经济政策才能做到科学有效，否则无异于空中楼阁，甚至可能使政策与需求南辕北辙。

政策实施的具体效果反馈，也离不开真实迅速的市场信息。政策落实情况的及时反馈，是宏观政策实施的重要部分，只有获得及时的信息，才能实时调整政策幅度和力度，做到收放自如。尤其在宏观经济政策方面，若缺少了及时的金融信息反馈，对市场的观测就如同雾里看花，对市场的把控就如同盲人摸象。

一国拥有完善的金融信息服务系统，在宏观政策的制定和落实上才能做到总揽全局、科学准确、收放自如。不仅是在一国之内，在国家之间和全球范围内也是如此。一国如能占领全球金融信息的高地，对全球经济脉络的把控就能快人一步，相应的宏观政策也能更有利于维护本国利益。如果对国际金融形势缺少了解渠道、对全球金融信息无力把控，无疑将身处被动地位，失去主动权和话语权。

11.2.2　金融信息服务有利于促进经济运行中市场机制的完善

由于市场运行的自发性、盲目性和滞后性，要避免市场运行中的囚徒困境，就必须增强市场透明度，加强各方面的信息披露，以此来促进所有市场主体的优化决策。金融信息服务在此过程中具有举足轻重的地位，扮演着市场信息分享和传播的角色。

生产者、投资者和消费者等市场主体的决策影响着整体市场的运行，而市场主体的决策又取决于他们所获得的市场信息。只有各个市场主体都获得相对正确的信息，才能作出更加理智的决策，而市场的信息不对称则会直接导致某些市场主体的利益损失。因而，创造更加透明的市场信息环境是市场机制建设的重要任务，而金融信息服务正是致力于此。

对于市场投资者而言，金融信息是否及时、准确直接影响着投资决策正确与否，也影响着整个资本市场的资金流向是否合理科学。一旦金融信息出现纰漏，资本流向就会出现偏差，引起金融冲击和动荡，甚至爆发金融危机。尤其对于国际上出现的对本国不利的金融信息，如果本国无力应对，往往会造成不可预计的损失。只有掌握金融信息的主动权，握住指挥棒和方向盘，才能构建更完善健康的市场经济。

11.2.3　金融信息服务是公众教育的重要手段

金融信息的传播是伴随着现代社会的众多新闻信息一起传播的，其对于社会公众的影响往往是潜移默化的。公众对于政府的信任和对金融的信心是社会稳定的重要基石，而各类碎片化的金融信息则可能会在公众之间自发重组形成公众对于一国经济形势的误判。

由于各类经济消息的发布者和传播者往往没有直接关联，对于这类消息的管理十分困难，所谓"三人成虎"，一旦出现不利于社会安定的消息传言，如果没有得到及时控制，就会对一国经济安全甚至政治安全造成严重威胁。如果能够有效利用积极消息，将会对经济和市场形势产生很好的积极影响。

因此，金融信息如同一把"双刃剑"，只有让其发挥公众教育的积极效果，而不是成为传播谣言的通道，才能够保障社会稳定和国家利益。而金融信息的公众教育作用也可以通过众多手段实现，一方面，可以通过金融机构合规管理等手段有意识地对相关投资主体进行宣传教育；另一方面，需要建立具有公众信任的权威金融信息发布和传播渠道，通过日常的各类信息给予社会公众信心。

11.3　金融的风险管理功能完善

由此可以看出，防范系统性金融风险是我们金融工作的永恒主题，目前，我国金融系统面临内部与国外的双重风险。随着经济下行压力增大，被过去的经济高速增长和政府兜底行为所掩盖住的金融风险开始逐步显现，过热的房地产行业及相关不良贷款、地方政府债务违约风险、互联网金融和影子银行引发的乱象等问题，对整个金融系统的流动性造成极大压力，其中任一风险的爆发都可能危及整个金融系统的稳定性。

特别是影子银行的规模迅速扩大，其金融创新产品层出不穷，给监管带来了巨大的挑战。根据统计数据，2018 年中国影子银行系统达到 61.3 万亿元人民币，主要包括委托贷款、信托贷款、未贴现银行承兑汇票三种核心的影子银行系统，以及去"通道"后的银行理财产品、证券公司理财产品，再加上财务公司贷款、民间借贷等。其中，银行理财占比接近一半。

房地产领域的风险也不容忽视。与其他行业不同，房地产行业的金融化程度高，与之相关的金融衍生品发展迅速。银行业对房地产的信用敞口规模巨大，不过，银行对房地产的总信贷敞口可能要远大于直接贷款，例如，许多地方政府融资平台和企业贷款以土地和房地产作为抵押物，这构成了对房地产的间接敞口。除此之外，银行还可能持有房地产开发商与建设公司发行的企业债券，通过非标等其他方式流入房地产的"影子信贷"也构成了对房地产的间接敞口。与此同时，以往国内监管部门的动作往往滞后于市场发展的步伐，常常在金融过度创新的负面影响暴露后才介入监管。所有这些都表明，金融系统内部累积的风险必须引起我们的重视。

其次，随着金融全球化程度加深，由国际金融市场动荡引发国内系统性风险的概率在增加。尤其在当前主要市场的货币政策逐渐趋紧的背景下，国内金融市场面临着更大的不确定性。美国早已进入加息周期，2015 年底的那次加息就曾引发全球金融市场包括我国股市的波动；同时，部分地区局势动荡，地缘政治风险加剧，一些发达国家内部矛盾突出，世界格局进入不稳定期，导致市场情绪波动，部分大宗商品价格暴涨暴跌。这些事实都表明国际金融市场正处于一段不稳定时期。

历史经验表明，强大的金融体系有助于经济风险的分散，更好地实现风险管理。在经济出现未防范到的困难时，一部分经济活动丧失合理性，造成经济损失，这些损失或者体现为银行不良贷款，或者体现为相关金融资产的市场价格暴跌。强大的金融体系会对冲击进行合理定价，引导生产要素从无利可图的经济活动转向具备经济合理性的活动。但是疲弱的金融体系则无法引导资源合理再配置，反而让宝贵的资源继续投入到不合理的经济活动中，导致融资成本畸高，让具备合理性的经济活动难以扩张。

当然，金融体系在不同开放程度下发挥作用的渠道是不同的。比如，对于一个小型开放发展中经济体而言，其国内利率水平与世界水平同步变动，因而提供边际增量融资的主体是国际金融市场。此时，该经济体的金融体系如果能够说服国际金融市场在其遇到不利冲击时仍以符合冲击性质的合理价格向其融资，则其表现必然强健。相反，如果其金融体系向国际金融市场释放混乱信号，导致国际融资犹疑不前，其表现势必疲弱。但对于一个相对封闭的发展中经济体而言，为其提供边际增量融资的主体是国内储蓄。此时，金融体系是否强健则表现为其动员国内资金的能力是否强大。

11.4　发挥货币政策的逆周期调节作用

逆周期调节是指通过一些政策工具和措施让经济周期的波动趋于平缓，逆周期调节的宏观政策与方法有很多，例如通过财政、货币、信贷和产业等多样政策工具，建立逆周期调节机制，甚至开发运用新工具。其中，利用货币政策在金融体系中的作用进行调节进而影响实体经济是重要手段。

货币政策具有"市场稳定器"的特征，通过采用"相机抉择"的货币政策，根据各个时期的市场情况和经济形势，机动地决定和选择应对的货币政策，以避免经济的周期性波动。具体来说，当经济出现萧条时，采取宽松的货币政策，以增加有效需求，刺激经济增长。反之，当经济增长过快，出现通货膨胀时，则采取紧缩性的货币政策，以抑制有效需求，限制投资和消费的增长，从而使得货币政策的"逆周期调节"的作用能够充分发挥。

我们可以从三个不同纬度理解货币政策的"逆周期调节"。从长期来看，货币政策以经济增长、物价稳定、充分就业、国际收支平衡为目标，意味着货币政策的部署具有一定逆周期性。从中期来看，货币政策态度微调则更加关注于市场情绪引导，避免过度低落和高涨，这实际上是在去杠杆和防风险之间取得平衡。以债券成交量和一二级利差为市场情绪指标时，中国人民银行通过公开市场操作、PSL、SLF等工具进行的流动性净投放与市场情绪表现出一定的反向关系。从短期来看，公开市场操作能灵活反映货币政策操作思路和节奏，公开市场操作"削峰填谷"的操作思路就是典型的"逆周期调节"。

货币政策可以通过以下几方面影响金融体系。首先是中国人民银行调整基准利率，对证券价格产生影响。一般来说，经济下行时期，政府采取降息措施，利率下降时，股票价格就上升，反之亦然。究其原因有两方面：一方面，利率水平的变动直接影响到公司的融资成本，从而影响到股价。利率低，可以降低公司的利息负担，直接增加公司盈利，证券收益增多，价格也随之上升。另一方面，利率降低，人们宁可选择股票投资方式而减少对固定利息收益金融品种的投资，同时，证券投资者能够以低利率拆借到资金，会增大股票需求，造成股价上升。此外，利率还是人们借以折现股票未来收益、评判股票价值的依据，当利率下降时，投资者评估股票价值所用的折现率也会下降，股票价值因此会上升，从而股票价格相应上升，降息措施升高股价，提升人们对于金融市场和经济的信心与预期。

其次，中国人民银行的公开市场业务通过影响证券价格进行逆周期调节。当经济衰退，政府倾向于实施较为宽松的货币政策，中国人民银行就会大量购进有价证券，从而使市场上货币供给量增加。这会推动利率下调，资金成本降低，从而企业和个人的投资和消费热情高涨，生产扩张，利润增加，这又会推动股票价格上涨；反之，股票价格将下跌。中国人民银行的公开市场业务的运作是直接以国债为操作对象，从而直接关系到国债市场的供求变动，影响到国债行市的波动。

第三，通过调节货币供应量影响证券市场进行逆周期调节。中国人民银行可以通过法定存款准备金率和再贴现政策调节货币供应量，从而影响货币市场和资本市场的资金供求，进而影响证券市场。如果经济过热，中国人民银行提高法定存款准备金率，这在很大程度上限制了商业银行体系创造派生存款的能力，就等于冻结了一部分商业银行的超额准备。由于法定存款准备金率对应数额庞大的存款总量，并通过货币乘数的作用，使货币供应量更大幅度地减少，证券行情趋于下跌。同样，如果中国人民银行提高再贴现率，对再贴现资格加以严格审查，商业银行资金成本增加，市场贴现利率上升，社会信用的收缩，证券市场的资金供应减少，使证券行情走势趋软；反之，如果中国人民银行降低法定存款准备金率或降低再贴现率，通常都会导致证券行情上扬。

中国人民银行还可以通过流动性的投放，来解决资金流动补偿的结构、机制问题。中国人民银行已经两次释放流动性，目的是为了增加资金供应，保持银行体系流动性合理充裕。不过，资金进入实体经济仍然有一些阻碍，尤其是民营和中小企业，仍感到资金面紧张。这说明货币政策传导机制有待完善，在传导过程中存在"阻滞"，影响了其作用的发挥。中国人民银行依靠定向的降息和贷款投放来使得货币传导机制更为畅通，也是必然之举。TMLF 的推出是针对性地优化小微和民营企业的贷款流程，去解决它们所面临的"融资贵、融资难"问题，这其实是一种定向的、有目的性的投放贷款，其从获得的途径、审批的原则上就更加严格，必须满足条件的目标企业才能获得相应贷款。

归根结底，货币政策传导出现阻滞主要是金融"脱实向虚"的表现。中国人民银行将流动性注入银行体系后，受到资金供、求双方意愿和能力的制约，信用扩张受到供给端和需求端多重约束，金融体系"有钱"难以运用出去，也难以用到最需要的地方，甚至导致资金在金融系统内空转，使得利率扭曲。

一般来说，为了进行逆周期调节，各国政府往往会采取多种措施综合使用，甚至包括开发利用新型政策工具。以美国为例，2008年全球金融危机爆发后，美国政府就采取了一系列货币政策措施进行应对，大规模注入流动性，向银行系统注资，总额达到380亿美元；降低联邦基金基准利率，连续九次降息，将联邦基金目标利率由5.25%下调至0.25%；频繁使用公开市场操作，满足市场持续流动性需求；除此之外，还创新了多种流动性管理手段，以延长贴现贷款的期限，降低金融机构的融资门槛和融资成本。美联储通过货币政策传导机制的灵活运用，使得美国在此次危机后逐渐恢复元气，经济也趋于稳定。

但是，也要看到货币政策的作用有其局限性。其实，解决企业融资贵、融资难的问题，单靠宽松的货币政策无法彻底解决，当务之急是要解决我国金融领域中存在已久的资金传导不畅问题。

首先要加快经济转型和深化供给侧结构性改革。中国经济正迎来新的机遇期，已由高速增长阶段转向高质量发展阶段，处在转变发展方式、优化经济结构、转换增长动力的攻坚期。资本具有逐利性，发展潜力大、竞争力强的领域必然更能得到资金的青睐。因此，我国必须坚持质量第一、效益优先，以供给侧结构性改革为主线，推动经济发展质量变革、效率变革、动力变革，提高全要素生产率，把提高供给体系质量作为主攻方向，显著增强我国经济质量优势。

降低成本，改善资本回报。资本要素改革的方向之一是提高资本回报率，因而高成本是供给侧的最致命硬伤。未来可以从以下四个方面降低企业显性成本：一是继续推进资源品价格改革，降低企业原材料成本；二是实施减税降费和加速折旧，降低企业财税成本；三是推进利率市场化，结合降息降低企业财务成本；四是实施养老保险体系改革，降低企业人力成本。

淘汰落后产能，提升资本效率。资本要素改革另一个方向是提升资本使用效率，其目的也同样是改善企业盈利。而产能利用率和主营活动利润率高度相关。2011 年以来，中国工业企业产能利用率持续下滑，企业盈利也同步恶化，反映资本使用效率低下。2012 年新一届中央政府执政以来，去产能化就已开始，伴随去产能延续，未来企业盈利有望随产能利用率回升而得到改善。

其次要始终坚持金融服务实体，改善传导机制。2019 年，我国将会面临更加复杂的经济发展环境，一方面国内经济面临较大的下行压力；另一方面中美贸易摩擦、美国货币政策以及英国脱欧等外部事件存在很大不确定性。因此，促进中国经济平稳增长是货币政策的重要目标。而美国加息预期下降，人民币贬值的压力减轻，外部环境对中国的货币政策约束下降，为中国货币政策提供了更大的操作空间，今后更多宽信用政策还会上路。

然而，近几年伴随着信用违约事件的不断爆发，金融机构和融资主体之间的信任度明显下降，这使得金融机构不敢做信用扩张。理论上而言，经济周期有高峰也有低谷，这都是自然规律，市场是逃不开的。如果融资主体自身杠杆不高，并且主业清晰，即使短期内遇到经济低谷，企业经营压力大一点，金融机构也是可以理解的，这并不会影响金融机构和企业的关系，甚至影响金融机构的抽贷。但这几年，不少的融资主体存在过度融资，主业混乱，甚至转移资产的情况，自身违约风险明显加大，这时候还要金融机构去积极放贷，总是有点勉为其难。

要疏通货币政策传导机制，就应该重新建立起金融机构对融资主体的信任度，那么客观上需要融资主动加强自我约束。例如，融资主体要更客观地反映财务数据，反映真实的经营情况，明确经营的主线等等，甚至不能恶意逃债。2019 年债券市场就出现多起民营企业恶意逃废债的事件，前期也出现个别公司获得纾困贷款之后，股东顺势减持的事情，这都会极大打击金融监管对融资主体的信任。

此外，疏通货币政策传导机制，目标并不是要给所有的企业融资。目前我国企业整体杠杆还处于高位，去杠杆仍是宏观的大方向。疏通货币传导机制，就是让资金更多地进入那些有市场、有前景、有技术、有竞争力的企业，而不是那些产能落后以及国家限制的行业。2019 年经济环境复杂多变，部分企业难免会出现经营困难，甚至会因破产被淘汰，金融机构也需要适应这样的宏观环境。

12. 金融支撑绿色发展

改革开放以来，在经济飞速发展的同时，环境污染也大幅增加，生态遭受破坏。中国经济发展和环境变化较为符合环境库兹涅茨曲线的早期阶段。随着经济的进一步发展和人民群众对生态环境的日益关注，2016 年，中共十八届五中全会通过的《中共中央关于制定国民经济和社会发展第十三个五年规划的建议》前所未有地将"创新、协调、绿色、开放、共享"一起定位为"五大发展理念"①，被提升至国家战略的最高层面，贯穿在整个国家发展的实践中。绿色金融则成为经济转型过程中重要的推动力量。

自 2015 年 9 月中共中央、国务院首次在官方文件《生态文明体制改革总体方案》中明确提出"建立绿色金融体系"以来，"绿色金融"一词被多次写入我国多个重要文件和政策中，包括"十三五"规划、党的十九大报告等。此后，中国绿色金融快速发展，成为全球最大的绿色金融市场，堪称"全球旗手"。② 这正是 2019 年"两会"《政府工作报告》中提出"加快发展绿色金融"、赋能经济结构优化、协同推

---

① 《人民日报》2015 年 11 月 4 日。

② 《人民日报》2015 年 9 月 22 日。

动经济高质量发展与生态环境保护的重大背景。

中国的生态环境从不被人民群众重视，被作为经济发展的基础但没有被赋予价值，到备受重视，被视为美好生活的重要组成部分和标准之一，从而"绿水青山就是金山银山"，成为经济转型的新动力、新的经济增长点，金融在其中起到了杠杆的放大作用和合理化配置的"变废为宝"作用，极大地提升了生态环境的估值。

12.1　中国的环境库兹涅茨曲线改善趋势

环境库兹涅茨曲线（Environmental Kuznets Curve）作为库兹涅茨曲线在研究环境问题时的应用场景——环境污染的倒 U 形曲线，即伴随着人均 GDP 的增加，环境污染的程度将呈现上升的趋势；随着人均 GDP 的进一步提高，环境污染程度会逐步呈现下降的趋势。

根据国内外已有的研究成果，对中国年度废水排放总量、人均废水排放总量、化学需氧量排放量、人均化学需氧量排放量、氨氮排放量、人均氨氮排放量、二氧化硫排放量、人均二氧化硫排放量、氮氧化物排放量、人均氮氧化物排放量、烟（粉）尘排放量、人均烟（粉）尘排放量、能源消费总量、人均能源消费总量、二氧化碳排放量、人均二氧化碳排放量等 16 个环境质量水平指标做环境库兹涅茨曲线模型建构和分析（见图 12-1）。研究表明：其一，化学需氧量排放量、人均化学需氧量排放量、氨氮排放量、人均氨氮排放量等 4 个环境质量水平指标形成的曲线，呈现倒 U 形，符合典型的环境库兹涅茨曲线模型；其二，氮氧化物排放量、人均氮氧化物排放量、烟（粉）尘排放量、人均烟（粉）尘排放量等 4 个环境质量水平指标形成的曲线，

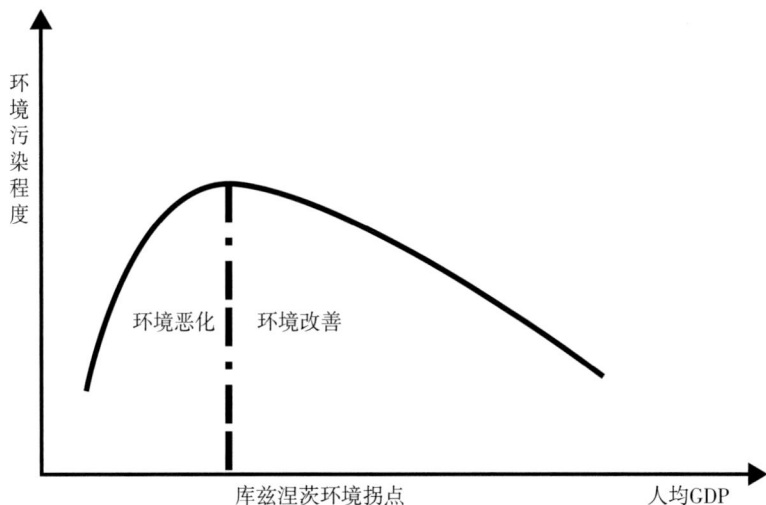

图 12-1 环境库兹涅茨曲线示意图

形状比较接近倒 U 形，比较符合环境库兹涅茨曲线模型；其三，废水排放总量、人均废水排放总量、二氧化硫排放量、人均二氧化硫排放量、能源消费总量、人均能源消费总量、二氧化碳排放量、人均二氧化碳排放量等 8 个环境质量水平指标形成的曲线，形状与倒 U 形差异较大，不符合环境库兹涅茨曲线模型。

但所有曲线，几乎都在 2011—2014 年间，中国在环境领域发生了重大变化，引起 16 个环境质量水平指标的表征出现了根本性的改变。从环境领域的大事看，其间最重大的事莫过于 2012 年 11 月 8 日召开的中国共产党第十八次全国代表大会作出了"大力推进生态文明建设"[①] 的战略决策。党的十八大报告提出："面对资源约束趋紧、环境污染严重、生态系统退化的严峻形势，必须树立尊重自然、顺应自然、保护自然的生态文明理念，把生态文明建设放在突出地位，融入

---

① 《十八大以来重要文献选编》上，中央文献出版社 2014 年版，第 30 页。

经济建设、政治建设、文化建设、社会建设各方面和全过程，努力建设美丽中国，实现中华民族永续发展。"① 要求"从源头上扭转生态环境恶化趋势"②。

相应地，而金融作为现代经济的核心，对于推动环境改善、生态修复、促进绿色发展、应对气候变化，具有不可或缺的地位和作用。于是，利用金融杠杆原理、资源配置手段进行保护环境，"绿色金融"产业随之出现。近年来，中国作为一个负责任的大国，大力推动生态文明发展，逐渐在各个层面促进绿色金融的发展。经过这几年的不懈努力，中国国内绿色金融取得了蓬勃发展，还有力地推动了全球绿色金融的大步迈进。

如果说 2015 年是"中国绿色金融发展元年"，那么，基于前一年的高速发展，2019 年有望成为绿色金融加速发展年。

在银行信贷方面，作为中国社会融资最主要的类型，绿色贷款在绿色融资中也占据主导地位。根据相关披露的数据，中国 21 家主要银行绿色贷款余额从 2013 年末的 5.20 万亿元人民币稳定地增长至 2018 年末的 8.23 万亿元人民币，年复合增长率达到 9.62%；2018 年绿色贷款比同期企业及其他单位贷款增速高 6.1 个百分点；绿色贷款增量占同期企业及其他单位贷款增量的 14.2%。③ 分用途看，2018 年末，绿色交通运输项目和可再生能源及清洁能源项目贷款余额分别为 3.83 万亿元和 2.07 万亿元，同比分别增长 18.1% 和 12.7%，全年分别增加 5858 亿元和 2337 亿元。分行业看，交通运输、仓储和邮政业绿色贷款余额 3.66 万亿元，同比增长 19.4%，全年增加 5954 亿

---

① 《十八大以来重要文献选编》上，中央文献出版社 2014 年版，第 30—31 页。

② 《十八大以来重要文献选编》上，中央文献出版社 2014 年版，第 632 页。

③ 数据来源：中国人民银行发布的《2018 年金融机构贷款投向统计报告》。

元；电力、热力、燃气及水生产和供应业绿色贷款余额 2.61 万亿元，同比增长 12.5%，全年增加 2892 亿元。

在债券方面，绿色债券市场自 2016 年启动以来，2018 年发展势头仍然强劲。根据气候债券倡议组织和中央国债登记结算有限责任公司发布的《中国绿色债券市场报告 2018》，2018 年，中国在境内和境外市场共发行了 2826 亿元人民币（428 亿美元）绿色债券，同比增长 12%，占全球 18%。短短三年，我国境内绿色债券存量规模已经接近 6000 亿元，规模也位居世界前列。

在金融改革方面，五省（区）开展的地方绿色金融改革创新试验区建设初见成效。2017 年 6 月，国务院第 176 次常务会议决定，在浙江、广东、贵州、江西、新疆五省（区）部分地区设立绿色金融改革创新试验区。这标志着我国绿色金融迈入了"自上而下"的顶层设计和"自下而上"的区域探索相互推动、相辅相成的发展新阶段。一年多来，推进绿色金融改革创新试点的体制机制基本建立，先后组建了省、区、市多层级的绿色金融工作领导小组；市场化机制不断激发绿色金融创新内生活力，引导社会资本积极参与绿色项目投资；绿色金融基础设施建设初见成效，绿色信用体系建设有效推进，相关绿色信用信息共享水平提升，开展了绿色项目库及配套融资对接平台建设；试验区积极构建绿色金融风险防范化解机制，开展信贷风险监测和压力测试，加强绿色信贷跟踪监测评估，部分试验区还建立了绿色信贷风险补偿机制。中国人民银行初步评估结果表明，试验区总体方案中 85% 以上的试点任务已经启动推进。

在国际合作方面，绿色金融逐步融入"一带一路"建设，中国绿色金融的国际话语权和引领力显著提升。在"一带一路"倡议的推进进程中，中国主动运用绿色金融引导金融资源投向绿色产业，控制并减少污染型投资。2018 年 11 月，中国金融学会绿色金融专业委员会与"伦敦金融城绿色金融倡议"共同发布了由中英组织起草的《"一带一路"绿色投资原则》。该原则在现有责任投资倡议的基础上，将低碳和可持续发展议题纳入"一带一路"倡议，致力于强化对投资项目的环境和社会风险管理，推动"一带一路"投资的绿色化。2017 年底，包括法国、中国、英国等在内的 8 个经济体的央行和金融监管机构共同发起成立了央行与金融监管机构绿色金融网络，截至 2019 年 4 月底，已经扩展到 36 个国家的央行和金融监管机构①。中国作为共同主席国的 G20 绿色金融研究小组组织的《2018 年可持续金融综合报告》获得 G20 领导人峰会通过，相关绿色（可持续）金融议题研究成果写入领导人《峰会宣言》和《行动计划》。

2019 年《政府工作报告》提到，2018 年生态文明建设成效显著，同时中国经济结构不断优化。污染防治得到加强，细颗粒物 PM2.5 浓度继续下降。经济质量和效益继续提升，绿色低碳循环发展的效果进一步显现。

可见，绿色金融能够缓和经济发展和环境保护之间的矛盾，有助于推动经济绿色转型升级。这几年绿色金融作为中国金融供给侧结构性改革的一大重点和亮点，通过绿色金融基础设施的建设、发展和优化，以市场化为主的机制手段推动经济发展的资源能源产出效率不断提升，促进经济发展质量持续提升。

2019 年，随着中国绿色金融不断发展和成熟，贯彻"保护生态环境就是保护生产力，改善生态环境就是发展生产力"，将推动中国

---

① 中国人民银行：《以绿色金融打造绿色"一带一路"》，见 http://www.pbc.gov.cn/goutongjiaoliu/113456/113469/3815542/index.html，2019 年 6 月 12 日访问。

高度不对称的经济、资源和环境区位差异形成新的高水平均衡，促进人民日益增长的美好生活需要，特别是生态环境质量的需要，与高质量经济发展之间的平衡，促进经济、社会和环境的可持续健康发展。

中国绿色金融进一步发展可以从试验区建设、标准体系建设、绿色金融专项统计、信息披露机制建设等四个方面重点加速开展工作。

一是以促进绿色金融可推广、可复制、可持续发展为目标，推动试验区向纵深发展。利用试验区先行先试的制度优势和现有的良好工作基础，探索统一的绿色金融统计制度和标准体系，发展以排污权为代表的环境权益抵质押市场渠道，推行以碳交易为特色的包括碳期货的创新型融资模式；强化绿色信用体系建设，明确市场准入，引导各种类型的社会资金进入绿色金融市场，切实降低绿色融资成本。

二是规范发展绿色金融标准体系。近期，多部委联合印发了《绿色产业指导目录（2019年版）》，进一步厘清了产业边界，将有助于把政策和资金聚焦到对推动绿色发展最重要、最关键、最紧迫的产业上，有助于打赢污染防治攻坚战。这将逐步推动绿色金融市场相关机构统一关于绿色金融的监管、认证标准，形成更为规范、统一的市场标识和交易。特别是该目录根据现实国情，继续把"煤炭清洁生产和利用"纳入绿色产业的支持范围，既考虑了煤炭作为我国主要的一次能源地位的情况，又考虑对其绿色化发展给予支持。这是符合我国经济、能源绿色转型道路的要求，需要坚持。中国绿色金融标准的统一，也有助于与国际相关的绿色与可持续金融标准的探讨和就留，通过互相借鉴经验，推动金融机构的绿色化，实现全球经济迈向低碳发展、资源高效利用以及经济可持续发展，最终达成《巴黎协定》的目标。

三是完善绿色金融专项统计，形成全领域、全流程、全覆盖的统计体系，服务于国家绿色发展战略、服务于部门重大政策制定、服务于机构产品和服务创新。绿色金融专项统计要从贷款、债券、基金、证券、保险等不同工具方面进一步着重于项目资产质量和环境效益等关键数据，制定适宜的统计标准，明确范围、内容、规则，为发展绿色经济、防范化解绿色金融风险提供数据支撑，为顶层制度设计和优化打好基础。

四是强化信息披露，加强绿色金融发展的透明度。建立健全统一的环境信息披露标准，探索建立绿色金融全链条的环境信息披露机制，便利投资者和金融机构有效识别绿色项目和融资主体并对绿色项目进行合理定价，从而吸引更多的社会资金投入到绿色项目上来，提升绿色项目在供应端和需求端的稀缺度，进而改善绿色项目的成本和收益，优化现金流和投入产出效率。

12.2　中国发展全局视野中的绿色金融

在经历了业内普遍认定的"中国绿色金融发展元年"2015年后，绿色金融在中国快速发展。特别是中国作为G20峰会主席国将"绿色金融"首次写入2016年G20领导人公报中，在2018年阿根廷G20峰会上再次写入后，利用金融杠杆原理保护环境、将更多资金引入生态行业的"绿色金融"已成为全球金融业的一个时尚词，乃至于近期一些声音认为，绿色金融是"下一个风口"。我们认为，绿色金融的发展有其客观规律，绝不能大干快上、野蛮发展。

12.2.1　绿色金融的发展是一项系统工程

"绿色金融"一词在中国最早于 1995 年出现，此后相当长一段时间并未引起重视。2015 年，伴随着"绿色发展"理念的不断深化和"一带一路"倡议的进一步落实，中国绿色金融逐渐呈现出全面提速的良好态势，对内持续助力生态环境质量改善，对外改善国家形象、提升国际话语权，为中国发展提供"弯道超车"的可能。

2015 年底，"绿色金融"被写入"十三五"规划纲要中，其中明确提出"建立绿色金融体系，发展绿色信贷、绿色债券，设立绿色发展基金"。2016 年 8 月，中国人民银行等七部委发布《关于构建绿色金融体系的指导意见》，标志着我国构建系统性绿色金融政策框架的国家战略正式形成。2017 年 6 月，国务院第 176 次常务会议决定，在浙江、广东、贵州、江西、新疆五省（区）选择部分地方，建设绿色金融改革创新试验区，为我国绿色金融的全面推行进行试点探索，标志着我国地方绿色金融体系建设正式进入落地实践阶段①。2017 年 10 月，党的十九大报告中纳入"绿色金融"一词，标志着"绿色金融"已成为党的执政方略的长期重要内容。

在国际上，中国积极推动绿色债券在国际市场上的发行，并带动了全球绿色债券市场的蓬勃发展，截至当前，中国在境内外发行的贴标绿色债券发行规模在 7000 亿元人民币左右，占全球发行量的 20%左右，成为全球最大的绿色债券市场。很多国家首次制定绿色金融政策框架、首次发行绿色债券，这都体现了中国在绿色金融领域的影响

---

① 马中、周月秋、王文主编：《中国绿色金融发展研究报告（2018）》，中国金融出版社 2018 年版，第 331 页。

力。中国、法国等 8 个经济体的央行和金融监管机构共同发起成立了
央行与金融监管机构绿色金融网络，目前已经扩展到 36 个国家，推
动各方在可持续投资、环境信息披露等方面加强合作。

　　同时，中国和多个国家在双边及"一带一路"倡议等框架下的绿
色金融国际合作也取得了丰硕成果①。尤其值得一提的是，2016 年起，
绿色金融（可持续金融）由中国首倡，连续列入 G20 领导人峰会议题，
由中国人民银行担任共同主席国的 G20 绿色金融研究小组，连续 3
年完成了 G20 绿色金融综合报告，相关的政策建议分别写入了 G20
杭州峰会公报以及 G20 倡导行动计划，标志着中国金融业为全球治
理提供"中国方案"。

　　国际相关领域的不少专家几乎都一致认为，中国在绿色金融领域
已处于绝对的国际领先地位。那绿色金融是继互联网金融之后的"下
一个风口"吗？"站在风口上，猪都会飞"吗？作为绿色金融研究人员，
我们希望有更多的资金、更多的主体、更多的关注参与到绿色金融中
来，但是，用一句老生常谈的句子来描述绿色金融不为过，即"绿色
金融的发展是一项系统工程"，涉及多方面的工作和主体，需要从全局
出发，着眼于长远，遵循其发展的客观规律，注重其长期性、艰巨性，
稳妥有序地推进和引导，才能实现经济、社会和环境的协调发展。

12.2.2　绿色金融的发展具有长期性、艰巨性

　　绿色金融的发展具有长期性特征。绿色金融体系作为一种制度安
排，主要通过绿色信贷、绿色债券、绿色股票指数和相关产品、绿色

---

① 　王文、曹明弟：《绿色金融与"一带一路"》，《中国金融》2016 年第 16 期。

发展基金、绿色保险、碳金融等金融工具和相关政策支持经济向绿色化转型。其发生、发展、成熟需要经过从无到有、从小到大、从浅到深的较长的逐步发展过程。例如，2007 年 7 月，原国家环保总局、中国人民银行、原中国银监会联合发布《关于落实环保政策法规防范信贷风险的意见》，标志着绿色信贷全面进入我国环保领域。经过 10 多年的发展，2018 年末中国 21 家主要银行绿色贷款余额为 8.23 万亿元人民币。而按照中国人民大学绿色金融研究团队作出的绿色金融需求"低方案"测算，2014 年至 2020 年期间，我国每年的绿色金融资金需求为 3 万亿元。缺口明显，预示着我们要从长期的角度来推动中国绿色金融的发展。①

　　绿色金融的发展具有艰巨性特征。绿色金融的主要目标是解决环境的外部性问题，为环境问题的解决、生态环境的改善提供金融工具和手段。因此，它受到环境与金融两方面的制约。一方面，一些环境问题的技术机理未明，尚待探索；一些环境问题的经济成本高昂，需要发展可行的技术和经济手段才能大规模应用；一些环境问题的社会矛盾难以化解，需要推动人们的理念、意识和行为的教育提升。另一方面，金融还面临一些问题和挑战。由于绿色金融业务涉及对融资企业绿色（环保）业务信息的判断、环境风险的评估和产品服务的定价，专业性很强，需要环保技术、法规和金融兼备的复合型能力来实施。不少金融机构严重缺乏这样的专业人才，也不具备相关的系统设施和知识储备，难以从生态环保技术角度对绿色项目进行可行性评估和风险识别并提供相应的产品和服务。绿色信贷激励不强，尚不足以促使银行业金融机构战略性转向绿色业务。此外，目前国内的相关机

---

① 　数据来源：中国人民银行发布的《2018 年金融机构贷款投向统计报告》。

构对金融机构开展绿色金融业务主要采用引导性、指引性的措施，而非强制性、考核性的监管，缺乏强有力的激励、支持政策，一些金融机构出于成本效益考虑，对于进入绿色金融这一新业务领域存有担忧。

12.2.3　绿色金融须全、实、严

有鉴于此，社会应该热切欢迎各界有识之士投身于绿色金融事业中，但不要盲目乐观，抱着"赚快钱""炒概念"的态度来过把瘾。建议从以下三方面进行系统设计、综合考虑、稳妥实施。

一是全。全面研究分析绿色金融涉及的各个环节、链条、产业，发掘和自身相契合的点、线、面，形成合理预期，建立目标方案，排查风险点。"绿色"已经是我国高质量发展的五大理念之一，全社会都在向绿色化转型过程中，取得绿色金融的支持，将成为绿色化转型的加速器，需要从系统、全面的角度看待，找准切入点，以利长期的可持续发展。

二是实。绿色金融的最终目标是解决环境问题，实现生态环境质量的改善。相关政策、工作和措施要落到实处，应指向生态环境质量的提升。虽然一事一物未必能够直接与生态环境挂钩，但是如果没有实际的成效，天蓝水绿土净的成果人民群众没有感受到，绿色金融将成为笑谈。

三是严。绿色金融得到全球关注，获得极大的发展，对其发展具有巨大的推动作用。但什么是绿色？怎么认定为绿色？这关系着绿色金融的内涵与外延。对此，欢迎各方形成大讨论、大辩论、大争论，在此过程中逐渐凝聚、形成全民对"绿色"的共识，而少用慎用"绿

色"笼统说法，多用广用具体事实性的数据、信息和资料，避免误导和混淆。

听信"绿色金融是下一个风口"而一头扎进来的，风停时很可能会从天上掉到地上。正确认识"绿色金融"的特点，在整个社会致力于生态环境质量改善的脉动中，穿上跑鞋、做好热身、调整呼吸，一起参与进去，可能是迎接这场"绿色金融"风潮的最佳姿势。

12.3　绿色金融助力金融强国

随着全球对环境保护、节能减排、可持续发展等问题的日益关注，中国积极构建本国的绿色金融体系，推动"绿色金融"成为全球金融发展的共识，并致力于将绿色金融逐步融入"一带一路"建设中，将有力助推中国发展成为金融强国。

绿色金融标准的建设日益受到业界的关注和重视，中国是第一个定义绿色信贷和在国家层面推出绿色债券标准的国家。将绿色金融"中国标准"成为"世界标准"，能够体现中国在绿色金融方面的领导力，提升在全球环境治理中的话语权。中国是全球建立绿色贷款统计体系的三个国家之一，2018 年，绿色债券在境内和境外发行量合计约占全球当年发行量的 20%，并积极引导国内金融机构和企业利用国际市场为绿色项目融资，吸引国际投资人到中国市场发行和投资绿色债券。推行统一规范、服务于我国经济绿色转型、推动全球绿色发展的绿色金融标准，对融通国内外绿色金融市场具有重要的现实意义和历史价值。

中国作为最重要的新兴经济体，需要使绿色金融"中国标准"成

为"世界标准"，以体现中国在绿色金融方面的领导力，提升在全球
环境治理中的话语权。绿色金融目前在全球范围都处于一个新兴的阶
段。中国在担任 G20 主席国期间，在国际上充分展示了绿色金融方
面的领导能力。同时，中国的"一带一路"建设致力于提升沿线国家
和地区的基础设施建设，跨境绿色投融资的机遇处于巨大的"风口"
之上①。

推动绿色金融的中国标准国际化，正面临着一个重要的历史机
遇。中国正站在引领全球金融治理与区域金融治理的重大历史关口，
一定抓住这一机遇，制定标准、制定规则，就是引领潮流、引领世
界，推动我国绿色信贷、绿色债券和绿色基金等金融产品和服务的国
际化，拓展全球金融市场，畅通绿色资本的跨境流动，推动全球绿色
金融市场和生态环境保护融合的广度和深度。

我国在应对经济快速发展过程中所出现的环境问题，已经制定和
出台了不少政策文件，明确了对于绿色金融的支持政策和条件。2017
年 6 月，中国人民银行、银监会、证监会、保监会、国家标准委联合
发布了《金融业标准化体系建设发展规划（2016—2020 年）》，将"绿
色金融标准化工程"被列为五大重点工程之一，将大力推进落实。近
期，多部委联合印发了《绿色产业指导目录（2019 年版）》，进一步
厘清了产业边界，将有助于把政策和资金聚焦到对推动绿色发展最重
要、最关键、最紧迫的产业上，有助于打赢污染防治攻坚战。这将逐
步推动绿色金融市场相关机构统一关于绿色金融的监管、认证标准，
形成更为规范、统一的市场标识和交易。特别是《绿色产业指导目录
（2019 年版）》根据现实国情，继续把"煤炭清洁生产和利用"纳入

① 王文、曹明弟：《绿色金融的全球旗手》，《中国金融》2018 年第 2 期。

绿色产业的支持范围，既考虑了煤炭作为我国主要的一次能源地位的情况，又考虑对其绿色化发展给予支持，有助于规范发展具有中国特色，并适合发展中国家的绿色金融标准体系①。

中国绿色金融标准的统一，也有助于与国际相关的绿色与可持续金融标准的探讨和交流，促进中国标准与国际标准的融合。通过互相借鉴经验，推动金融机构的绿色化，实现全球经济迈向低碳发展、资源高效利用以及经济可持续发展，最终达成《巴黎协定》的目标。2017 年 11 月 11 日，中国金融学会绿色金融专业委员会和欧洲投资银行在第 23 届联合国气候变化大会举行地德国波恩联合发布的《探寻绿色金融的共同语言》(*The Need for a Common Language in Green Finance*) 白皮书，为提升中国与欧盟的绿色债券可比性和一致性提供基础，为推动绿色金融的定义和标准的一致化提供了重要参考。

虽然中国绿色金融取得了较大的发展，但是还存在着一些不足，不能满足中国经济绿色转型、人民群众对生态环境的期待，最突出地表现在中国绿色金融供给仍然存在着严重不足，金融对实体经济绿色化转型的支持还面临较大的缺口。根据中国人民大学绿色金融改革与促进绿色转型课题组的测算，大约 1/3 的绿色金融领域的需求未能得到满足。

进一步推动绿色金融改革发展和创新，需要在激励政策、能力建设、配套服务体系、信息披露等重点关键方面发力，刚柔并济，避免环保"一刀切"，才能更有效地动员和激励更多社会资本投入绿色产业，促进整个经济的健康平稳可持续发展，有效增强人民群众的获得

---

① 王文：《绿色金融国际化，亟待中国标准》，《经济日报》2017 年 11 月 9 日。

感，更好地实现金融强国①。

一是强化绿色金融的激励机制，推动银行等金融机构发挥在推动绿色发展中的关键性作用，从而加大金融对绿色产业的支持和引导。推动出台合适实施强有力的激励、支持政策，增强对金融机构的激励，充分调动金融机构发展绿色金融的积极性，促进金融机构从企业社会责任、可持续发展角度考虑推行绿色金融发展战略。

二是提升金融机构的绿色金融专业能力，促进绿色项目的有效识别和相应产品与服务的开发。由于绿色金融业务涉及对融资对象环保信息的判断、环境风险的评估和金融产品的定价，专业性很强，需要提升相关从业人员的环保技术、法规和金融兼备的复合型能力。

三是完善第三方服务等配套体系。绿色金融在发展过程中需要建立和完善与之配套的第三方服务机构，以及适合不同阶段、不同层级的投融资体系，形成以绿色项目为核心的金融生态体系②。

四是企业环境信息披露制度刚刚起步，需要持续发展和加强。提高社会公众获得环境信息的便利性，增强社会监督力度和第三方认证的权威性，才能加速环境问题外部性内生化的进程，降低绿色产业的绿色融资成本，从而让"绿水青山就是金山银山"从理念成为社会现实。

在绿色金融发展中，需要鼓励创新，推动绿色金融创新活力迸发，从产业链、金融科技、金融工具等各方面让各类适于绿色金融发展的新机制、新产品、新服务不断涌现从而实现绿色金融为绿色实体

① 曹明弟：《中国绿色金融管理体制机制创新的思考》，《环境保护》2016 年第 19 期。

② 曹明弟：《论"一带一路"绿色金融相关主体行为要领》，《环境保护》2017 年第 16 期。

经济服务。

　　生态环境的可持续发展是人类社会可持续发展的基础，而绿色金融是致力于维护经济社会环境协调发展的金融新业态、新领域。发展绿色金融，归根到底是推动整个社会的可持续发展，需要将金融支持绿色发展的理念内化到整个社会和机构的意识和行动。即人人都意识到绿色发展的重要性，并通过金融的机制和工具，让绿水青山真正成为金山银山，从而推动生态环境改善和应对气候变化，促进经济社会环境的协调可持续发展，推动我国从绿色金融大国走向绿色金融强国，从绿色金融强国走向全面金融强国。

　　金融的现代化发展提升了生态环境的估值，为人民群众享有的美好环境的生产、生活、生态带来巨大的积累。这不仅是看得见的绿水青山、健康安全的生态产品，还包括看不见的空气、适宜居住的大气环境、水环境带来的健康价值、情绪价值。随着人民生活水平的提升，对高质量的生态环境需求质量将继续提升，绿色金融也需要继续协调、提升生态环境、经济生产、社会生活之间的和谐关系，实现天更蓝、水更绿、国更强、地球更美好。

13. 走向金融基础设施国产化之路

近年来，中国在金融科技发展方面逐渐来到世界前沿，金融业关键基础设施国产化的重大意义日渐凸显。金融业关键信息基础设施国产化涉及多个方面，包含芯片、网络设备、服务器＋个人电脑（PC）、存储设备、操作系统、数据库、中间件、应用软件等。随着华为等企业的发展，我国已经在部分信息领域逐步实现国产替代，但在芯片、存储设备、操作系统、数据库等基础信息领域依然有待进一步加快推进相关国产替代速度，尽快实现我国金融产业关键信息基础设施的独立自主创新发展。

13.1 金融基础设施国产化的核心问题何在？

纵观我国 20 余年来关于金融关键信息基础设施相关问题的研究情况，经历了一个从可用、可信到可靠的关注重点过程。最初主要关注的是信息化基础设施的落地、融合和管理制度的创新问题。随着我国互联网以及通信技术的快速发展和国际形势的变化，可信、可靠、自主可控的金融关键信息基础设施的需求已无法回避。随着中美贸易冲突以来的种种情况表明，核心关键技术是难以通过购买的形式获得的。国产自主创新是解决我国金融关键信息基础设施可信、可靠根本的方法。正如本文所提及的，在金融关键信息基础设施国产化过程中，核心设备芯片、存储设备、操作系统、数据库的国产化替代最为关键。

13.1.1 芯片问题

中国工信部副部长辛国斌 2018 年曾指出，计算机和服务器所用的高端芯片仍有 95％以上需要进口，与发达国家还有几十年的差距。[①] 芯片问题不仅仅是我国金融业关键信息基础设施的重点，也是制约我国独立自主创新发展的难点。芯片高端制造是我国当前芯片业的最大短板。与英特尔等国际芯片业行业领先者相比，中国芯片制造工艺落后国际同行两代。2019 年 1 月底，在上海市第十五届人民代表大会第二次会议举行期间，上海市委副书记、市长应勇表示实现集成电路 14 纳米生产工艺量产。中芯国际的 14 纳米进展，对于中国集成电路的制造产业来说是一个极大利好，但是对比全球的集成电路制造产业，依然有较大差距。因此我国在芯片产业的自主创新方面还有很长的路要走，需要对此有客观的认识。

13.1.2 存储设备国产化

存储设备是大数据的载体，金融信息是以数据为表现形式存储

---

① 《中国高端芯片 95％以上仍需进口》，《半导体信息》2018 年第 4 期。

的。因此存储设备的国产化与芯片一样，要实现完全独立自主创新，这是刚性需求。以存储设备的存储控制器为例，存储设备国产化的关键技术是存储控制器的设计与制造。全球的存储控制器芯片主要可以分为：HDD 控制器、存储卡控制器、UFD 控制器、SSD 控制器、桥接控制器以及高端存储控制器等①。从公开的信息资料看，我国在存储控制器芯片的高端领域依然主要依赖进口，亟待迎头赶上。

13.1.3　操作系统的独立发展

2015 年 7 月 20 日，中国邮政储蓄银行开始推进从主机、操作系统到应用系统全面国产的自动柜员机（ATM）设备。当前中国政府高度认识到银行业操作系统国产化进程的紧迫性。大数据时代，我国的金融数据等关键资料都存储在操作系统之中。如果操作系统不可控，将对国家信息化和整体经济发展造成的安全隐患。银监会《关于应用安全可控信息技术加强银行业网络安全和信息化建设的指导意见》（银监发〔2014〕39 号）指出"安全可控"信息技术应用的当前重点在于网络设备、存储设备、中低端服务器、信息安全、运维服务、文字处理软件，并将在操作系统、数据库等领域加大力度。根据上述 39 号文件，从 2015 年起，银行业金融机构对安全可控信息技术的应用应以不低于 15% 的比例逐年增加，直至 2019 年达到不低于 75% 的总体占比。② 要推动操作系统的全面国产化，涉及整个

---

①　《存储控制器国产化究竟有多重要?》，与非网，2018 年 6 月 6 日，https://www.eefocus.com/mcu-dsp/412329，2019 年 3 月 18 日访问。

②　《银监会下硬指标　银行信息系统国产化浪潮来袭》，第 1 财经，2015 年 1 月 26 日，https://www.yicai.com/news/4067378.html，2019 年 3 月 18 日访问。

相关产业链的联动，需要从市场竞争、国家战略和各产业协调和有效配合，亦非短时期能够达成。

13.1.4　数据库国产替代

国产数据库的发展必然经历引进、吸收、掌握、创新的过程。我们目前正处于吸收和掌握阶段。[①] 随着大数据技术、云计算等技术的发展，数据库产品需要面对的系统环境和性能要求越来越高。其中涉及数据库性能、生态融合适配、应用的开发移植、关系数据库的扩展能力、信息安全问题等五个方面的核心技术。[②] 要在这些关键技术上有所突破，目前依然存在许多瓶颈性问题，主要有两个方面，一是数据库研发技术起点高、难度大，一个成熟的数据库产品要具备深厚的技术积累和沉淀才能逐渐走向市场。国内很多厂商为求速成，短期内也不可能掌握其核心技术。二是国产数据库生态建设困难，打破以国外品牌为主导的生态圈尤其困难。当前国外知名数据库在业内处于绝对领先地位，短期内无法撼动国际巨头的地位。[③]

因此，虽然我国在推进金融业关键信息基础设施建设方面从战略层面规划到实际政策和财政支持都下了很大的决心，但依然需要清醒地认识到：核心技术发展有其本身的规律，需要全国上下一条心，要有战略耐心，要充分用好市场本身的激励机制，推动相关技术的独立

[①]　苗健：《国产数据库发展之路》，《软件和集成电路》2018 年第 5 期。

[②]　周亚洁：《数据库国产化替代面临的问题及对策研究》，《信息安全研究》2018 年第 1 期。

[③]　冯裕才：《国产数据库：从"可用"向"喜欢用"嬗变》，《中国电子报》2018 年 11 月 16 日。

自主创新发展，逐步实现我国金融业和其他核心行业关键信息基础设施建设的国产化。

13.1.5　有效应对"卡脖子"问题

中国信息通信研究院金融科技团队对金融科技发展历程进行了梳理总结，认为金融科技发展可以划分为三个阶段（见图 13-1）。第一阶段是金融电子化阶段，重心是信息化的后台建设工作。第二阶段是互联网金融阶段，重心是前端服务渠道的互联网化。第三阶段是金融科技阶段，强调业务前、中、后阶段的全流程科技应用变革。① 但是这其中的关键问题是不可回避的，那就是金融领域全流程应用变革是在金融关键信息基础设施上进行的，而目前金融关键信息基础设施对

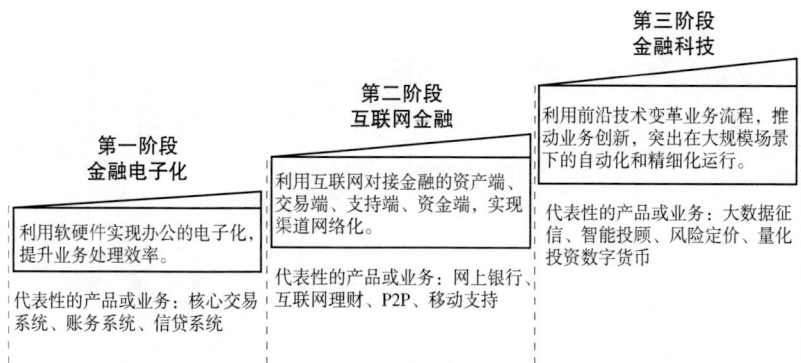

第三阶段
金融科技

利用前沿技术变革业务流程，推动业务创新，突出在大规模场景下的自动化和精细化运行。

第二阶段
互联网金融

利用互联网对接金融的资产端、交易端、支持端、资金端，实现渠道网络化。

第一阶段
金融电子化

利用软硬件实现办公的电子化，提升业务处理效率。

代表性的产品或业务：大数据征信、智能投顾、风险定价、量化投资数字货币

代表性的产品或业务：网上银行、互联网理财、P2P、移动支持

代表性的产品或业务：核心交易系统、账务系统、信贷系统

图 13-1　金融科技发展历程

资料来源：《中国金融科技生态白皮书（2019 年）》。

---

①　《中国信通院发布〈中国金融科技生态白皮书（2019 年）〉》，中国信通院微信公众号，2019 年 7 月 11 日，https://mp.weixin.qq.com/s/rUw21hOJxWGx1zVUg-NaKA，2019 年 7 月 12 日访问。

外程度依赖较大。

在我国金融科技领域，目前在全球最为领先的是我国的电子支付生态建设。根据中国信息通信研究院金融科技团队所发布的《中国金融科技生态白皮书（2019 年）》的数据，中国金融科技服务在移动支付、网络信贷和互联网投资等领域的发展最为突出。移动支付已经成为中国消费者使用的最普遍的支付方式。如图 13-2 所示，2018 年我国移动支付交易额达到了 277.4 万亿元，较 2017 年增长了 36.7%，居全球首位。这对于其他国家金融科技公司而言，是一块诱人的"巨大馅饼"。目前电子支付的"软"生态是由我国牢牢掌控的。但是我们的应用的载体——关键金融基础设施的平台有多少是独立自主可控的呢？在本章节的第一部分和第二部分的论述中，我们可以看到当前这个问题的迫切性。我国金融科技市场越诱人、对未来经济越重要，就越需要减少对国外进口设备、器件和关键软件的依赖。2018 年以

（单位：万亿元）

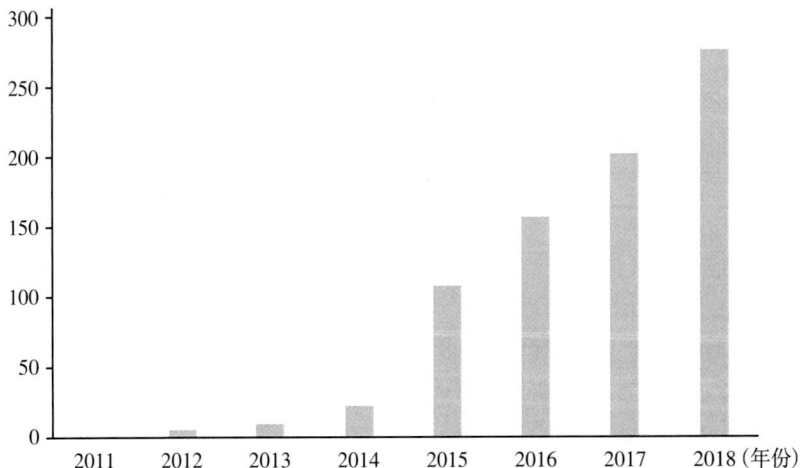

图 13-2　2011—2018 年中国移动支付交易额

资料来源：《中国金融科技生态白皮书（2019 年）》。

来中美贸易摩擦和科技较量表明，没有自主可控的金融关键基础设施，就没有自主可控的金融科技发展预期，随时有可能被其他国家"卡脖子"。[①]

13.2　金融基础设施国产化中的战略节点

金融关键信息基础设施涉及国家命脉，同时由于金融系统与社会的密切关系，牵一发而动全身。因此，不宜过度强调金融关键信息基础设施完全的独立自主。大部分金融信息系统，是相对封闭的系统，其中大部分功能应用是定制系统，需要设备供应商的深度合作。深度合作，也就意味着深层次的绑定。大的金融系统，例如采用 IBM 等系统方案的系统，要实现原有系统功能的国产化替代，这是一个相对漫长的过程，不可能一蹴而就。对于需要尽可能减少交接影响的金融数字化系统而言，其所依赖的信息基础设施国产替代过程建议采用"新人新办法、老人老办法"的解决思路。即新需求用新的技术方案（一开始就用国产化设备），老的系统采用逐步替代的方案，以减少系统升级决策风险。金融关键信息基础设施国产化的过程是客观认识现有存在的差距、依赖程度的基础上，稳扎稳打进行的过程。

---

① 《中国信通院发布〈中国金融科技生态白皮书（2019 年）〉》，中国信通院微信公众号，2019 年 7 月 11 日，https://mp.weixin.qq.com/s/rUw21hOJxWGx1zVUg-NaKA，2019 年 7 月 12 日访问。

13.2.1　关键设备的半导体芯片国产化须有战略耐心

（1）我国的芯片产业基础并不薄弱

我国在半导体领域起步并不算晚，1957 年北京电子管厂制造出了锗晶体和二极管，这是我国第一批半导体产品。而美国贝尔实验室的威廉·肖克利（William Shockley）是在 1947 年发明锗晶体管器件的。在起步阶段，我国只比美国晚十年。1960 年我国成立了两个半导体研发机构，分别是中国科学院的半导体研究所和第四机械工业部（电子工业部前身）的第十三研究所。① 第十三研究所在 1965 年研发出了中国的第一块集成电路 DTL（二极管—晶体管逻辑电路），只比美国晚了 7 年。上海元件五厂在 1966 年开发出 TTL logic（晶体管逻辑电路），约只比西方落后 3—5 年。但是随后的"文化大革命"阻断了这一个发展过程，直到 20 世纪 70 年代末才恢复正常。中国科学院的半导体研究所于 1979 年试制成功了 4K DRAM，1980 年研制成功了 16K DRAM。

另外，虽然十年浩劫对我国半导体产业发展有很大的影响，但最核心的科研能力依然顽强生存了下来。1979 年上海元件五厂和上海无线电十四厂，联合仿制（逆向工程）成功 8080 八位微处理器（编号 5G 8080）。8080 芯片为美国英特尔公司在 1974 年推出的第二款中央处理器，集成 6000 只晶体管，每秒运算 29 万次。自 1975 年第一台个人电脑诞生以后，8080 芯片帮助英特尔在几年后占据了电脑芯片的霸主地位。德国西门子仿制出 8080 芯片（Siemens SAB 8080A-C）是在

---

① SEMI 中国：《中国集成电路产业发展大事记》，华强电子网，2016 年 8 月 10日，http://m.hqew.com/tech/news_650420，2018 年 5 月 18 日访问。

1980 年 10 月，比中国还晚一年。① 可以说，即使到"文化大革命"结束，我国半导体发展依然维持了比较完整的科研和独立发展体系，且与全球的差距也并不存在不可逾越的鸿沟。

（2）改革开放之初即开始了半导体产业链的基础战略布局

我国第一座具备规模化生产的半导体晶圆厂是 1980 年开始建设的第四机械工业部无锡 742 厂，当时获国务院投资 2.8 亿元人民币。该厂 1980 年从日本东芝引进全套 3 英寸半导体晶圆设备（5 微米技术），并于 1982 年起投产，被认为是中国第一家具备规模化生产的半导体晶圆厂。无锡 742 厂主要产品是搭配陕西彩色电视机生产线所使用的集成电路。②

从 1984 年开始，地方政府、国有企业和大学也开始纷纷从国外引入半导体晶圆厂。1984—1990 年，先后共引进建设了 33 个半导体晶圆厂，当时依然有很强的计划色彩，大多数没有形成规模化生产和商业运转能力。这其中一个比较明显的原因是，当时全国晶圆厂在全国开花。地方政府、高校和国有企业重复建设。在既定计划生产色彩浓厚的前提下，又缺乏全国性的统一性筹调度安排。③

1982 年，国务院成立了"电子计算机和大型集成电路领导小组办公室"（本书简称"电办"），主要负责协调半导体等相关产业的发展。

---

① 《中国集成电路产业起步只比美国晚几年，为何如今却落后 20 年？》，2018 年 4 月 21 日，http://www.icsmart.cn/18454，2018 年 5 月 15 日访问。

② SEMI 中国：《中国集成电路产业发展大事记》，华强电子网，2016 年 8 月 10 日，http://m.hqew.com/tech/news_650420，2018 年 5 月 18 日访问。

③ 朱贻玮编著：《中国集成电路产业发展论述文集》，新时代出版社 2006 年版，第 64—70 页。

电办主要做两方面的工作，一是统筹协调当时存在多头领导、重复建设的问题，如上述 33 个半导体晶圆厂等，重点治理散、乱、差等问题，形成南北两个微电子基地的布局；二是大力发展集成电路。1986年，电子工业部在厦门举办"集成电路发展战略研讨会"，提出了集成电路技术"531"发展战略，即普及推进 5 微米技术，开发 3 微米技术，进行 1 微米技术科技攻关。

1989 年电子工业部在无锡举办的集成电路战略发展研讨会，进一步落实了"南北两个微电子基地"的政策，并进行定向基金扶持。在 1988 年至 1995 年间，产生了五家具有相当规模的微电子企业。分别是江苏无锡华晶电子（原无锡 742 厂）、浙江绍兴华越微电子（1988年设全国第一座 4 英寸厂）、上海贝岭微电子、上海飞利浦半导体（1991 年设第一座 5 英寸厂）和北京的首钢 NEC（1995 年设第一座 6英寸厂）[①]。

1990 年 8 月，国务院决定在"八五"期间（1991—1995 年）促成半导体产业升级，促成中国半导体产业进入 1 微米下工艺制造时代。这就是著名的"908 工程"。"908 工程"总投资约 20 亿元人民币，主要分为两个主要部分：其中 15 亿元人民币用于投资建设华晶电子的 6 英寸晶圆厂 12000 片产能，其余投资用于成立了数家集成电路产品设计中心。其中华晶电子在 1990 年 8 月被确定为中国半导体产业战略性发展工程。

但"908 工程"在执行过程中也产生了一些问题。总的来看，"908工程"执行期间，涉及的问题是多方面的，主要有以下四点：一是体

---

① 朱贻玮编著：《中国集成电路产业发展论述文集》，新时代出版社 2006 年版，第 64—70 页。

制的限制，1996 年以前，我国仍然处于改革开放的探索初期，半导体作为具有国家战略地位的产业，前期主要依靠国家投资，市场开放有限，因此早期具有比较浓厚的计划经济色彩。二是早期探索存在一定程度上的政策试错。当时我国半导体政策重点是技术和制造工艺的先进程度，相对而言并没有考虑过多市场因素。三是计划执行存在一定的摇摆。我国"908 工程"执行期间，正直"市场换技术"思潮的讨论期。因此在资金支持、政策配套方面存在摇摆。四是国内国际政治因素，如当时内部矛盾问题、美国对中国早期的封锁等。

（3）20 世纪 90 年代中期至 21 世纪初的发展与"909 工程"

在吸取了"908 工程"的经验之后，于 1995 年底，我国启动了推动半导体产业发展的"909 工程"。主要内容包括两大项目：

一是中央与上海共同投资建立了 8 英寸晶圆厂——华虹微电子（后改名为华虹集团）。同时与日本 NEC 在 1997 年合资组建上海华虹 NEC 电子有限公司，由 NEC 提供 8 英寸厂整厂 0.35 微米技术转移，且主产品随后调整为当时主流产品（64MB DRAM）。中央充分认识到了摩尔定律的巨大影响，此次决策迅速。华虹 NEC 在 2 年内就实现了量产，并于 2000 年便开始赢利。[①]

二是积极推动面向市场经济的集成电路企业发展。"908 工程"有一个重要的教训就是在追求制造工艺先进的同时，也要兼顾市场需求，不能只依靠军工支持，更需要形成民用市场的竞争力。[②] "909 工程"选

---

① 陈玲：《制度、精英与共识：寻求中国政策过程的解释框架》，清华大学出版社 2011 年版，第 88—89 页。

② 《国务院通过两大集成电路重大专项方案》，2008 年 4 月 25 日，http://it.sohu.com/20080425/n256520254.shtml，2018 年 5 月 16 日访问。

定了七家集成电路设计企业，其中 5 家是以商用集成电路为主要产品的，包括华为、中兴、南京熊猫电子、成都华微电子还有中国华大等。除了资金的支持，政府在"909 工程"实施过程中也通过政府采购等对相关企业进行了扶持。如我国在 1996 年开始制定启动的"金卡工程"（身份证、电子货币 IC 卡和手机 SIM 卡）等，对我国这一段时期内部分集成电路生产厂家产能发展起到了至关重要的作用。①

"909 工程"的推进总体来看为我国进入 21 世纪后半导体产业发展，半导体市场的扩大起到了非常重要的作用。这其中有三条经验比较突出，一是我国这一时期对韩国和新加坡等半导体产业政策进行了充分借鉴，采用了大量的税收优惠政策；二是鼓励民间和外资投资晶圆厂建设，在自身产能不足、创新体系不足的前提下，采用了折中的方式，以晶圆代工企业推动集成电路设计企业发展，同时积极引进多种所有制企业，如台积电、新加坡政府投资半导体企业等；三是我国政府逐步认识到了在半导体产业模式的发展中，政府更应该扮演风险投资者的角色而非经营者。

（4）2000 年至今，进入快速发展时期

国务院在 2000 年颁布的《关于印发鼓励软件产业和集成电路产业发展若干政策的通知》（国发〔2000〕18 号）以及《集成电路产业"十五"规划要点》（以下简称"'十五'规划要点"）。通过税收减免、加大研发投入、政府采购推动、地方政府补贴等系列方式，取得了斐然的成绩。

---

① 胡启立：《"芯"路历程："909"超大规模集成电路工程纪实》，电子工业出版社 2006 年版，第 123—145 页。

一是半导体需求市场占全球第一，但国内供给能力有限。我国半导体行业发展非常迅速，影响力也越来越大。根据 IC Insights 的数据，截至 2015 年，我国半导体全球市场需求份额已占全球半导体总需求的 58.5%，预计 2019 年的半导体需求将达到全球的 60%。

但是同时我国半导体芯片自给能力依然存在巨大缺口。根据中国半导体行业协会（CSIA）公布的数据显示，2016 年中国集成电路进口额度大于 2271 亿美元，而同年我国原油进口 38101 万吨，金额为 1164.69 亿美元[①]，仅为集成电路进口额的一半。根据国信证券统计，中国消耗晶圆片数量超过 9299 万片 / 年，中国区域产量 2218 万片 / 年，自给率仅 14%，缺口达 86%。此外，从图 13-3 也可以看出，我国的半导体产能和消费缺口在不断增大。

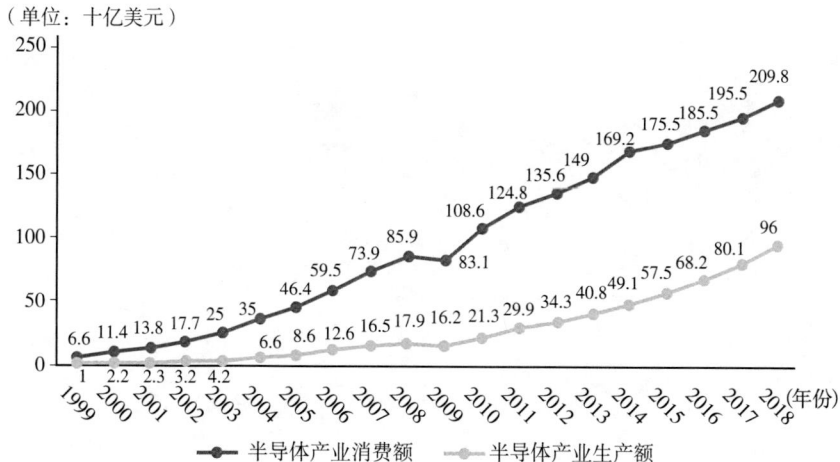

图 13-3　1999—2018 年中国半导体产业的消费额和生产额

资料来源：中国半导体行业协会。

---

① 中商产业研究院：《2016 年 1—12 月中国进口原油数据统计》，中商情报网，2017 年 1 月 13 日，http://www.askci.com/news/chanye/20170113/16041387814.shtml，2017 年 5 月 18 日访问。

二是我国部分半导体产业领域已具备国际竞争力，但制造能力依然有待继续提升。图 13-4 是半导体产业价值链的结构图（以数字芯片流程绘制）。半导体产业的整个过程可以分为三个部分，分布式设计、制造和封测。根据中国半导体行业协会统计，2017 年我国集成

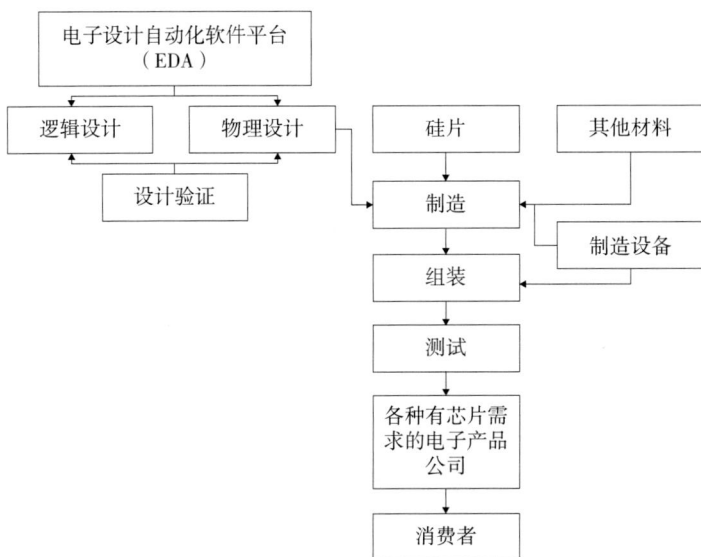

```
              ┌─────────────────────┐
              │  电子设计自动化软件平台  │
              │      （EDA）         │
              └─────────────────────┘
                 │            │
          ┌──────────┐  ┌──────────┐    ┌────────┐   ┌────────┐
          │  逻辑设计  │  │  物理设计  │    │  硅片   │   │ 其他材料 │
          └──────────┘  └──────────┘    └────────┘   └────────┘
                 │            │              │
              ┌──────────────┐          ┌────────┐
              │   设计验证    │          │  制造   │ ◄──  ┌────────┐
              └──────────────┘          └────────┘      │ 制造设备 │
                                            │           └────────┘
                                        ┌────────┐
                                        │  组装   │ ◄──────┘
                                        └────────┘
                                            │
                                        ┌────────┐
                                        │  测试   │
                                        └────────┘
                                            │
                                  ┌─────────────────┐
                                  │  各种有芯片需     │
                                  │  求的电子产品     │
                                  │  公司            │
                                  └─────────────────┘
                                            │
                                        ┌────────┐
                                        │ 消费者  │
                                        └────────┘
```

图 13-4　半导体产业价值链结构图（以数字芯片流程绘制）

电路设计收入达 2073.5 亿美元，制造收入达 1448.1 亿美元，封测收入达 1889.7 亿美元，显著高于同期全球市场增长率。当前我国在封测领域已经是处于与国际领先企业"并跑"的位置，并展现出了较强的创新活力。

但也可以看出相较于设计和封测，我国半导体产业领域的制造能力依然偏弱的问题。根据国信证券经济研究院的研究，当前三星、台积电已经能够实现 7 纳米工艺芯片的量产，英特尔能够实现 10 纳米工艺芯片的量产。我国的中芯国际、上海华力等目前只能实现 28 纳米工艺芯片的量产，这在技术上落后三代。这其中最大的瓶颈是光刻

机等制造设备的限制。

三是我国晶圆生产能力发展迅速，已形成相对完整的半导体产业链。综合国信证券经济研究院和中国半导体行业协会的数据，可以看出我国在半导体生产材料——晶圆制造方面取得的长足进步。2016年底，中国大陆已投产的 12 英寸晶圆生产线月产能达 46 万片（含外资及存储器部分），全球占比约为 9.02%；已投产 8 英寸晶圆生产线月产能 66.1 万片（含外资），全球占比约为 12.8%。截至 2020 年，中国大陆新增 12 英寸晶圆规划月产能超过 100 万片。其中 2018 年规划新增 12 英寸片接近 40 万片／月。根据中国半导体行业协会数据及预测，截至 2020 年，中国半导体设计市场规模可达 3409 亿元，封测市场规模可达 3243 亿元，复合增速均超过 20%。[①] 半导体材料制造的快速发展，对促进我国整个半导体产业链的提升有着非常重要的作用，我国未来半导体发展总体趋势看好。例如，海思半导体是国内 IC 设计龙头企业，2016 年销售额 260 亿元，是国内最大的无晶圆厂芯片设计公司，业务包括消费电子、通信、光器件等领域的芯片及解决方案。代表产品为麒麟系列处理器。其最新产品麒麟 990—5G 人工智能芯片，将搭载在华为新旗舰手机 Mate 30 上。

根据国家企业信息系统可查数据，当前我国有集成电路企业 145 家，半导体元器件企业 83 家，半导体设备企业 52 家，半导体材料企业 56 家。已经形成了较为完备的半导体产业链。此外，前文也提及了 2018 年中美贸易摩擦以来我国在芯片领域负重前行快速发展的可喜成就。因此，对我国未来的芯片国产化之路应该有足够的信心。

---

① 中国半导体行业协会、中国电子信息产业发展研究院：《中国半导体产业发展状况报告（2017 年版）》，第 27—36 页。

（5）我国当前半导体芯片产业展现迅速但人才缺口大

随着全球局势的变化，国家对我国集成电路国产化的决心越来越大、支持的政策也是不断增多。例如 2019 年"两会"期间，明确了重点降低制造企业和小微企业税收负担，将制造业等行业现行 16% 的税率降至 13%[①]。大幅度的降税，充分体现了我国在推动实业发展，特别是数字技术基础产业的升级和独立创新方面的决心。2018 年以来，美国对中国在贸易、关键技术方面的扼制，促使我国（决心加强关键芯片自主化建设）。以半导体的关键材料晶圆为例，据国际半导体设备与材料产业协会预计，2017—2020 年全球将有 62 座新晶圆厂投产，其中 26 家在中国大陆，占总数的 42%。[②] 随着晶圆厂的投建，中国内地市场增速明显。如图 13-5 所示，2018 年前三季度半导体制造设备全球销售额达 495.7 亿美元，同比增长 19.39%。2017 年中国半导体制造设备销售额为 82.2 亿美元，2018 年前三季度达到 104.1 亿美元，同比增长 61.40%。中国内地半导体发展势头在不断加速。

半导体产业的快速发展使人才方面的掣肘也暴露出来了。在 2019 年 5 月 17 日召开的世界半导体大会期间，中国半导体行业协会副理事长于燮康接受了《每日经济新闻》记者的采访。他表示，目前国内芯片行业人才缺口有 30 万人，遍布行业内的方方面面，包括设计研发人才、企业管理领军人才、每道工序的制造人才等，还包括操

---

① 《李克强：拟将制造业等行业现行 16% 的税率降至 13%》，新浪财经，2019 年 3 月 5 日，http://finance.sina.com.cn/roll/2019-03-05/doc-ihsxncvf9908624.shtml，2019 年 5 月 17 日访问。

② 《2017—2020 年间全球新增 62 座晶圆厂　中国大陆占 42%》，智能电子集成，2016 年 12 月 30 日，http://smartcity.asmag.com.cn/xfdz/2838.html，2019 年 5 月 17 日访问。

（单位：十亿美元）   （单位：%）

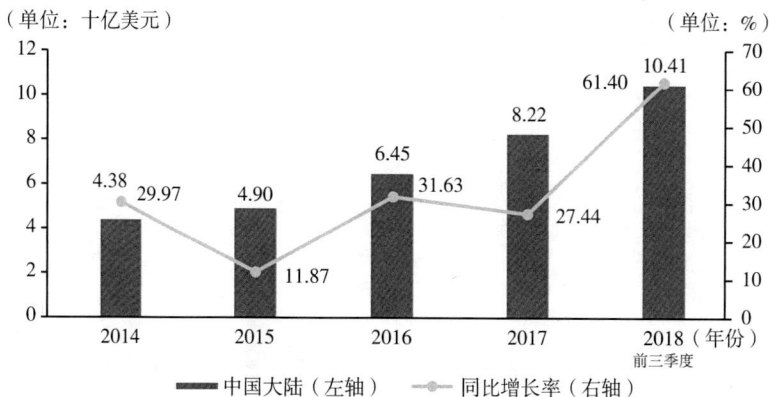

图 13-5　2014—2018 年前三季度中国内地半导体设备销售额及同比增长率

资料来源：日本半导体制造装置协会、长城证券研究所。

作工人、封装工人、设备协调工人等。① 因此，对相关人才的培养、引进等问题将会是未来很重要的问题。

（6）对我国金融信息基础设施建设的国产化要有足够的耐心

当前，全球半导体产业链细分的趋势非常明显。较之于之前设计、制造和封测在同一公司完成的 IDM 模式，这三个环节已经形成了相对独立的专业企业分工。全球半导体产业链走向分工的过程也是半导体产业链全球化的过程。以 1996 年为分水岭，在此之前中国半导体产业与全球半导体产业的发展的摩尔定律速度脱节。但在 1996 年之后，通过"908 工程"、"909 工程"等系列战略推动，加上进入 21 世纪以来全产业链的系列配套发展，我国半导体产业体系已经取得了长足的进步。

---

① 《中国半导体行业协会于燮康：芯片人才缺口有 30 万》，新浪财经，2019 年 5 月 17 日，http://finance.sina.com.cn/roll/2019-05-17/doc-ihvhiews2509739.shtml，2019 年 5 月 17 日访问。

当前中国已从一无所有跃升为晶圆代工产业全球第二大国。从中国半导体产业技术发展进程看，中国半导体制造工艺从落后三代以上，缩小为仅落后一至两代。因此，因为部分企业出问题而妄自菲薄，否定所有人的努力是不客观的。对于像金融等核心信息系统芯片的自主化，目前完全实现国产化替代是不现实的，需要足够的战略耐心。

当然，我们也要看到，在芯片制造环节。虽然有"908 工程"、"909 工程"以及最近十余年来国家的大力推动，但中国集成电路产业的落后依然不容置疑。必须承认，整体的产业结构严重失衡，设计企业少而弱，制造方面虽有半导体巨头纷纷设厂，但以封装测试为主，而且由于国外政策的限制，制造工艺均落后于国外。至于制造设备，几乎完全依赖进口。这些问题我们依然要面对，而且还需要深入分析和挖掘。

13.2.2　操作系统、数据库与存储设备的国产化使用生态是关键

我们在调研部分单位的时候，发现一个现象，有些单位国产办公设备（非银行核心设备）要比外资供应商设备的故障率低很多。但仔细问询后发现，是因为用得少。在当前办公自动化设备生态与国外产品关系密切的大环境下，要完成矫正用户习惯，只靠行政命令是很难做到的，需要形成生态。

从公开信息看，截至 2018 年底，我国金融行业办公计算机终端所使用的操作系统依然以 Windows 系统为主。例如，根据 2019 年初的中国知网文献，中国人民银行计算机设备使用的操作系统以

Windows 系统为主，只有少数征信查询机、视频监控、服务器等设备采用非 Windows 系统，特别是客户端计算机几乎都使用 Windows 系统。[①] 操作系统的"霸权"主要与其软件生态直接关联。长期以来的各类业务软件、办公系统软件等均是基于 Windows 系统开发的，要进行整体替换，就要替换所有的办公生态系统。根据 2019 年初的中国知网文献，以地市级的中国人民银行支行为例，三明市辖区共有 800 多台计算机，其中操作系统为 Windows XP 的占比超过六成，Windows 7 及其他 Windows 版本的占比超过三成，只有极少数的连接互联网的计算机试点安装国产 Linux 系统。国产替代过程中，银行业务的无缝衔接会面临比较大的兼容性的挑战。

与银行操作系统密切相关的，还有数据库的选型问题。数据库也是金融信息基础设施的关键。金融系统对数据库系统的高性能、高可靠性和高安全性的重视程度要优先于数据库供应商是否是中国本土企业。由于我国数据库技术和相关产业起步较晚，因此在这一方面的差距也是比较明显的。金融系统在国产数据库替代上，建议遵循从非核心业务数据库国产化再到核心业务国产化的路径逐步替代实施。在存储方面，随着云计算和云存储的兴起，对硬件独立性的依赖目前还不是最紧迫的事情，其中的核心技术存储控制器芯片也与我国半导体整体工业实力直接相关。因此，在金融信息基础设施领域，无论是芯片、操作系统、数据库还是存储设备，他们并不是独立的"技术高地"，而是密切相连的"科技高原"。能否实现完全国产化替代、自主可控的国产金融信息系统，直接反映了我国产业转型升级的成效。

---

① 徐挺、连良琦：《人行桌面操作系统国产化的难点与建议》，《金融科技时代》2019 年第 4 期。

从现实情况看，虽然目前已有较好的基础和成绩，但前路依然漫长。特别是随着 5G 时代的到来，原有系统甚至要面临跳跃性升级的挑战。我国金融关键信息基础设施替代的高质量发展和国产化之路任重道远。

第四篇

从"世界外围"到"世界中心"：

大金融与全球治理

14. 双向开放时代的中国金融

2019 年，距离中国实行改革开放政策已经过去 40 年。在这过去的40 年里，得益于改革开放带来的巨大机遇，中国发生了翻天覆地的变化。尽管当今世界处于前所未有的大变局之中，"逆全球化"浪潮狼烟四起，中国依旧坚持改革开放的基本国策，致力于打造"陆海内外联动，东西双向互济"的开放格局，得益于此，开放程度一直落后于其他行业的中国金融业也由此进入了对外开放的新纪元。

14.1　金融市场双向开放政策的历程

14.1.1　改革开放前的金融"封闭"

金融对于中国来说并不是一个完全陌生的词汇与概念，金融行业古已有之。早在明清时期，中国工商业发展迅速。在此期间，一批来自山西等内陆省份的商人逐渐建立起多层次的金融体系，逐渐成为当时中国银行业的领军人物。他们建立的金融机构体系（当铺、印鉴店、钱庄、贷款银行和汇票银行）有着独特的商业模式，如针对特定的目标客户群和精心设计的风险管理手段。同时他们也互通有无，允许资本流动。这一特定的金融体系有助于当时中国的经济增长。然而由于固有的局限性，它最终被现代银行业所取代。[①]

自中华人民共和国成立至 1977 年的这段时间，在中国的整个金融体系中，中国人民银行一枝独秀，承担起了战后国民经济的恢复工作，并且承担起构建新中国金融体系的任务。新中国成立初期，"三大改造"正在如火如荼地进行，国内的金融体系亟待完善，因此金融工作的重点放在了基础工作上。这一时期以中国人民银行为核心的金融体系的主要工作包括控制通货膨胀、稳定物价、统一币制和货币发行。[②] 因此，在这一时期，除了与苏联和东欧社会主义国家的少量的往来交流，中国的金融市场基本处于"封闭"的状态之中，金融的开放程度几近为零。

而在此之后，由于缺少社会主义国家的建设经验与可参考的对象，接连而来的"大跃进"与"文化大革命"对于国内的金融市场发展造成了不小的冲击。这些错误的运动不仅严重扰乱了市场的秩序与发展，更对此前积累的经济金融基础造成破坏，金融市场秩序混乱，国家政策盲目多变，金融业务、储蓄业务均受到严重影响，国外保险与侨汇业务遭受冲击，银行机构被大规模地合并，银行难以形成统一系统，金融政策贯彻执行遭遇巨大障碍。长达十年的动乱使中国金融业受到巨大的冲击，金融发展水平不断倒退。[③] 随后迎来的拨乱反正

---

① Zhou Jianbo，et al., *Shanxi Merchants' Multi-Level Financial System in Ming and Qing Dynasty-China,* Emerging Markets Finance and Trade，53.2（2016），p.376.

② P. Bottelier，*The Evolution of Banking and Finance in China: Domestic and International Aspect*，Avery，M，Zhu，M，& Cai，J（eds）2002，*China's Emerging Financial Markets: Challenges and Global Impact*，John Wiley & Sons，Hoboken: p.129.

③ P. Scranton ，"Business Practice and the Cultural Revolution"，*Enterprise*，*Organization*，*and Technology in China*，Palgrave Macmillan，Cham，2019:327-63.

的时期，国家重新进行调整，各方面逐渐回到正轨。这一时期，国家开始加强银行机构整顿，规范规章制度，加强金融工作，1977 年基本恢复了金融秩序，为随之而来的改革开放奠定了基础。

14.1.2 改革开放带动中国金融开放

1979 年，在新中国成立三十年之后，中国正式实行改革开放的政策，经过 40 年的改革与开放，最终形成了我国"全方位、多层次、宽领域"的开放格局。但在改革开放之初，各领域的开放步伐并不一致，而其中金融业的对外开放一直都比较谨慎。1979—2018 年，中国的金融对外开放大致可以分为如下的三个阶段：

1979—1993 年，中国金融对外开放初期，对外开放的举措大都以"试点"开展的方式进行。比如在 1979 年，日本输出入银行在中国设立了代表处，成为首家在中国开展金融业务的外资金融机构，拉开了中国金融对外开放的序幕；在 1980 年，深圳经济特区成立，成为中国对外开放、吸引外资的窗口；1983 年，国务院颁布了《中国人民银行关于侨资外资金融机构在中国设立常驻代表机构的管理办法》，开始从法律层面对于外资进入中国参与金融业务予以认可、欢迎与保护，标志着中国金融行业的对外开放达到了新的高度。

1993—2001 年，中国金融对外开放的政策逐步出台，各方面的机制也日趋完善。其中最具标志性的事件则是 1993 年中共中央出台了《关于建立社会主义市场经济体制若干问题的决定》，在随后的 1994 年，我国进行了汇率制度的改革，人民币官方汇率与外汇调剂市场汇率实现并轨，开始实行以外汇市场供求为基础的、单一的、有管理的浮动汇率制度，从而使得国内与国际金融市场汇率一致，标志着我国金融行业市场化程度与对外开放程度的提高，为金融开放奠定了基础；紧接着，在 1996 年 7 月，人民币实现了经常项目下的完全可兑换，尽管资本项目仍旧处于管制之下，但是金融管制正在逐步放开，经济金融营商环境向宽松过渡。

2001—2018 年，中国金融进入了高速开放的时期，整体的对外开放程度进入了更高水平。2001 中国加入了世界贸易组织，在此之后五年的过渡期内，为了履行加入世贸组织的承诺，中国对金融业的各个领域都放宽了管制，加大了开放的力度，我国的银行业、证券业与保险业开始接纳更多的外资。[①]

在度过了改革开放初期金融业对外开放的小心翼翼的探索旅程后，中国金融已经具备了一定的经验来应对改革开放过程中存在的诸多不确定因素，在这期间，各类加大对外开放的政策相继出台。2002 年 12 月，《合格境外机构投资者境内证券投资管理暂行办法》颁布施行，2007 年 7 月，《合格境内机构投资者境外证券投资管理试行办法》也开始施行。2009 年 4 月起，全国范围内逐步开始推广跨境贸易人民币结算试点，资本的境内外流通程度得到提升。在 2014 年 4 月与 2016 年 12 月，"沪港通"和"深港通"机制分别正式开始实施，自此，境外资金得以进入 A 股市场，而国内的资本也获得了更多的投资选择。

与外商对中国金融业大量增加的投资相比，中国国内对外投资金融业的热情也在相关政策的指引下不甘示弱。从图 14-1 中可以看出，中国金融业对海外金融业的投资也在迅速增长，中国金融市场的双向

---

① 李扬：《中国金融改革开放 30 年：历程、成就和进一步发展》，《财贸经济》2008 年第 11 期。

（单位：万美元）

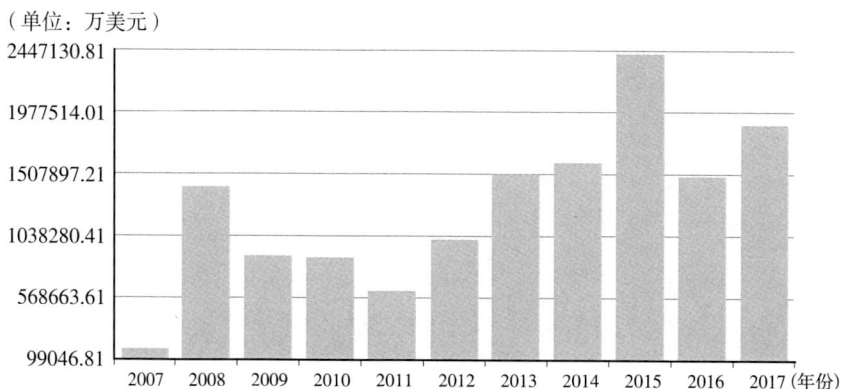

图 14-1　2007—2017 年中国金融业对外直接投资净额

数据来源：中国国家统计局。

开放取得显著成果。

　　2018 年 6 月，中国人民银行、国家外汇管理局宣布对合格境外机构投资者、人民币合格境外机构投资者（RQFII）实施三大改革措施：取消合格境外机构投资者每月资金汇出不超过上年末境内总资产 20％ 的限制；取消合格境外机构投资者、人民币合格境外机构投资者本金锁定期要求，境外机构投资者可以根据需要办理资金汇出；明确合格境外机构投资者外汇风险管理政策，允许合格境外机构投资者、人民币合格境外机构投资者对其境内投资进行外汇套期保值，以对冲其汇率风险。经过多轮的改革与扩容，合格境外机构投资者与合格境内机构投资者管理机制日趋成熟，成为资本账户管制之下资本流通的重要渠道，保障与促进了金融开放的顺利开展。

　　尽管放宽资本账户往来的政策不断推出，但中国金融业对外开放的决心远不止于此。2018 年 8 月，银保监会对于原有的金融机构投资的规章制度作出修改或废除，对外资金融机构投资者实施国民待遇，内外资适用统一的市场准入与许可办法，并取消了外资入股中资银行和金融资产管理公司的股比限制。这一举措极大地鼓励了外资金融机构加入中国金融行业，反映了中国金融市场对外开放的决心与对于抵御输入性金融风险的能力的信心。

14.2　增强开放环境下的金融博弈能力

14.2.1　中国金融开放历程对当代的启示

从我国改革开放的实践来看，金融业对外开放并没有对本土金融行业发展造成毁灭性打击，而是整体上促进了我国金融行业的发展和金融体系的完善。但是不能否认的是，在对外开放的过程中，对于金融行业，中国一直都保持着高度谨慎的态度，但是在这一过程中还是不可避免地因为一些原因，使中国金融受到了不同程度的挑战。

其中最具代表性的便是国际金融寡头对中国金融市场秩序的影响。无论是 1997 年亚洲金融危机爆发，引起多国货币贬值，冲击各国股市，还是在次年索罗斯对我国香港发起的"金融战"，妄图做空港币，中国政府都在其中做出积极应对，最终成功狙击国际金融寡头，坚守金融防线，将亚洲金融危机对我国的影响降到最低。

以史为鉴。从数次金融危机与金融市场的动荡中吸取教训，中国金融业相关的各项新规的出台都显得无比慎重，不再如初期那般盲目照搬国外的标准甚至是随意放宽相关条件，也因此，中国金融市场的发展一直都缓慢但平稳，甚至使金融行业的对外开放稍显滞后。但在完成了多年的经验积累之后，中国已拥有足够的信心，正在尝试着不断完善本国的金融市场，使之与国际金融标准接轨，加大金融行业的开放力度，促进金融业整体的高水平发展。

14.2.2 "他山之石"的经验教训

对金融开放招致的风险的防控对于世界上各国而言都在特定时期里被视为重大的难题。由于风险防控等经验不足、输入性风险加剧与政治外交等诸多方面的原因，世界各国都曾在金融开放的问题上遭受过或大或小的损失，而这些国外的发展经验亦是极具参考价值的。

作为亚洲经济金融发展高居前列的日本亦不可避免地在对外开放初期遭受过来自金融开放的冲击。早在 20 世纪 50 年代中期，日本金融就开启了对外开放的进程，并以逐步提高资本项目可兑换为主，金融服务业开放滞后。进入七八十年代后，内外压力迫使日本的金融对外开放进程加速。外部方面，美国为走出滞胀困境，将矛头直指当时作为第二大经济体的日本，以"贸易公平"等为由，迫使日本"自愿"签订了一系列出口限制协议，以减少对美贸易顺差，与此同时还提出日元升值、日本金融市场开放等要求。国内方面，日本较强的金融管制难以匹配高速发展的国民经济，为抵消日元过快升值对经济的冲击，政府开始了以去监管化为核心的金融对外开放，并实施了宽松的货币政策。

日本金融对外开放在外部环境压力下节奏错配，在国内金融体制尚未实现有效改革时进行对外开放，给日本的经济金融埋下了"泡沫隐患"，并由于机制的不健全导致跨境套利行为频繁发生，风险加剧累积。最终在 20 世纪 90 年代，由于日本政府在经济泡沫处于高位时选择了主动挤泡沫的措施，采取了非常严厉的行政措施，调整了税收与货币政策，最终导致股票泡沫与房地产泡沫先后破灭，日本经济自此进入长达二十年的长期衰退。[①]

与日本类似，在韩国的金融对外开放中，由于对美贸易存在顺差，招致美国要求韩元升值，被要求实施贸易自由化和开放国内市场以改善贸易不公平等一系列措施。在这次爆发的金融风暴中，韩国的对外开放政策对该国经济金融造成诸多问题，首先是开放加速吸引大量外资金融机构进入，陷入了产能过剩与金融加杠杆的恶性循环，严重扭曲了经济结构；其次，汇率市场化机制不完善导致大规模跨境资本流动。在随后到来的1997年亚洲金融危机中，韩元成为国际投机资本的攻击对象，最终招致韩元大幅贬值，演化成全面经济危机。

在我国金融对外开放的过程中，日本与韩国金融开放发生的"事故"具有很大的参考价值，我国需加快金融体制与金融供给侧结构性改革，谨防外部输入性风险对国内金融体系的隐患与冲击，全面统筹协调资本账户开放顺序，防止汇率、利率及资本账户开放节奏不匹配。金融开放所面临的风险，当下中国金融正值对外开放与供给侧结构性改革的重要关口，金融新规频繁落地，金融改革大刀阔斧，金融业的发展进入转型时期便迎来了这个行业的"多事之秋"，防范化解金融领域的重大风险成为这一时期金融工作的又一重点。金融开放对于一国金融市场的影响最为显著的是冲击其原有的市场稳定性。境外资金与机构的进入会打破国内市场体系的原有格局，与此同时，国际市场的波动将紧随资本流动加速向国内传导，输入性金融风险加剧，进而引致更多潜在的风险。

----

① 任泽平、方思元、梁珣：《中国金融对外开放：成就、不足与变革》，《海外投资与出口信贷》2018年第6期。

首先，市场原有的汇率和利率市场化程度较低，政府的干预强于市场的作用，阻碍资产的合理定价与资金的有效配置，弱化了金融市场分散外部冲击的能力，金融开放后则会增加市场遭受冲击的风险。其次，跨境资本流动性的冲击将会加剧。投资者根据自身经验将会认为新兴经济体在金融开放初期资本回报率更高，于是在短期内"热钱"大量涌入，尽管这样为开放初期的市场带来了活力，但资本的频繁流动容易催生泡沫，大量短期套利资本外逃将导致国内利率上涨、泡沫破灭与本币贬值等一系列金融危机与连锁反应。再次，金融扩大对外开放容易加剧国内金融结构的扭曲，比如境外机构大量涌入造成的金融产能过剩与结构性问题，进而导致资源错配与效率低下，最终严重影响国内金融体系的结构。

无数国家的事实证明金融对外开放必将为一国带来可观的发展红利，但高收益往往伴随着高风险。金融开放是大势所趋，是为了适应我国经济迈向更高开放水平的客观要求。金融服务于实体经济，支撑实体经济发展，唯有更高开放水平的金融业方可促进中国实体经济的全球化步伐，因此不可因噎废食，面对可能存在的，或者说必将随着金融开放的扩大而不断累积的金融风险，最佳的应对策略是居安思危、未雨绸缪、防范并化解重大风险。

14.3　更高水平参与全球金融治理

14.3.1　中国在全球金融治理中的角色

几十年的改革开放证明，在开放中，不断试错和校准，促进了中国金融改革和体制的完善；在开放中，不断学习，引入更加完善的机制和治理，促进了金融市场的现代化和金融治理能力的现代化；在开放中，增强与国际社会的有效沟通，减少了误解、误判和摩擦；在开放中，提升了我国金融核心竞争力，促进了金融业转型升级。可以看出，一方面，中国以更高水平、更高姿态参与全球金融治理既是中国在全球金融秩序中的地位从"非主流"逐渐转变至"主流"的一个客观过程；另一方面，这一深刻的历史转变也是风云变幻的世界形势对中国作出更大贡献的必然要求。

一方面，由于中国在改革开放前的金融体制主要服务于国内目标，是一种较为"封闭"的金融体系，因此不属于世界金融体系的正式的参与者。改革开放后，中国开始逐渐融入西方资本主义经济秩序，然而此时的中国无论是从经济体量来看还是从金融体系的开放与成熟程度来看，在世界金融体系中更像是一个"非主流"的参与者。随着中国的经济实力与开放程度与日俱增，金融体系的开放也成为经济进一步发展的客观要求。

另一方面，中国发展成为"主流"的参与者也是体系内其他国家不断强烈要求的结果。随着中国的逐渐强大，世界逐渐认识到中国在解决世界性危机中的重要作用。如 1997 年亚洲金融危机，中国成功粉碎了国际投机炒家试图做空港币的企图。在看到中国作为国际金融稳定器的巨大前景下，一些西方国家如美国开始要求中国做一个"负责任的利益攸关方"（a responsible stakeholder）①。作为回应，

---

① Robert Zoellick's Remarks to the National Committee on U.S.-China Relations，"Whither China? From Membership to Responsibility"，*The National Committee on United States-China Relations*（NCUSCR），September 21，2005，https://www.ncuscr.org/sites/default/files/migration/Zoellick_remarks_notes06_winter_spring.pdf.

中国应当根据自身情况逐渐深入参与全球金融治理，因为这也是保证与促进中国经济进一步更好更快发展的必经之路。同时值得提出的是，在深度参与全球金融治理的进程中，中国也可多向日本这个邻国学习，吸取日本崛起时的经验与教训。与中国类似，日本作为亚洲国家，也经历过从"非主流"迈向"主流"的过程。日本在经济腾飞后，也经历过西方国家的"强迫"参与治理。在这个过程中，日本有失也有得。因此，日本在开放金融体系与参与世界金融治理过程中的成功与失败非常值得中国借鉴。

自从"共商、共建、共享"作为"一带一路"倡议的原则被提出以来，便受到了国际社会的普遍赞誉，"共商、共建、共享"的理念是在当前时代背景下中国对于全球治理贡献的"中国智慧"。作为全球治理的重要组成部分，在全球金融治理方面，中国也将秉承"共商、共建、共享"的原则，积极推动全球金融治理走向更高的水平。作为世界上最大的新兴经济体，在全球金融治理中，中国贡献出了中国智慧，承担起了经济大国应尽的职责。而中国在全球金融治理中的角色经历了一个从"追随者"到"共建者"的转变。

以2008年全球金融危机的爆发与二十国集团领导人峰会的首次召开为界，中国在全球金融治理中的角色悄然转变。中国与世界金融的联系始于改革开放，但一直以来中国金融都维持较低的开放水平，于是中国在全球金融治理中一直是一个追随者的角色，全球金融的话语权掌握在G7集团的手中。2008年全球金融危机爆发，G7集团深陷其中，各自的国内经济严重受挫，自顾不暇。发展中国家顺势而为，以G20平台为代表，积极参与到全球金融治理之中，不断提升着发展中国家在金融治理领域的话语权。2015年，"一带一路"倡议提出"共商、共建、共享"的原则，新兴经济体逐渐在全球金融治理中作出更大贡献、产生更大影响力，国际金融治理的格局正在随着世界经济格局的发展不断发生改变①，在此过程中，中国逐渐改变角色，承担起了更大的责任。

亚洲基础设施投资银行（简称"亚投行"）是首个由中国倡议设立的多边金融机构，它从价值理念、代表性、有效性和推动国际金融治理体系及其机构改革等方面对国际金融治理作出重要贡献。

首先，亚投行创新了国际金融治理的价值理念。"发展中国家为主导的世界性"②是亚投行的核心特征，立足于发展中国家，面向全世界敞开合作的大门。尽管在这一机构中中国拥有较大的话语权，但中国仍承诺尊重各国实际，不以之为政治工具，在相互尊重的基础上进行共商、共建和共享。因此，亚投行开创了南南、南北合作的新局面和平等、开放、包容、互利、共赢的国际金融治理新模式。③

其次，亚投行具有更加全面的代表性。这一点在亚投行的治理结构中得到了充分体现，亚投行的股权和投票权分配以及决策机制既借鉴了现有多边金融机构的实践方法，又考虑到了中小成员国的实力和基础设施的投融资需求，有利于中小成员国的平等参与、充分协商。④

除此之外，"一带一路"倡议作为一个打造互联互通网络的构想，

---

① 张发林：《全球金融治理体系的演进：美国霸权与中国方案》，《国际政治研究》2018年第4期。

② 潘庆中、李稻葵、冯明：《"新开发银行"新在何处——金砖国家开发银行成立的背景、意义与挑战》，《国际经济评论》2015年第2期。

③ 王金波：《亚投行与全球经济治理体系的完善》，《国外理论动态》2015年第12期。

④ 张伟：《亚投行对国际金融治理的贡献、挑战与发展建议》，《国外理论动态》2016年第11期。

亦将经济金融的联通纳入蓝图。

首先，"一带一路"倡议顺应了广大发展中国家改革全球金融治理机制的诉求，通过实现沿线国家间的互联互通，为各国提供更多公共产品，联手培育新的经济增长点和竞争优势，维护和促进了发展中国家的利益。①

其次，"一带一路"倡议是对现有全球金融治理规则的补充与完善，中国充分利用了现有的国际金融规则，推动建立亚洲基础设施投资银行和设立丝路基金等，形成与现有多边开发银行相互补充的投融资开发平台。② 有效利用这些融资平台与优惠政策，越来越多的沿线国家得以获得基础设施建设等项目的资金，利用"一带一路"倡议这一公共产品提供的融资渠道，为各国经济发展提供了有力的保障。目前，与"一带一路"倡议相关的资金平台与金融机构的投融资数据如表 14-1、表 14-2 所示。

表 14-1　与"一带一路"倡议对接的金融机制

资金平台	资金盘（亿美元）
中非发展基金（发展、增长、产能）	100
中国—中东欧投资合作基金	15
中国—欧亚经济合作基金	50
金砖国家新开发银行	1000
中国—东盟基础设施专项贷款	200

①　秦亚青、魏玲：《新型全球治理观与"一带一路"合作实践》，《外交评论（外交学院学报）》2018 年第 2 期。

②　朱燕：《"一带一路"倡议对完善全球金融治理的作用和意义》，《经济研究参考》2018 年第 13 期。

资金平台	资金盘（亿美元）
丝路基金	545（估算）
亚洲基础设施投资银行	1000
中国保险投资银行	435（估算）
人民币海外基金业务	435（估算）
进出口银行专项贷款	188（估算）

数据来源：《人大重阳研究报告》第 41 期《"一带一路"五周年政策视角下的回顾与展望》，第 27 页。

表 14-2　"一带一路"沿线金融服务逐步跟进

金融机构	成果
亚洲基础设施投资银行	截至 2019 年 7 月 13 日，成员总数增至 100 个，批准 45 个投资项目，投资总额超过 85 亿美元。
丝路基金	截至 2019 年 6 月 30 日，已承诺投资 30 个项目，承诺投资 110 亿美元。
中国出口信用保险公司	截至 2019 年 6 月 30 日，承保"一带一路"沿线国家出口和投资 714 亿美元，承保孟加拉国联合循环电站、巴基斯坦直流输电等示范项目。

数据来源：《人大重阳研究报告》第 41 期《"一带一路"五周年政策视角下的回顾与展望》，第 28 页。

14.3.2　全球金融治理体系仍待完善

尽管目前全球金融治理体系正在随着经济格局发生变化，作出更适合经济形势的变革，中国在参与全球金融治理的过程中取得的成果与影响力也在与日俱增，但在国际货币基金组织、世界银行等金融机构中，美国等国家依然扮演着"超级大国"的角色，主导着全球金融治理的格局。全球金融治理体系依然亟待完善。

2008 年全球金融危机爆发，G20 在同年召开首次峰会，自此开启了新兴市场国家与发达国家共同且平等参与全球金融治理的新局面，全球金融治理体系开始逐渐演化。如今，G20 已成为全球金融治理最主要的公共平台，自创立之初，G20 便已在遏制 2008 年全球金融危机的蔓延中发挥作用，在随后的十年里，G20 就国际货币体系的改革、国际金融体系的变革与宏观经济政策等议题进行商讨协调，取得了丰硕成果，在改善全球治理中发挥着主导作用。①

在 G20 的主导之下，美元主导的国际货币储备体系正在受到挑战，G20 提出的特别提款权（SDR）货币篮子的规模扩大与币种新增数次成为峰会的讨论焦点，根据世界货币基金组织的数据，在全球外汇储备中美元的比重已由 2000 年的 71.1% 下降到 2015 年的 63.7%，G20 在推进国际货币体系多元化方面收效显著。

此外，G20 还在不断推进全球金融治理机构的体制改革，增加了新兴市场国家在国际货币基金组织和世界银行的投票权份额，赋予了发展中国家更多的发言权。如今，发展中国家的国内生产总值占全球经济产出的比例从 2008 年的 31.1% 增加到 2017 年的 39.9%，且根据国际货币基金组织《世界经济展望》的报告，预计在 2020 年，新兴经济体对全球经济增长的贡献率将达到 58%，随着世界经济格局的演变，发展中国家对世界经济的贡献与影响与日俱增，其在全球金融治理中的话语权也应当随之增加，以真实反映当前世界经济发展的真实诉求。

在全球金融治理体系中，金融风险的防范机制亦存在诸多需要改

---

① Andal Germain，*Global Financial Governance and the Problem of Inclusion*，p.415.

善的地方。1997 年亚洲金融危机以后，新兴经济体普遍重视积累外汇储备，完善风险缓冲的手段。但一旦外部冲击引发金融市场大幅波动，其依靠自身现有手段还是无法有效应对相关风险，尤其在当前国际环境下，其脆弱性进一步凸显，其主要表现在：首先，缺乏对国际资本流动的有效管理；其次，金融风险的识别和预警机制不健全；再次，国际金融危机的救助机制不完善。

14.3.3　为全球金融治理贡献中国智慧

在中国金融对外开放的背景下，中国参与全球金融治理不仅仅需要处理好与国家和地区组织之间的关系，更重要的是需要把握国内的经济金融改革。

首先，持续推动国内供给侧结构性改革，为参与全球金融治理奠定经济基础。作为近年来政府工作的重点，供给侧结构性改革被视为增强微观主体活力、提升产业链水平、畅通国民经济循环、推动经济高质量发展的重要手段。而经济实力是参与全球金融治理的重要实力保障，除了坚持供给侧结构性改革，还应当推动金融的双向开放，加大开放力度，以之辅助经济金融全方位发展，使中国以经济金融强国的角色加入全球金融治理之中。

其次，推动人民币国际化进程，借助人民币的国际影响力参与全球金融治理。自人民币加入特别提款权货币篮子，人民币国际化的步伐与影响力便不断加大，中国也由此成为全球金融治理体系中不可忽视的力量。推动人民币的国际化进程，将有利于中国更高水平参与全球金融治理。继欧洲央行将价值 5 亿欧元的外汇储备从美元换成人民币之后，目前中国已与近 40 个国家签署了货币互换协议，有 60 多个国家或地区将人民币纳入外汇储备，据国际货币基金组织的统计，2018 年第三季度，全球各国央行持有的人民币资产增至 1925.4 亿美元，占全部储备的 1.8%。不断推进人民币的国际化进程，借助人民币在国际上不断提升的影响力与认可程度，提升中国在全球金融治理格局中的地位。

最后，积极参与国际金融机构改革，推动中国主导的国际金融机构的发展壮大。虽然在原本以发达国家为主导的全球金融治理体系中增加了新兴市场国家的股份与投票权，发展中国家的话语权得到提升，但目前国际金融机构仍旧受到发达国家强大经济金融实力的影响。而中国另辟蹊径，推动了亚洲基础设施投资银行的成立，牵头发起了"一带一路"倡议，为中国参与地区乃至全球金融治理提供了渠道，也为更多发展中国家带来了发展的机遇与平等的话语权。世界的经济金融曾数次遭受一国强权所带来的危害，不论是因"特里芬难题"①而瓦解的布雷顿森林体系还是 2008 年席卷全球的金融危机，历史的经验与教训告诉我们，全球经济金融的发展与治理不可严重依赖于一国货币或一国强权，而是需要使国际货币储备体系实现多元化，需要世界各国参与到全球金融治理中，以"共商、共建、共享"的理念积极承担应尽责任，进而享受全球金融治理带来的益处，作为世界上第二大经济体、最大的发展中国家，中国更是责无旁贷，当以更加积极的姿态、更加高水平的方案参与到全球金融治理之中，展现大国风范。

---

①　参见 Triffin, Robert, *Gold and the Dollar Crisis：The Future of Convertibility*, New Haven：Yale University Press，1960。

15. 如何理解"一带一路"的国际公共产品性质?

随着中国改革开放的日益推进，中国与世界日益紧密相连，作为世界性大国，全世界对中国的期待也变得越来越多。与此同时，颜色革命、恐怖主义、传染病等给地区稳定与发展带来了变量，阿富汗战争、格鲁吉亚战争、叙利亚危机、伊拉克战争、利比亚战争、乌克兰危机、朝核危机等，第二次世界大战后建立的国际秩序遭到破坏，世界和平与发展的主题遭遇挑战，全球发展面临着失控的风险。过去几十年，中国的发展是基于稳定的周边与国际环境，而当前不稳定的地区与国际局势与中国的根本利益背道而驰，作为负责任的世界大国，中国有责任把世界重新拉回到和平与发展的时代主题，让世界重回发展正轨。

基于以上背景，2013 年 9 月和 10 月，中国国家主席习近平先后提出建设"丝绸之路经济带"和"21 世纪海上丝绸之路"的合作倡议。目前，"一带一路"倡议是中国提出的最大的国际公共产品。"一带一路"倡议作为国际公共产品，一方面是中国汲取过去长达几十年提供国际公共产品的历史经验的总结；另一方面，中国也是在探索中不断前进，"一带一路"倡议也在根据当地的社会发展状况，经历不断完善和发展。

然而，与欧洲国家殖民体系下的国际公共产品、美国提供的具有霸权性质的国际公共产品不同的是，"一带一路"倡议以构建人类命运共同体为目标，是一个包容的、平等的、多元化的国际公共产品。"一带一路"倡议作为国际公共产品，不追求零和博弈，采取"共商、共建、共享"的理念，既利己，又利人。从现实来看，"一带一路"倡议是中国总结以往经验，汲取当前现存国际公共产品建设的有益经验，根据现阶段本国发展实力，提出的一项符合国内外发展现状的公共产品，在一定程度上为沿线国家带来了福利，推动了中国与沿线国家的贸易发展。根据海关总署公布的数据，2018 年，我国对"一带一路"沿线国家的进出口总额增长 13.3%，高出我国外贸整体增速 3.6 个百分点。

总之，无论从学理意义，还是从现实发展来看，"一带一路"倡议是一项国际公共产品。与历史上西方国家提供的国际公共产品不同的是，"一带一路"倡议是在摸索中前进，致力于构建一个合作共赢的全方位、系统性的国际公共产品。

15.1　世界历史演变中的"国际公共产品"

对公共产品最早的关注源于亚里士多德的《政治学》①。大卫·休谟也在《人性论》中提出了"集体共同消费的物品"这一概念。② 霍

---

①　Aristotle，*Politics*，London: Oxford University Press，15 May 2009，pp.75–84.

②　[英] 休谟：《人性论》，关文运译，商务印书馆 2017 年版，第 579 页。

布斯的《利维坦》也或多或少涉及公共产品。① 亚当·斯密在《国富论》中则将公共产品与私人产品进行了区分，并将国防服务和司法服务定义为公共产品。② 欧洲政治学家对公共产品的关注，是基于并服务于当时社会发展的现实情况。历史上，西班牙帝国和大英帝国构建的殖民体系在一定程度上是一种国际公共产品。一方面，这种殖民体系式的国际公共产品对殖民地人民进行了残酷的掠夺；另一方面，也向殖民地输送了当时欧洲先进的科学生产技术，间接推动了殖民地的现代化进程。

进入近代后，对国际公共产品关注最多的是美国学者。美国著名学者查尔斯·金德尔伯格在其著作《1929—1939 年世界经济萧条》中提出了"公共成本"的概念。③ 罗伯特·吉尔平的"霸权稳定论"也进一步提出：作为稳定器的国家有责任向国际社会提供"集体利益"（公共产品）。④ 之后，美国著名学者斯科特·巴雷特的《合作的动力：为何提供全球公共产品》一书则详细分析了几种全球公共产品，并对全球公共产品如何实现有效供给提出了具体意见。⑤ 美国学者对国际公共产品的关注较好地服务了美国的对外政策。第二次世界大战后，

---

① Thomas Hobbes，*Leviathan*，London：Oxford University Press，24 May 2012，pp.610–627.

② ［英］亚当·斯密：《国富论》，郭大力、王亚南译，商务印书馆 2015 年版，第 284—285 页。

③ ［美］查尔斯·P. 金德尔伯格：《1929—1939 年世界经济萧条》，宋承先、洪文达译，上海译文出版社 1986 年版，第 1—15 页。

④ ［美］罗伯特·吉尔平：《国际关系政治经济学》，杨宇光等译，上海人民出版社 2006 年版，第 145—176 页。

⑤ Scott Barrett，*Why Cooperate? The Incentive to Supply Global Public Goods*，London: Oxford University Press，pp.46–98.

美国通过马歇尔计划、布雷顿森林体系、世界银行、国际货币基金组织和世贸组织等，在金融、经济、贸易等领域制定了一套国际秩序。此外，美国通过同盟体系为盟友提供了安全产品。总体而言，世界上大多数国家在美国主导构建的国际公共产品中获益，但是，也面临着被美国制裁的风险。例如，一方面，全球贸易的 60% 以上都是依靠美元结算，以美元为主导的贸易支付体系大大方便了国际贸易；另一方面，在美国的金融霸权制裁下，俄罗斯已经经受了美国在长达六年时间内的 10 多轮制裁，2014 年克里米亚危机，卢布严重贬值超过 50%，卢布兑换美元从 33：1 贬值到 68.7：1；2018 年土耳其里拉兑美元贬值 28%。[①]

15.2 中国提供国际公共产品存在历史逻辑

新中国成立后，我国向国际社会提供的国际公共产品主要是国际共产主义意识形态，在长达 30 年的时间内，承担了超过中国当时实力地位的国际责任。[②]1958 年 10 月 29 日，中共中央批准并转发了时任国务院副总理陈毅、李富春《关于加强对外经济、技术援助工作领导的请示报告》。1976 年以前，我国曾向朝鲜、越南、阿尔巴尼亚等 110 多个国家和地区提供过经济援助。以援助社会主义越南为例，1955 年我国虽然出现了大米供应紧张问题，但仍援助了越南 3 万吨大米以及 300 吨面粉等。

---

① 数据来源：国际清算银行（BIS）。

② 赵可金、尚文琦：《国际公共产品与中国外交转型》，《理论学刊》2017 年第 3 期。

1971 年，中国恢复了在联合国等国际组织的合法席位，中国开始逐渐享受联合国等国际公共产品带来的红利。与此同时，中国也开始向海外大量派出维和部队，为国际社会提供安全公共产品。自 1990 年参加联合国维和行动以来，截至 2018 年 12 月，中国累计派出维和军事人员 3.9 万余人次，13 名中国军人牺牲在维和一线。[①]

2001 年，加入世贸组织后，中国进一步从国际公共产品中获益。这一时期，中国经济继续保持高速发展状态，尤其是 2008 年全球金融危机后，中国迅速从危机中走出，而欧美等西方发达经济体则陷入了低迷。相比之下，中国的制度展现出了巨大的优越性，一些新兴国家开始关注中国，并提出了要学习中国。例如，坐落于埃塞俄比亚首都亚的斯亚贝巴的中国农业技术示范中心，旨在通过示范中国的农作方式，将中国的技术和管理经验推广到埃塞俄比亚，通过学习中国经验，该中心获得了巨大成功，年净利润可以达到 12 万美元。[②]此外，近年来俄罗斯民众对中国的好感度明显提高，如表 15-1 所示。一些俄罗斯学者甚至开始号召向中国学习，例如，俄罗斯经济学家亚历山大·斯米尔诺夫（Александр Смирнов）认为：“中国的经济改革和俄罗斯形成了鲜明对比。有意思的是中国推行的渐进改革创造了比俄罗斯更加具有活力的经济，我们有一些东西需要向中国学习，他们在一些方面已经赶超我们了，俄中两国在金融领域发展合作有助于两国的共同繁荣，共同克

---

① 中华人民共和国国务院新闻办公室：《新时代的中国国防》，人民出版社 2019 年版。

② 齐顾波、于乐荣：《中国与非洲农业合作的逻辑：制度的模仿与适应》，《复旦国际关系评论》2016 年第 2 期。

服世界经济问题。"①

表 15-1　俄罗斯民众心中与俄罗斯关系最好的国家支持率状况（多选）

国家	2014 年 7 月 29 日	2015 年 4 月 30 日	2016 年 4 月 3 日	2017 年 7 月 9 日
中国	54%	60%	56%	62%
白俄罗斯	66%	67%	68%	60%

数据来源：全俄社会舆论基金，网址：http://fom.ru/Mir/13624，24 Июля 2017г。

2010 年，中国一举跃升为世界第二大经济体，随着综合国力的不断增强，中国为国际社会提供公共产品的能力也在增强。中国、俄罗斯、哈萨克斯坦、吉尔吉斯斯坦等国发起并成立的上海合作组织在维护后苏联时代中亚地区安全方面发挥了重要作用。自 2015 年开始，上合组织每年都会举行一次"和平使命"联合军事演习，在一定程度上对该地区的"三股势力"形成了有效震慑，有效地维护了地区的和平与稳定。中国、俄罗斯、印度、巴西和南非组成的"金砖国家"组织在推动国际金融改革，提供具有竞争力的国际公共金融产品方面发挥了重要的作用。此外，近年来，中国海军每年都会在索马里海域护航，在保护中国公民海外安全的同时，也为其他国家在这一地区的活动提供了海外安全公共产品。这一时期，中国提供的国际公共产品是基于自身实力和履行大国责任的需要，能力越来越强，领域也逐渐涉及经贸、生态和金融领域。

① Александр Смирнов，*Китайский опыт поможет России*，https://www.bfm.ru/news/15814，4 апреля 2009.

15.3 "一带一路"倡议国际公共产品的金融进展

作为现代经济条件下促进资源配置的核心媒介，金融体系的效率性是实现资源有效配置的基本前提。①"一带一路"倡议作为一项国际公共产品，涉及政策沟通、设施联通、贸易畅通、资金融通和民心相通五大领域，是一个全面的、多边的全球公共产品。金融不仅是"一带一路"倡议向全球提供公共产品的领域，高效的金融体系也是调动各种建设资源，降低建设成本，提高建设效率，共建"一带一路"倡议国际公共产品的保障。"一带一路"倡议国际公共产品建设取得了一定成效，这得益于金融在微观与宏观领域发挥的有形与无形作用。

金融对"一带一路"倡议国际公共产品建设的支持，很大程度上取决于各个金融要素所发挥的作用。② 根据金融发挥的作用的不同，金融要素主要分为金融制度、货币资本、金融机构、金融资本和金融市场。从双边领域来看，首先，在双边金融制度建设方面，中国与俄罗斯在央行层面建立了两国金融合作分委会制度，这为两国在"一带一路"倡议的框架下开展金融合作提供了政策沟通平台。③ 其次，在双边货币合作领域，双边货币互换和双边本币结算也取得较大进展。2018 年 10 月 26 日，中国人民银行与日本银行签署了规模为 2000 亿元人民币／34000 亿日元、有效期为三年的双边本币互换协议。目前，

---

① 陈雨露、马勇：《大金融论纲》，中国人民大学出版社 2013 年版，第 84 页。

② 张汉林、张鹏举：《"一带一路"倡议基础设施建设国际金融合作体系研究》，《理论探讨》2018 年第 2 期。

③ 陆南泉：《"一带一路"框架下推进中俄区域经贸与金融合作研究》，《区域金融研究》2018 年第 10 期。

在中越双方双边贸易结算中,人民币的使用率高达 80%。① 我国已与 38 个国家和地区的中央银行或货币当局签署了双边本币互换协议,总金额达 3.67 万亿元人民币。截至 2019 年 5 月,人民币货币互换的有效协议为 29 份,总金额 3.41 万亿元人民币。② 此外,在双边互派金融机构方面,目前中国国内银行已经和超过 200 家俄罗斯银行建立了代理行关系,俄罗斯也从 2017 年 5 月开始,在中国设立了海外第一个代表处③。另外,双边金融机制构建也有效支持了双边金融合作,2015 年,中俄两国在哈尔滨成立了金融合作联盟,截至 2018 年,联盟成员已经有 46 家。最后,双边金融资本市场也成为新的合作领域,2017 年 3 月,俄罗斯铝业联合公司在上交所完成首单"熊猫债券"发行。④ 目前,莫斯科交易所也进行着人民币及其衍生品的交易,2019 年 4 月 1 日,俄中凯德罗斯资本公司(Caderus Capital)经理安德烈·阿科皮扬指出,莫交所计划拓展人民币离岸市场,其中包括债券和股票等投资工具。⑤

随着"一带一路"倡议国际公共产品建设的深入推进,多边金融合作也取得初步进展。在多边金融机构建设方面,近年来,服务于

---

① 张永起:《"一带一路"背景下中越金融合作的现状、问题与对策》,《对外经贸实务》2019 年第 1 期。

② 《央行与新加坡金管局续签双边本币互换协议》,见 http://www.xinhuanet.com/money/2019-05/14/c_1124490199.htm,2019 年 6 月 28 日访问。

③ 李贵斌:《"一带一路"背景下中俄金融深入合作的实践与思考——以黑河市为例》,《黑龙江金融》2018 年第 11 期。

④ 李贵斌:《"一带一路"背景下中俄金融深入合作的实践与思考——以黑河市为例》,《黑龙江金融》2018 年第 11 期。

⑤ 俄罗斯卫星通讯社:《莫交所正在就中国企业人民币股票在俄配售事宜进行谈判》,见 http://sputniknews.cn/economics/201904011028069793,2019 年 4 月 1 日访问。

"一带一路"倡议融资需求的金融机构先后被建立起来。2014 年"一带一路"建设专项基金——丝路基金正式设立，丝路基金拥有 400 亿美元和 1000 亿元人民币的资金储备。截至 2018 年 8 月底，丝路基金先后为巴基斯坦水电项目、中哈产能项目、亚马尔液化天然气项目等 25 个投资项目，承诺的投资金额超过 82 亿美元和 26 亿元人民币，实际出资金额超过 68 亿美元。2016 年，亚洲基础设施投资银行成立，截至目前，成员国已经从建立初期的 57 个增加到 93 个，累计批准项目投资超过 75 亿美元。[1]

其次，世界银行、亚洲开发银行、金砖国家新开发银行和上合组织开发银行等大批金融机构对"一带一路"沿线国家的金融投资，也有利支持了"一带一路"项目建设。如图 15-1 所示，自 2013 年以来，世界银行每年都对中国进行投资。

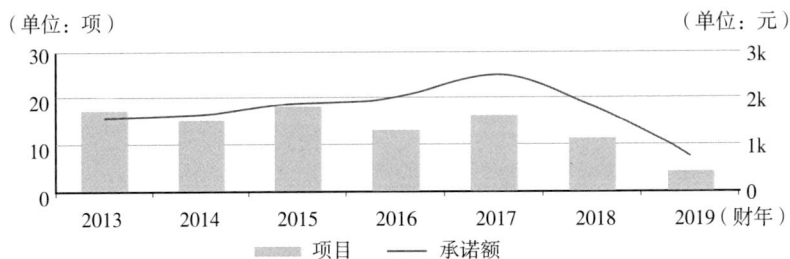

图 15-1 世界银行对中国的投资

数据来源：世界银行，见 http://projects.shihang.org/search?lang=zh&searchTerm=&countryc ode_exact=CN。

此外，离岸金融中心为国际贸易货币结算、跨境投融资、外汇交易、跨境担保、金融租赁等金融活动提供了方便，有效支持了"一带

---

① 《亚投行将发 5 亿美元信用债基金 聚焦亚洲基建和 ESG》，见 https://www. yidaiyilu.gov.cn/xwzx/gnxw/76887.htm，2019 年 3 月 13 日访问。

一路"建设的投资、融资、贸易结算等金融活动。① 目前，中国的香港、台湾地区，以及国外的伦敦和新加坡等金融中心都开展了人民币业务。此外，国内商业银行也积极参与到了多边金融合作中，截至2018 年 11 月，中资银行参与"一带一路"建设项目 2600 多个，累计发放贷款 2000 多亿美元，有效支持了"一带一路"倡议国际公共产品建设的资金融通。

随着人民币国际化速度的加快，系统性风险也在增多，危机传导机制和传递途径也相应增加。② 此外，"一带一路"沿线国家金融发展水平差异较大，一些地区还受到地缘政治、恐怖主义、政治安全等因素影响，"一带一路"建设投资面临着各种各样的风险。针对沿线的金融风险问题，我国不断深化与沿线国家开展金融监管合作，正在逐步构建"一带一路"建设金融监管机制。

通常情况下，国际金融监管包括日常合作以及危机应急措施，前者是在正常状态下开展的合作，主要分为三个发展阶段：第一阶段是合作双方以及多方签订谅解备忘录；第二个阶段是各个合作方将通过协商，制定各个谈判方共同遵守的统一的监管标准；最后一个阶段则是各个成员国对金融市场实现统一的监管。③ 而后者则是在非常规状态下采取的监管措施，如遭遇大规模金融波动，甚至全球性金融危机。

---

① 涂远博、王满仓、卢山冰：《中国离岸金融建设与"一带一路"的协同关系及战略对接》，《经济学家》2018 年第 7 期。

② 刘源：《"一带一路"沿线国家的金融监管架构——国际比较与经验借鉴》，《沈阳工业大学学报（社会科学版）》2017 年第 3 期。

③ 刘源：《"一带一路"沿线国家的金融监管架构——国际比较与经验借鉴》，《沈阳工业大学学报（社会科学版）》2017 年第 3 期。

目前，中国与"一带一路"沿线国家开展的金融监管合作多为日常合作，合作等级还处于初级阶段。从国内角度来看，2019 年 1 月，银保监会发布了《关于加强中资商业银行境外机构合规管理长效机制建设的指导意见》，要求在境外设有经营性机构的政策性银行和在境外设有保险类分支机构的中资保险机构参照执行。①

从国际角度来讲，在"一带一路"建设背景下，中国与沿线国家也开启了金融监管合作。截至 2018 年 12 月底，中国证监会已同 63 个国家和地区的证券期货监管机构签署了 66 个监管合作谅解备忘录。② 银保监会也与 32 个"一带一路"沿线国家的监管当局签订了监管合作备忘录。因此，经过五年多的建设，"一带一路"建设的金融监管体系框架也被逐渐构建起来了。

无论是在"一带一路"倡议国际公共产品建设的战略规划层面，还是在具体建设项目中，金融都发挥着不容忽视的作用。可以说，金融贯穿"一带一路"倡议国际公共产品建设的各个领域和各个阶段，通过提供融资服务、跨境结算等，较好地支持了"一带一路"倡议作为一项国际公共产品在"设施联通"、"民心相通"和"贸易畅通"等领域的活动。因此，需要重视并加紧总结建设成果，为"一带一路"倡议国际公共产品深入建设积累经验。

---

① 北京大学金融法研究中心、中国银保监会政策研究局：《金融监管政策动态》，《金融监管研究》2019 年第 2 期。

② 《中国证监会与开曼群岛金融管理局签署〈证券期货监管合作谅解备忘录〉》，见 http://www.csrc.gov.cn/pub/newsite/zjhxwfb/xwdd/201812/t20181224_348624.html，2019 年 4 月 10 日访问。

15.4　"一带一路"倡议的国际金融贡献

"一带一路"倡议作为一项国际公共产品，围绕"政策沟通"、"设施联通"、"贸易畅通"、"资金融通"和"民心相通"取得了全方位、多层次的建设成就。金融是现代经济的心脏，资金融通在"一带一路"建设中扮演者着"造血"的角色，在"一带一路"互联互通建设中发挥了重要的作用，在"一带一路"倡议提供的国际金融公共产品中的贡献需要肯定。

随着全球化的发展，国与国建立在经济利益交织基础上的联系越来越紧密。气候变化、传染病、极端恐怖主义等全球性问题单靠任何一个国家都无法解决。与此同时，国内问题国际化，国内治理外溢趋势也愈加明显，当前已经进入全球治理时代。随着经济货币化、经济金融化趋势的加强，金融在资源配置过程中发挥的作用也越来越大，甚至被称为现代经济的核心。① 在全球治理时代，国际贸易的开展推动着国际资本流动和国际货币跨境结算。国际资本流动和跨境贸易便利化又进一步推动着国际分工和国际贸易发展，在全球范围内推动国际资源配置，促进全球治理发展。

周期性金融危机也为全球治理机制的完善提供了机遇。资本巨大的流动性导致金融自身具有传染性和相依性，金融一旦发生风险，破坏性也是极大的。② 资本主义世界市场形成以来，间歇性的金融危机不仅引发世界经济倒退，随着经济形势的恶化，还会诱发严重的社会

① 杨涤：《金融资源配置论》，中国金融出版社 2011 年版，第 1—5 页。

② 高海红等：《二十国集团与全球经济治理》，中国社会科学出版社 2016 年版，第 31—33 页。

性问题，引起国际力量变化，甚至酝酿为世界性战争，而危机过后会引发对全球治理的改革与完善。1997 年亚洲金融危机后，G8 集团财长提出成立 G20，世界主要国家财长定期举行对话，共同探讨金融稳定问题。2008 年全球金融危机后，G20 集团定期召开领导人峰会讨论当前全球治理中最迫切的问题。

金融在全球治理中发挥着重要的作用。"一带一路"倡议作为当前的全球治理方案之一，其框架下的金融合作为国际金融发展提供了新的合作理念。

"一带一路"倡议提供了多元化的全球金融治理理念。"一带一路"倡议国际公共产品的资金融通在最开始的金融体制构建中就坚持了多元化的理念。服务于"一带一路"倡议国际公共产品的专项基金——丝路基金由中国多家银行共同出资，投资面向基础设施、能源开发、产业合作和金融合作，首先在融资方就坚持了多元化。其次，投资方式也采用股权、债权、贷款、基金等多元化投融资方式。而亚洲基础设施投资银行则面向国际，坚持多元化融资，目前已经吸引了来自五大洲的 96 个成员国。

为地区金融治理理念提供新方案。从地区金融治理的角度来讲，"一带一路"为地区国家探索适合的金融发展体制提供了机遇。东欧国家均为发展中国家，大部分国家为原苏联加盟共和国，历史上长期采取大一统的银行体制。苏东剧变后，东欧国家开始借鉴西方的金融发展道路，开放金融市场，大规模引入外资。然而，这种模式在促进金融业发展的同时，也为日后的金融危机埋下了隐患。① 例如，2008 年 6 月，爱

---

① 王志远：《金融转型——俄罗斯及中东欧国家的逻辑与现实》，社会科学文献出版社 2013 年版，第 11 页。

沙尼亚、拉脱维亚、匈牙利等国外债占 GDP 比例已超过 70%；波兰、捷克外债占本国 GDP 比例为 100%；匈牙利外债则为其 GDP 的两倍多；俄罗斯 2008 年的外债共为 4650 亿美元，已超过其外汇储备。2008 年全球金融危机后，东欧国家资本大量外逃，严重冲击了这些国家的金融市场。[①]

"一带一路"倡议作为国际公共产品，为沿线国家加强与中国金融合作、了解中国金融治理理念提供了机遇。中国当前的金融体制既区别于苏联时期僵化的大一统金融体制，充分调动了金融在经济活动中的作用，又区别于苏联解体后中东欧国家通过金融改革采取的自由化的金融体制，对金融业实施监管，为"一带一路"沿线国家探索适合自己的金融治理模式提供了第三种方案。

带动全球治理主体对国际金融发展认知理念的变化。在和平与发展成为时代主题的背景下，中国通过"一带一路"倡议提出了一个无意识形态对立的全球性发展倡议，吸引了沿线国家对发展的关注。历史上，一些西方国家在对外投资中添加附加政治条件，引起了当地人民的反感，使一些债务国对国际资本产生了"误解"。五年多以来，"一带一路"倡议作为公共产品，聚焦"五通"建设，在沿线国家推动了一批建设项目，改善了当地社会发展的硬基础设施，方便了当地民众的生产和生活。如图 15-2 所示，"一带一路"沿线越来越多的国家跟中国签订了承包合同。这种去"政治化"、注重建设效率的国际投资体现了金融服务实体经济、推动社会发展回归到最初的逻辑与常识，充分发挥了金融产品在资源配置中的经济作用，刷新了沿线国家

---

① 庄起善、张广婷：《国际资本流动与金融稳定性研究——基于中东欧和独联体国家的比较》，《复旦学报（社会科学版）》2013 年第 5 期。

（单位：亿美元）

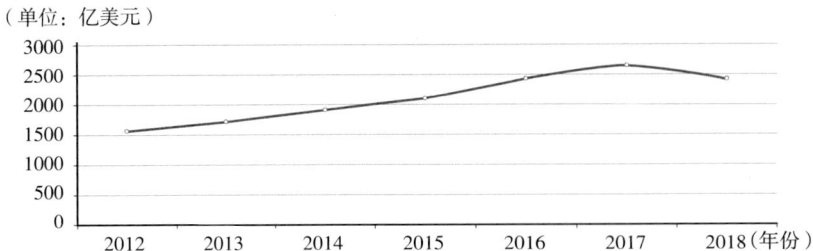

图15-2　"一带一路"建设对外承包工程合同金额

数据来源：中国一带一路网，见 https://www.yidaiyilu.gov.cn/info/iList.jsp?tm_id=513。

对金融的认知理念，对资金越来越渴望，对发展的诉求越来越迫切。

"一带一路"倡议作为国际公共产品，其资金融通为当前国际金融治理提供了新的理念和模式，推动当前国际金融体系形成新的竞争与合作模式。

推动全球金融制度产品之间形成良性的竞争局面。当前国际社会发展进入了"共处"时代，经济全球化把各国的发展联系在一起。① 求发展成为国际社会共同面临的问题，发展中国家谋求实现社会初级发展，发达国家则谋求发展转型。在"一带一路"倡议金融合作框架形成以前，国际金融体系主要以西方主导的金融制度产品为主，"一带一路"倡议则打破了西方主导的局面，在丰富国际金融体制产品的同时，也促进全球金融制度产品之间相互竞争，进一步推动国际金融体制不断完善，从而满足多元化发展主体的多样化金融需求。

从经济学角度来看，世界经济的运行超越了传统的"中心—外围"模式，越来越多地转变为以中国为中介的"双环流"体系，一个环流是在中国和发达国家之间，另一个环流是在中国与发展中国家之间。②

---

① 张蕴岭：《百年大变局：变什么（上）》，《世界知识》2019年第8期。

② 刘伟主编：《读懂"一带一路"蓝图》，商务印书馆2017年版，第1—2页。

与全球经济发展"双环流"模式类似的是，"一带一路"倡议框架下的金融合作不仅为发展中国家享受金融合作带来的红利提供了可能，也为发达国家寻找投资市场提供了机会，为发展中国家与发达国家开展国际金融合作提供了平台，形成了以"一带一路"倡议为媒介的发展中国家与发达国家的金融合作环流。

金融在全球治理中发挥着重要的作用，"一带一路"倡议作为国际公共产品，其框架下的金融合作将多元化的理念引入国际金融合作，在促进形成新的国际金融治理理念的同时，还推动国际金融合作朝着新的竞争与合作模式发展。

多元化、普惠性和公正透明性符合人类社会发展的普世价值理念。中国金融的普惠性、中国与"一带一路"沿线国家的双边货币合作推动的国际货币体系的多元化，以及公正透明的国际金融治理理念符合人类社会的共同利益。未来，中国金融发展核心理念将会随着"一带一路"倡议金融合作的深入开展，逐步成为国际金融发展的终极价值取向。

16. 从金融视角看中国在南南合作中的角色变迁

在世界经济增长动力不足、速度放缓，全球化带来的贫富差距扩大、发展不平衡现象日益严峻的背景下，实现包容、可持续、高质量的经济发展，是世界各国共同面临的重大挑战。当前，南南合作面临两大金融障碍：（1）货币错配。发展中国家之间贸易仍以使用美元为主，当全球美元流动性出现危机时，发展中国家就会面临贸易支付和结算等方面的严重困境。（2）期限错配。流入发展中国家的外资多半是短期资本，这不符合发展中国家工业化建设需要长期资本支持的现状。因此，金融在推动南南合作模式转型方面发挥着重要作用。

16.1 南南合作，金融不可缺位

16.1.1 资金匮乏严重阻碍经济可持续发展

据联合国贸易和发展会议预计，要实现 2015—2030 年全球可持续发展目标，发展中国家每年需要获得 3.3 万亿—4.5 万亿美元的投资。为解决国际发展事业的筹资难题，在 2015 年 7 月举行的联合国第三次发展筹资问题国际会议上，通过了《亚的斯亚贝巴行动议程》，就 2015—2030 年全球可持续发展资金筹措问题提出了 100 多项具体措施和政策建议。然而，自该议程通过以来，发展中国家面临的资金匮乏的窘境仍未得到改善，情况甚至还在持续恶化。

资金短缺最严重的领域之一是基础设施建设。国内外众多研究表明，基础设施建设水平与经济增长高度相关。基础设施投资短期来看能够创造就业、增加收入，长期来看则能够提升企业生产效率、降低交易成本，尤其是跨境基础设施的互联互通更是能够极大地推动区域经济发展。[①] 然而，基础设施建设投资资金缺口巨大。目前，发展中国家和新兴国家每年基础设施建设融资需求高达 1.5 万亿美元，到 2030 年，发展中国家对基础设施的年需求投资额将是现在的 2—3 倍。亚洲开发银行相关研究指出，亚洲地区和太平洋沿岸地区若保持现有增长势头，到 2030 年其基础设施建设需求将超过 22.6 万亿美元（每年 1.5 万亿美元），而目前的年平均实际投资只有 8810 亿美元[②]，远远无法满足需求。

16.1.2　发展中国家可获取外部发展资金正在减少

发展中国家仅凭自身无法筹措到足够的资金用于满足自身发展需求，因此，外部资金是其实现可持续发展目标的重要支柱。然而，近

---

① 李建军、李俊成：《"一带一路"基础设施建设、经济发展与金融要素》，《国际金融研究》2018 年第 2 期。

② 《亚洲基础设施需求较前期预测翻一番，每年超过 1.7 万亿美元》，2017 年 2 月 28 日，见 https://www.adb.org/zh/news/asia-infrastructure-needs-exceed-17-trillion-year-double-previous-estimates。

年来，发展中国家所能获取的外部资金正在减少，而其资金需求却与日俱增，资金供求差距越来越大。

首先，作为过去 10 年中发展中国家获取外部资金的最主要来源，对外直接投资（FDI）流入发展中国家的份额正在减少。《2018 年世界投资报告》显示，2017 年，全球 FDI 流量为 1.43 万亿美元，比上年下降 23%；流入发展中国家的 FDI 为 6710 亿美元，与上年基本持平，但 2016 年这一数据下降了 10%，其中流入非洲的 FDI 下降最严重，减少了 21%，流入最不发达国家的 FDI 下降了 17%。[①]

其次，支持发展中国家的官方开发援助（ODA）资金，在过去的 10 年内增加幅度较小，2017 年，来自经济合作与发展组织（OECD）发展援助委员会成员国的 ODA 资金额下降了 0.6%。[②] 在排名前十位的 ODA 受援国中，从 2015 年到 2017 年，阿富汗、巴基斯坦和越南所获得的 ODA 资金额持续减少；叙利亚、埃塞俄比亚、伊拉克和约旦获得的 ODA 资金额有所增加，但增幅显著缩小。[④]

第三，受美元流动性危机影响，2018 年以来发展中国家债务风险高企。目前国际资本市场依然建立在以美元为国际储备货币的根基之上，因此美元升值导致国际资本从新兴经济体向发达经济体回流，会导致全球流动性紧缺，而原本就外债压力巨大的发展中国家，则会面临债务压力陡然上升的危机，甚至引发金融危机。当前，美联储不

---

① UNCTAD：*World Investment Report 2018*，p.10.

② UNCTAD：*World Investment Report 2018*，p.10.

③ OECD Database，https://www2.compareyourcountry.org/oda?cr=20001&cr1=oecd&lg=en&page=1.

④ OECD Database，https://public.tableau.com/views/OECDDACAidataglancebyrecipient_new/Recipients?:embed=y&:display_count=yes&:showTabs=y&:toolbar=no?&:showVizHome=no.

断加息缩表，通过利率抬升和直接卖出债券两个渠道进行流动性收缩；特朗普政府实行财政扩张政策，加大国债发行，扩大财政赤字，推高国债利率，这些政策也会加剧非美市场美元流动性的回流。

美元升值、流动性收紧严重打击了发展中国家经济体，2018 年，随着美元持续走强，俄罗斯卢布、阿根廷比索、土耳其里拉、菲律宾比索等货币相继大幅贬值，引发大量资本出逃。2018 年 4 月，阿根廷比索对美元的比价累计跌幅超过 15%，该国 10 年的国债利率上升，国债价格暴跌，Merval 股指暴跌；类似地，土耳其、巴西等国也相继遭遇了货币大幅贬值的危机。

16.1.3 金融在促进全球可持续发展方面作用与日俱增

当前，面对发展中国家资金缺口日益扩大、获取外部资金日益困难的局面，金融在促进全球可持续发展方面正在发挥着史无前例的重要作用，加强国际金融合作是推动国际发展事业繁荣的有效途径。

金融可以发挥杠杆作用，最大可能地在短时间内汇聚资金，化解发展中国家资金短缺瓶颈。国际多边开发机构之间的合作，能够有效拓宽融资渠道，减轻出资压力，为发展中国家包括基础设施建设在内的周期长、风险高、短期收益率低的投资项目提供更有力的资金支持。亚洲基础设施投资银行自成立以来，先后与世界银行、亚洲开发银行、欧洲复兴开发银行、欧洲投资银行等签署了合作协议，开展联合融资项目，两年里完成了 16 个（其中 8 个与世界银行，3 个与国际金融公司，3 个与亚洲开发银行，与欧洲投资银行、欧洲复兴开发银行各 1 个），不仅支持了对象国基础设施建设，也与对象国宏观经济政策开展对话，为改善其投资环境提供了帮助。同时，国际多边开发机构也致力于动员私人资本进入国际发展项目，世界银行、亚洲开发银行以及其他多边开发银行已经签署了联合声明，承诺在未来三年内整体将撬动的私人资本增加 25%—35%。①

大力发展国际开发性金融，应对"市场失灵"。对于发展中国家许多大型项目，商业性金融出于掌握信息不完善、短期收益过低、风险过高等市场化因素考虑，贷款意愿很低。而开发性金融以国家信用为依托，以市场化运作为基本模式，通过市场化发债把商业银行储蓄资金和社会零散资金转化为集中长期大额资金，支持重大项目建设②，恰好能解决商业性金融"市场失灵"问题。

目前，中国已经在大规模开展开发性金融方面积累了丰富的经验，国家开发银行是全球最大的开发性金融机构，也是中国最大的对外投融资合作银行、中长期信贷银行和债券银行。③ 2018 年，国家开发银行国际业务贷款余额 3124 亿美元，境内金融机构外币贷款市场占比继续保持第一；落实"一带一路"2500 亿元等值人民币专项贷款，累计实际发放人民币 1117 亿元。④ 开发性金融已经在中非合作领域收获了丰硕的成果。截至 2018 年 9 月，国家开发银行已经累计向 43 个非洲国家的近 500 个重点项目提供投融资超过 500 亿美元；设立总规模 100 亿美元的中非发展基金，独家承办非洲中小企业专项贷款，

---

① 和佳：《与世行、亚开行、IFC 等多边机构联合融资 16 个项目　亚投行主打合作牌》，《21 世纪经济报道》2018 年 1 月 16 日，见 http://epaper.21jingji.com/html/2018-01/16/node_1.htm。

② 《关于开发性金融》，见 http://www.cdb.com.cn/kfxjr/gykfxjr/。

③ 孙国峰：《加强开发性金融国际合作　推动"一带一路"联动发展》，《金融会计》2017 年第 1 期。

④ 孙璐璐：《国开行 2018 年末资产总额达 16.2 万亿　圈定 2019 年六大工作重点》，2019 年 1 月 22 日，见 http://news.stcn.com/2019/0122/14816102.shtml。

带动中国企业对非投资超过 230 亿美元；与 16 家非洲金融机构联合发起成立了中非金融合作银联体，与埃及央行、埃及国民银行、非洲进出口银行等分别签署了贷款协议。

推动本币结算，降低发展中国家融资风险。面对美元流动性危机，金融机构在提供服务时应该推动本币结算，降低发展中国家融资风险。目前，中国人民银行已经与 40 多个国家和地区签署了双边、区域本币互换协议，除了在危机时期提供流动性支持以外，更重要的是推动了双边贸易和投资。

16.2　从南南合作中重新发现中国金融优势

自从发达国家的官方发展援助体系建立以来，援助能否有效促进经济发展就一直是充满争议性的问题。越来越多的实证研究表明，官方发展援助与发展中国家经济增长之间并没有显著的相关性。这一现象表明，传统的国际发展援助模式存在结构性缺陷。当前，世界各个国家和地区间经济发展不平衡现象日益加剧，发展差距不断扩大，传统国际发展合作模式面临巨大转型压力。在此背景下，中国在南南合作中积极探索新模式，通过发展开发性金融、推动国际产能合作等方式整合援助、贷款、投资等多种融资渠道，积极推动发展中国家基础设施建设和工业化进程。在这一进程中，中国金融力量扮演了重要角色。

16.2.1　开发性金融拓宽融资渠道

随着经济全球化的发展，国家间经济相互依赖不断深化，这带来了资本在全球范围内跨境流动的便利、国际贸易的繁荣，但也导致了金融风险外溢及传导效应大大增加，跨国公司、国家、企业及个体在风险面前变得更加脆弱。因此，21 世纪的商业活动对风险规避的要求不断提高。

在国际产能合作中，由于项目大多贷款周期长、风险高、短期盈利能力弱，传统商业金融体系很难对其提供长期稳定有效的资金支持，所以迫切需要开发性金融机构进行政策引导、提供资金并分担风险。

近年来，中国政策性金融机构广泛开展开发性金融实践，在企业资金与项目需求之间搭建了桥梁，促使金融资本与产业资本联合，为广大发展中国家提供了丰富的资金，有效助力了国际发展事业。

以中非合作为例，2006 年以来国家开发银行累计向 43 个非洲国家的近 500 个重点项目提供投融资 500 多亿美元；进出口银行为非洲 48 个国家 600 多个项目提供贷款，余额达到 3816 亿元人民币；中国专门设立的面向非洲中小企业的专项贷款，目前已向 32 个非洲国家累计发放贷款 20 亿美元。[①]

除了非洲，拉美也是中国开发性金融重要的合作伙伴。自 2006 年进入拉美市场以来，国家开发银行累计向拉美 18 个国家和地区逾 200 个项目提供超过 1000 亿美元的融资支持，目前贷款余额为 645 亿美元。为加强中拉基础设施领域合作，自 2014 年起，国家开发银行将中国—拉美基础设施专项贷款由 100 亿美元增至 200 亿美元。经过中拉双方相关政府部门、企业与银行的共同努力，截至 2018 年，

---

① 董静：《携手共命运　同心促发展——中非合作论坛北京峰会推动经济金融合作》，《中国金融家》2018 年第 9 期。

该专项贷款已累计为 7 个国家的 10 个基础设施项目承诺贷款 142 亿美元。

16.2.2　专项基金推动产能合作

中国政府设立了多个专项基金，聚焦能源、基础设施建设、工业园区建设等与发展中国家实现工业化和现代化息息相关的领域，带动了大批中国企业对发展中国家投资，推动了南南产业合作。

2006 年 11 月，在中非合作论坛北京峰会上，中方宣布设立中非发展基金，初始规模为 50 亿美元，于 2007 年 6 月开业运营，由国家开发银行承办；2015 年 12 月，在中非合作论坛约翰内斯堡峰会上，中方提出将增资至 100 亿美元，并专门设立了首批 100 亿美元资金的中非产能合作基金。中非发展基金旨在支持和鼓励中国企业对非投资，帮助企业解决在非洲投资的资本金，分担企业投资非洲的风险；发挥基金熟悉非洲国情和投资环境的优势，提供增值服务，帮助企业解决投资非洲的问题和困难；发挥桥梁作用，为国内企业赴非投资寻找好项目，为非洲企业和非洲项目寻找中方合作伙伴。[①] 2016 年 1 月，由外汇储备、中国进出口银行共同出资 100 亿美元的中非产能合作基金完成注册并启动运作，主要投资于非洲地区制造业、高新技术、农业、能源矿产、基础设施和金融合作等领域。[②]

中非发展基金和中非产能合作基金（以下统称"中非基金"）都可通过股权投资、准股权投资和基金投资的方式助力中非产能合作。

---

① 《中非发展基金》，《中国投资》2016 年第 5 期。

② 董静：《携手共命运　同心促发展——中非合作论坛北京峰会推动经济金融合作》，《中国金融家》2018 年第 9 期。

截至目前，中非发展基金已累计向非洲 36 个国家的 92 个项目投资了 46 亿美元，带动中资企业对非投资近 230 亿美元，覆盖了农业、民生、基础设施、能源矿产、金融等多个领域。中非产能合作基金已向 11 个项目累计出资 12.2 亿美元，覆盖非洲十多个国家。[①]

中非基金的高效运作，将中非产能合作水平推上了新的高度。中企投资不仅仅为非洲带去了资金，更重要的是，中非基金与中企合作在非投资建厂，提升了当地的生产能力、技术装备水平和管理水平，在解决就业、扩大出口、刺激当地经济发展等方面发挥了重要作用。

专项基金带动产能合作的模式不仅限于非洲，也同样带动了中国在拉美地区的投资。中拉产能合作投资基金于 2015 年 5 月由国家开发银行建立，资金总规模 300 亿美元，首期资本金 100 亿美元，通过股权、债权等多种方式，投资于拉美地区制造业、高新技术、农业、能源矿产、基础设施等领域；中拉合作基金由中国进出口银行设立，总规模 100 亿美元，首期规模 10 亿美元，主要通过股权方式投资于拉美及加勒比地区能源资源、基础设施建设、农业、制造业、科技创新、信息技术和产能合作等领域。[②] 例如，中拉产能合作基金为中国三峡集团巴西伊利亚及朱比亚两电站 30 年特许运营权项目提供了 6 亿美元的项目出资；中国铁建国际集团有限公司拿下了玻利维亚鲁雷纳瓦克公路项目，总投资 5.79 亿美元。[③]

---

①　董静：《携手共命运　同心促发展——中非合作论坛北京峰会推动经济金融合作》，《中国金融家》2018 年第 9 期。

②　王飞：《开发性金融与中拉产能合作》，《中国金融》2019 年第 1 期。

③　杨振宇：《中拉基金：合作突破新动力》，《国际工程与劳务》2016 年第 5 期。

16.2.3　加强多边合作，搭建多层次发展合作平台

目前，中国不仅通过政策性金融机构及其设立的专项基金开展南南合作，还致力于不断引入中外企业、区域金融机构及相关国际组织等合作方共同参与对发展中国家的投融资，通过加强多边合作搭建了多层次发展合作平台。

2017 年 4 月，中非发展基金联合葛洲坝集团等大型企业，发起成立了"中国海外基础设施开发投资有限公司"，总部位于南非约翰内斯堡。这是我国首个海外基础设施开发平台，业务聚焦电力和能源、交通基础设施、ICT 及城市公用基础设施。[①] 此外，中非基金还与英国国际发展部、联合国工业发展组织、盖茨基金会、中国国际商会等签署协议，开展对非投资合作。[②]

2013 年，中国人民银行和泛美开发银行共同设立了一个总额达到 20 亿美元的专项基金，随后的两年支持了 14 个泛美开发银行成员国在能源、金融和基础设施等方面的 32 个投资项目，总资金额超过 8 亿美元。[③] 2017 年 6 月，中国与巴西建立基础设施合作基金，中方出资 150 亿美元，巴方出资 50 亿美元。[④]

---

① 黄梅波、唐正明：《非洲金融业与中非金融合作发展现状》，《海外投资与出口信贷》2017 年第 3 期。

② 迟建新：《中非发展基金助力中非产能合作》，《西亚非洲》2016 年第 4 期。

③ 邱海峰：《专项资金给力　项目遍地开花：中国与拉美做大基础设施蛋糕》，《人民日报海外版》2016 年 4 月 22 日，见 http://paper.people.com.cn/rmrbhwb/html/2016-04/22/content_1672772.htm。

④ 中国现代国际关系研究院拉美研究所课题组：《"一带一路"视角下提升中拉合作的战略思考》，《拉丁美洲研究》2018 年第 3 期。

16.3　推动国际金融体系创新，促进南南合作

半个多世纪以来，国际多边金融体系在推动国际贸易、投资便利化、平衡国际收支、促进可持续发展方面发挥着无可替代的作用。然而，面对已经发生了根本性变化的国际政治、经济格局，这一体系的结构性问题愈加凸显，在应对金融危机、实现可持续发展等一系列全球经济治理难题方面显得力不从心。在现存全球经济治理体系面临极大改革压力的背景下，中国推动成立的金砖国家新开发银行、亚洲基础设施投资银行等新型多边金融机构为推动国际金融体系创新、加强国际金融合作探索出了一条新道路，为共同解决发展难题、突破发展瓶颈、更有效地开展国际发展合作贡献了中国智慧。

16.3.1　当前国际金融体系的结构性矛盾

当前国际金融体系的结构性矛盾，主要体现在功能和治理机制两大方面。

功能方面，以世界银行为首的国际多边开发机构所提供的贷款和援助，难以满足发展中国家的发展需求。近年来，发展中国家融资需求以每年 0.8 万亿—0.9 万亿美元的速度增长，预计到 2020 年，需求增速会提升到每年 1.8 万亿—2.3 万亿美元。根据联合国贸易和发展会议估算，2015—2030 年间，全球实现可持续发展目标所需的资金

缺口约为每年 2.5 万亿美元。① 以目前国际多边开发机构的融资能力，远远无法满足这一庞大且持续不断快速增长的资金需求。

同时，国际多边开发机构的融资力度，还受到各种外部因素的限制。这些机构的融资大多需要在欧美发达国家获取国际信用评级，发行以美元等传统硬通货计价的债券，而欧美主导的信用评级机构风险评价标准及算法过于保守。为了维护机构始终处于最高信用评级，世界银行、亚洲开发银行等国际多边开发机构杠杆率显著低于国家开发性金融机构的杠杆率，难以满足周期长、收益慢、风险高的大型发展项目融资需求。②

此外，国际多边开发机构作为国际组织有自己的宗旨、理念及发展目标，虽然总体上都是以促进世界共同发展繁荣为最终目的，但不同机构政策优先级各有侧重。而广大发展中国家面临的发展问题非常复杂多元，且处于不同发展阶段的国家，急需资金支持的领域也各有不同。因此，开发机构倾向于支持的发展领域时常会与发展中国家的需求错配。以世界银行为例，作为拥有 189 个成员的全球最大发展合作机构，世界银行肩负着促进联合国在《2030 年可持续发展议程》中确立的 17 大可持续发展目标实现的重大使命和责任，其业务职责范围涵盖面非常广，囊括了农业、教育、卫生、社会保障、城市化等众多方面。

世界银行在农林牧渔业、教育、医疗卫生等方面近年来贷款数额

---

①　UNCTAD：“Scaling up Finance for the Sustainable Development Goals：Experimenting with Models of Multilateral Development Banking”，2018，p.10，http://creativecommons.org/licenses/by/3.0/igo/.

②　詹树：《国际开发性金融机构投融资体制机制改革探讨》，《中国财政》2017 年第 8 期。

显著增长，而在金融业、交通、信息与通信技术等领域贷款数额较少，且呈下降趋势。而众多处于工业化、现代化起步阶段的发展中国家，正是在交通、信息与通信技术、金融业等基础设施建设方面急需资金。

除发展资金供求矛盾之外，传统国际金融体系在应对金融风险、提供发展方案等方面也时常出现目标与路径错配。自 20 世纪 80 年代以来，国际货币基金组织（IMF）和世界银行都将新自由主义内化为本组织的指导理念，在协助受援国应对金融危机、为受援国提供发展援助时附加苛刻的政治条件，试图按市场中心主义模式推动发展中国家经济治理体系改革。受援国为了获取资金，被迫按照 IMF 和世界银行设置的一系列标准改革国内政策，经济主权受到了一定程度的侵犯。同时，IMF 和世界银行基于发达国家发展经验开出的改革"药方"在受援国遭遇"水土不服"，着眼于制度改革的政策建议往往不仅没有帮助受援国摆脱困境、实现发展，反而导致了不同程度的治理失败。

治理体系方面，新兴经济体和发展中国家代表性严重不足，且改革进程艰难缓慢、备受阻挠，体现了传统国际金融机构治理机制的不公平性。

IMF 中成员国投票权的大小与其认缴的资金份额成正比，单个国家无权为获取更多投票权而单方面决定增加认缴资金金额，各成员国认缴资金比例必须由该组织的执行董事会决定。该组织的 5 个最大"股东"——美、日、德、法、英五国长期以来控制了该组织近 40% 的投票权，其中美国略高于 17%，拥有一票否决权；日、德、法、英各自占 5%—6%，中国只有 3.8%。推动 IMF 投票权改革的艰辛努力旷日持久，直到 2010 年才通过最新改革方案，将超过 6% 的份额转移至新兴经济体和发展中国家，2015 年美国国会最终批准了这一方案。然而，改革后美国的份额依旧超过 17%，投票权只是微降到 16.5%，依然保有一票否决权。① 世界银行状况与 IMF 类似，美国占有 16.88% 的股权和 15.98% 的投票权，处于绝对主导地位；中国以 4.68% 的股权和 4.45% 的投票权位居第三。②

16.3.2　中国推动国际金融治理体系创新

近年来，在中国的积极倡导和推动下，金砖国家新开发银行（以下简称"新开发银行"）、亚洲基础设施投资银行（以下简称"亚投行"）等新型国际多边开发机构相继成立，在业务职能、治理模式等方面进行了一系列改革和创新，使其能更有效地服务于促进全球共同发展繁荣的目标。

新开发银行和亚投行专注于基础设施建设投融资，与传统多边开发机构功能优势互补。新开发银行将"可持续基础设施发展"定为主要关注目标，约占 2017 年至 2021 年承诺项目总额的 2/3。预计到 2021 年，210 亿—300 亿美元的可持续基础设施项目将获得批准。③ 同样，亚投行也聚焦亚洲地区的基础设施建设，尤其是水坝、港口物流、公路、桥梁和铁路等交通基础设施，以及能源、城市发展、通信

---

① IMF Press Release，*IMF Executive Board Approves Major Overhaul of Quotas and Governance*，Nov.5，2010，https://www.imf.org/en/News/Articles/2015/09/14/01/49/pr10418.

② World Bank，*International Bank for Reconstruction and Development Subscriptions and Voting Power of Member Countries*，Feb.19，2019，http://www.worldbank.org/en/about/leadership/votingpowers.

③ ［西班牙］塞·苏霍多尔斯基、索晓然：《新开发银行的金融创新实践探析》，《国际关系研究》2018 年第 3 期。

管网等，以此加强互联互通，促进区域经济发展。[①]

截至 2018 年 12 月，亚投行已经批准了 34 个项目，广泛分布在印度（9 个）、印度尼西亚（5 个）、孟加拉国（3 个）、土耳其（2 个）、埃及（2 个）、也门（2 个）、塔吉克斯坦（2 个）、巴基斯坦（2 个）、中国（1 个）、菲律宾（1 个）、格鲁吉亚（1 个）、阿塞拜疆（1 个）、缅甸（1 个）等 13 个国家，还有 2 个属于区域项目。项目主要集中在能源（12 个）和交通（8 个）领域，[②] 解了亚洲发展中国家工业化、现代化的燃眉之急。

基础设施建设的传统方式往往因高耗能、高污染、严重破坏当地环境而饱受诟病，而绿色可持续是新开发银行和亚投行的核心理念，已经深度融入了投融资及项目选择和建设过程。新开发银行通过发行绿色债券的方式来筹集资金，提出"可持续基础设施发展"建设，纳入了经济、社会和环境标准。2019 年 1 月 9 日，亚投行成立了规模为 5 亿美元的信用债投资基金，正式名称为"亚洲 ESG 增强信用管理投资组合"（AIIB Asia ESG Enhanced Credit Managed Portfolio）。ESG 投资在发达国家非常受欢迎，指的是"不以传统方法采用的财务状况、盈利水平、运营成本和行业发展空间等因素来评价上市公司，而是将环境、社会和公司治理等因素纳入到投资的评估决策中，并以社会公益、环境保护和公司治理优秀的企业为投资对象"。此次亚投行成立的信用债投资基金所投的债券都会基于 ESG 投资原则进行筛选、评

---

① 陈燕鸿、杨权：《亚洲基础设施投资银行在国际发展融资体系中的定位：互补性与竞争性分析》，《广东社会科学》2015 年第 3 期。

② 亚投行官网："已批准项目"，见 https://www.aiib.org/en/projects/approved/index.html。

估和管理。①

此外，新型多边开发机构筹资方式更灵活，通过与传统开发机构的密切合作，大大提高了对发展项目的支持力度，为国际发展合作注入了新动力。亚投行更多地引入 PPP 模式，积极动员包括主权财富基金、养老金及私营部门等在内的多方社会资本参与项目融资，在成立的第一年就为巴基斯坦、塔吉克斯坦、孟加拉国、印度尼西亚、缅甸、阿曼、阿塞拜疆等 7 个亚洲国家的 9 个项目提供了 17.3 亿美元贷款，撬动公共和私营部门资金 125 亿美元。缅甸曼德勒地区的敏建项目，即在湄公河流域兴建、运营一座 225 兆瓦的绿地燃气轮机联合循环电厂项目，则是由亚投行、国际金融公司（IFC）和亚洲开发银行（ADB）联合注资 2000 万美元。②

除业务职能方面外，中国倡导的新型多边开发机构在治理机制创新方面也做出了有益探索。新开发银行和亚投行的制度设计，更好地体现了平等、公平、包容、开放的理念，极大地提升了新兴经济体和发展中国家在国际金融治理中的代表性和影响力。

2014 年成立的金砖国家新开发银行，是全球首个由新兴国家倡导成立的多边开发机构。该机构秉持的平等理念体现在诸多细节方面：创始成员国股份相同，各拥有 20%；初始认缴资本为 500 亿美元，由金砖五国均摊；责任分配上，首任行长来自印度，每届任期 5 年，之后在创始成员国中轮流产生，银行总部设在中国上海，首任董事会主席来自巴西，首任理事会主席来自俄罗斯，首个地区中心于 2017

---

① 刘梦：《亚投行将发 5 亿美元信用债基金　聚焦亚洲基建和 ESG》，2019 年 1 月 10 日，见 https://www.yidaiyilu.gov.cn/xwzx/gnxw/76887.htm。

② 周艾琳：《亚投行两年半投资 26 个项目　未来聚焦三大重点》，2018 年 5 月 29 日，见 https://www.yidaiyilu.gov.cn/xwzx/gnxw/56342.htm。

年 8 月在南非成立。

亚投行在股权分配和资本认缴上规定域内、域外成员占有比例为 3∶1，不得相互占用，这一要求确保了亚投行的"亚洲特征"。前三大股东依次为中国、印度和俄罗斯，均为新兴经济体；德国是第四大股东，不仅有利于资金来源多元化，也向世界展示了亚投行立足亚洲、面向世界的开放胸怀，有利于吸引更多合作伙伴加入。亚投行投票权分配兼顾主权平等和权责适应原则，同时还体现创始成员身份。每个成员的投票权总数是基本投票权、股份投票权以及创始成员享有的创始成员投票权的总和。基本投票权占 12%，在所有成员中平均分配；股份投票权按该成员持有银行股份数加权分配；创始成员享有600 票创始成员投票权。①

---

① 耿楠：《多边开发金融体系新成员：创新与合作——新开发银行与亚投行机制研究》，《国际经济合作》2016 年第 1 期。

17. 以金融智库建设助力金融强国崛起

新中国成立以来，金融现代化的各项事业几乎从零起步，走过了从无到有、从有到多、从小到大、从中国走向世界的艰难而又不凡的进程。与金融研究相关的政策咨询机构或概称金融智库，也伴随着金融事业的壮大而发展。党的十八大以来，中国特色社会主义事业进入了新时代，金融智库也亟待进入高质量发展阶段。

17.1　新中国成立 70 年，中国金融智库进入新时代

1950 年 8 月，中国研究金融学规模最大的学术团体"中国金融学会"正式成立，标志着金融智库雏形在中国正式诞生。此后三十多年，全国范围内出现了一些地方金融学会以及零星的金融研究网络和早期奠基著作。如 20 世纪 50 年代，中国人民大学财政系（后改名为"财政金融学院"）教师组织编写了新中国最早的财政金融学教材《货币信用学》、《财政学讲义》等，不仅奠定了新中国财政金融高等教育的基础，也为后来中国财政金融领域的咨政建言培养了一批顶级人才。但由于受"左"的思想干扰，在

新中国早期，金融智库的建设与学者咨政的作用并未能得到充分发挥。

随着改革开放的开启，具有现代化特征的中国金融智库渐渐出现。1979 年中国金融学召开第一次全国代表会议，修订章程，制定 1980—1985 年金融科学研究规划。同年，中国银行组建专门调研机构，也是商业银行最早的金融智库"中国银行国际金融研究所"。1977 年中国社会科学院组建，1981 年国务院发展研究中心成立，两家最重要的国家级智库均在各自二级机构设置金融研究分支或金融智库板块。1981 年 9 月，中国人民银行金融研究所研究生部正式成立，开始面向社会招收研究生。上百所大学也先后恢复或新建金融学院，越来越多的学者在教学与学术研究之余，投身到中国金融发展的咨政建言中，尤其以"中国经济 50 人论坛"（1998 年）、"中国金融论坛"（2005 年）、"中国金融四十人论坛"（2008 年）相继成立，中国金融学者通过智库型网络平台，致力于前瞻、高端、专业、国际的金融理论与政策研究，极大促进了世纪之交的中国金融改革与金融事业的大发展。

2013 年初，习近平总书记就"中国特色新型智库"作出了重要批示，并写入十八届三中全会作出的《中共中央关于全面深化改革若干重大问题的决定》中①。此后，新型智库如雨后春笋般纷纷建立。据不完全统计，截至 2019 年上半年，新成立的省级和各大高校校级重点智库超过 300 家，新成立的自称"智库"机构就更多了。2015 年初，中办、国办印发《关于加强中国特色新型智库建设的意见》，第一次

---

① 高靓：《打造中国特色新型高校智库——写在繁荣发展高校哲学社会科学、推动中国特色新型智库建设座谈会召开之际》，《中国教育报》2013 年 5 月 31 日。

在中央顶层设计层面规划与落实智库建设，也是第一次将智库建设上升到国家治理体系和治理能力现代化、国家软实力重要组成部分的战略高度来看待。

十八届三中全会以来，中国金融事业全面深化改革与更高水平开放的新要求，以及中国特色新型智库的春风，给金融智库带来了重大的时代机遇。中国金融智库发展由此进入了新时代。2014年，在原有经济、金融学科发展的基础上，清华大学国家金融研究院、北京大学国家金融研究中心成立；2015年，中国社会科学院多个金融实验室整合为"国家金融与发展实验室"，并被中央确定为国家首批高端智库之一。2015年4月，在中国人民银行指导下，中国金融学会绿色金融专业委员会成立，成为中国研究网络最广、成员单位规模最大的绿色金融研究与智库机构，为构建中国绿色金融体系作出了巨大的贡献。2016年9月，国务院参事室金融研究中心成立，每季度报送重大金融分析报告，成为最活跃的官方金融智库之一。2018年12月，在部分智库的建言推动下，《金融信息服务管理规定》出台。此间，全国范围内还成立了一大批以金融战略、银行、货币、证券、保险、财富、普惠金融、农村金融、互联网金融等为名的金融研究机构或智库组织。大量以金融改革、金融机构建设、国际金融形势、微观金融评估、定期金融数据分析等为主题的金融智库研究成果纷纷问世。笔者所在的中国人民大学重阳金融研究院也是在这个大背景下于2013年初成立，因建言进一步深化全球金融治理改革的2016年杭州G20峰会而获得飞速发展，并在宏观金融政策、大国关系、"一带一路"等领域获得国内外较高的认可度。

17.2　从金融全球化与大国新博弈的角度看中国金融智库

党的十九大报告中唯一一处提到"中国特色新型智库①"是在第七部分"坚定文化自信，推动社会主义文化繁荣兴盛"中的第一点"牢牢掌握意识形态工作领导权"的内容里。这折射出中央对智库建设与发展方向的深刻要求，也启发我们从金融全球化与大国新博弈的角度思考中国金融智库的最新现状与长期未来。总体来看，笔者对十八届三中全会以来的六年中国金融智库发展有如下看法：

第一，中国新增了不少活跃的金融智库，但仍急缺前瞻于国家发展的金融建言。2008 年国际金融危机动摇了国人对美国金融模式的固有认识，对中国金融发展的思考不再仅局限于欧美国家的框架内。2010 年，中国成为世界第二大经济体。中国应就国际金融危机作出怎样深刻的反思？中国应该给世界贡献怎样的金融方案与思想贡献？什么是中国特色金融发展道路？互联网在中国普及，在支付、借贷、融资、保险、信托、消费领域都产生了不少新业态，应该采取怎样的新政策？作为当前中国最优先的外交政策"一带一路"，"资金融通"如何才能实现？新时代下的金融如何满足中国人对美好生活的向往？人民币国际化该如何处理与美元霸权的关系？如何令资本市场服务于新一轮产业革命与经济转型升级？这些都是中国金融智库面临的重大研究议题，但中国金融智库提供的思想产品远远跟不上时代的需求，更鲜有引领中国经济崛起的前瞻性的建言。

---

① 习近平：《决胜全面建成小康社会　夺取新时代中国特色社会主义伟大胜利——在中国共产党第十九次全国代表大会上的报告》，人民出版社 2017 年版，第 42 页。

　　第二，中国金融智库主办了不少有影响力的活动，但仍缺少全球级的金融智者。中国金融智库近年来非常活跃，与许多国家的相关机构合办中外金融对话，在北京、上海、深圳等各大城市主办月度、季度的金融分析会，承办规模不一的各类金融名家讲坛，发布不少具有一定影响力的金融研究报告等，使金融研究呈现了空前繁荣的阶段，也让过去较为高深晦涩的金融数据与著述走近寻常百姓。然而，面临着人民币国际化的推进、金融风险的防范、国际金融中心的建设、国际货币体系的改革、各国金融市场的监管合作、全球金融形势的稳定与评估、金融政策的协调等等，中国金融的话语权亟须提升，更需要有一呼百应、在国际社会与金融学界有充分号召力的金融智者。国际金融危机刚发生时，时任中国人民银行行长周小川发表了《关于改革国际货币体系的思考》一文，提出的以超主权货币改革国际金融体系的思想，引起了全球关注。类似这样的案例当下实在是太少了。

　　第三，中国出现了一些享誉全球的金融智库学者，但中国金融智库仍需打造更大的全球号召力与思想品牌力。曾担任世界银行副行长兼首席经济学家的林毅夫、国际货币基金组织副总裁的朱民、国际商会（ICC）执行董事的张燕玲等，都在国内外具有重大的影响力，但中国金融智库仍未形成具有强大思想印记的思想品牌标识，诺贝尔经济学奖近年来多次授予金融学者，却从未重点青睐哪怕是关注中国学界，全球前沿的金融新思想均发源于欧美国家，中国智库还缺少诸如《反脆弱》《非对称风险》《21世纪资本论》、"财政悬崖""灰犀牛"等大量名著或新概念来支持思想品牌，在每年达沃斯论坛等重大平台上发布的金融与经济形势思想还鲜有中国智库的身影。相比之下，中国金融学者的社会美誉度仍不够，对时代变迁的深刻洞察力与总结力仍不太高。国内舆论仍流行着较浓烈的"金融阴谋论"逻辑，中国公民的金融理性仍未得到充分的培养。

第四，中央部委和各级政府与金融智库频繁互动，但智库在政策良性传导机制中的定位与作用仍需要拓展。一个良性的政策传导进程包括前端的形势分析、宏观建议，中端的政策讨论、策略推演，后端的社会传播、效果反馈、执行修正等，智库均应在每个环节扮演相对重要的角色。就当下的金融政策而言，中国的金融智库仍只是在前端发力，重于形势评估与数据分析，中端环节往往限于政府内部与极少数的智库学者，无法糅入足够多的精英智慧，而后端的社会传播与效果反馈则往往被大众舆论所牵引。以 2015 年股市异常波动期受到极大争议的"熔断"制度为例，倘若在出台之前有足够精准的金融智库与研究精英的投入与参与，可能会相对更为稳妥。

当然，金融智库肯定不是完美无缺的研究产品创造者，也不可能是一国金融事业大发展的完全主导者。在政策制定者与行业从业者之间，金融智库的作用如何发挥始终是一个议而未定的问题。但是，优质金融思想的更多产生和传播，对一国金融事业的发展当然是有百利而无一害的。从这个角度看，中国金融智库的发展道路仍很漫长。

17.3　金融强国，首先要强大的金融思想

早在 5000 多年前的古巴比伦，就有文字记载了跨期借贷的记录，说明金融历史之久远。俾斯麦曾讲，我从银行家那里得到的信息要比外交官的报告更准确、更及时，说明金融影响之重要。然而，19 世纪下半叶，现代金融业（包括保险、证券、商业银行）才逐渐在西方兴起。20 世纪中叶，现代金融学科产生。2008 年国际金融危机又改

变了许多人对以华尔街为中心的西方金融发展模式的看法。2019 年
2 月，中共中央政治局第十三次集体学习首次提到"中国特色金融发
展之路①"。由此看出，金融数千年的缓慢发展历史、近百年来的金
融学科进程以及近十年来的金融反思，为中国金融智库如何"特色发
展""弯道超车"提供了新的启示。

中国金融智库应聚焦中国本土实践，善于从中国文化、社会、习
俗以及政治特性的角度重新解释中国金融发展的历史，回应包括米
什金（Mishkin）、富兰克林·艾伦（Franklin Allen）、道格拉斯·盖尔
（Douglas Gale）等西方学者提出的所谓"中国金融反例说"，重新诠
释过去 70 年尤其是改革开放以来中国金融演变的历程与逻辑，厘清
金融在中国社会、文化及经济发展中的作用与地位，剖析中国金融体
系与欧美国家之间的差异及相似之处。讲好中国金融故事，本身就是
讲好中国故事不可或缺的一部分。

中国金融智库应结合中国经济现状，对目前存在的债务、房地
产、资管产品等方面的巨大风险隐患进行全景扫描，结合中国特色的
政治架构、税收制度、监管体系、法律制度、新闻媒体、文化渊源甚
至信仰习惯提出可行的金融建言与解决方案，让未来中国金融体系的
市场化和资产的证券化真正成为经济增长与稳定的重要能力，更让中
国金融真正促进社会平等、消除贫困、保障民生、健全法治，最终对
满足人民美好生活的向往作出应有的贡献。

中国金融智库应瞄准全球未来趋势，对存量资源调整、风险流动
和财富分享机制等三大提升金融市场深厚生命力与竞争力的动力源做

---

① 《习近平在中共中央政治局第十三次集体学习时强调　深化金融供给侧结构
性改革　增强金融服务实体经济能力》，《人民日报》2019 年 2 月 24 日。

长远的推演与评估，找到中国未来防范金融风险、助推中国金融更高水平开放的解决办法，在全球金融治理改革的进程中提升中国金融话语权，打通知识界、行业界与监管界的信息不对称，还需要在人才培养、制度变革方面做足建言文章，真正使中国金融为未来国家发展与全球治理提供更多中国智慧。

综观美国、英国、日本的历史，任何一个经济体在从小到大的迅速成长过程中，无不体现着金融这个存量资源配置和风险配置平台的重要作用。经过 70 年发展，中国已是金融大国，但通往金融强国之路仍布满荆棘，尤其是在当前经济下行压力陡增的大背景下，如何尽快帮助决策层解决金融监管体系尚不够成熟、金融乱象和金融腐败等时有发生的问题，防控金融风险、维护金融安全、推动金融开放、深化金融改革、强化金融合作、完善全球治理，需要有足够强大的、支撑大国持续崛起的思想。对此，中国金融智库须有所作为，且正当其时。

后 记

　　2019 年是中华人民共和国成立 70 周年、"小康社会"提出 40 周年，但除此之外，其实 2019 年还有很多个"周年"，例如"五四"爱国运动 100 周年、中美建交 40 周年等，甚至有人说，2019 年恐怕可以数出上百个"周年"纪念。而对于以金融为主线综合研究各类具有重大战略意义的现实问题的人大重阳来说，2019 年作为中国金融改革起步 40 周年纪念有着特殊的意义。

　　如何在 2019 年这一特殊的历史时空，思考金融发展与中国道路的关系呢？我们想到，人大重阳的发展其实就是中国的"大金融"发展历程的一个产物。这不仅仅由于人大重阳诞生于提出了"大金融"理论的中国人民大学财政金融学院与本身就是金融发展前沿的上海重阳投资的合作，更是由于人大重阳发展的每一个"里程碑"都体现着"大金融"的发展，例如人大重阳在中国主办 2016 年杭州 G20 峰会中的贡献，与基于金融对话的全球治理体系扩大到整个经济领域有关；再如人大重阳在中国举办首届"一带一路"国际合作高峰论坛中的贡献，与中国方案开始引领国际经济合作进程有关。因此，我们想到，应该从金融与新中国 70 年发展的关系出发，进行一项综合研究，是为本书。

本书各章分工如下：

绪论：王文、贾晋京；第一篇马勇、王文、贾晋京、刘英；第二篇陈治衡、刘典、王鹏、展腾；第三篇杨凡欣、卞永祖、曹明弟、刘玉书；第四篇关照宇、张婷婷、姚乐、王文。

本书最后由王文、贾晋京、刘典统稿。

王　文

2019 年 8 月 6 日

责任编辑：曹　春　李琳娜

图书在版编目（CIP）数据

大金融时代：走向金融强国之路 / 王文　等著 . —北京：人民出版社，2019.10
　（2024.6 重印）
ISBN 978－7－01－021355－2

I.①大…　II.①王…　III.①金融事业－经济发展－研究－中国　IV.① F832

中国版本图书馆 CIP 数据核字（2019）第 208380 号

大金融时代

DA JINRONG SHIDAI

——走向金融强国之路

王　文　贾晋京　卞永祖　等　著

人民出版社 出版发行

（100706　北京市东城区隆福寺街 99 号）

北京中科印刷有限公司印刷　新华书店经销

2019 年 10 月第 1 版　2024 年 6 月北京第 2 次印刷
开本：710 毫米 ×1000 毫米 1/16　印张：18
字数：214 千字

ISBN 978－7－01－021355－2　定价：78.00 元

邮购地址 100706　北京市东城区隆福寺街 99 号
人民东方图书销售中心　电话（010）65250042　65289539